REICH MIT AKTIEN

Philip A. Fisher

PHILIP A. FISHER

Börsenbuchverlag

REICH MIT AKTIEN

DIE STRATEGIEN DER INVESTMENTLEGENDE

Die Originalausgabe erschien unter dem Titel
Paths to wealth through common stocks/Philip A. Fisher, Kenneth L. Fisher
ISBN 978-0-470-1 3949-3

Published by John Wiley & Sons, Inc., Hoboken, New Jersey.
Published simultaneously in Canada. Originally Published in 1960 by Prentice-Hall, Inc.
Wiley Bicentennial Logo: Richard J. Pacifico

Übersetzung: Egbert Neumüller
Gestaltung Cover: Holger Schiffelholz
Coverbild: privat
Gestaltung und Satz: Sabrina Slopek
Lektorat: Merle Gailing
Druck: GGP Media GmbH, Pößneck

ISBN 978-3-86470-905-0

Bibliografische Information der Deutschen Nationalbibliothek:
Die Deutsche Nationalbibliothek verzeichnet diese Publikation in der
Deutschen Nationalbibliografie; detaillierte bibliografische Daten
sind im Internet über <http://dnb.d-nb.de> abrufbar.

BÖRSEN MEDIEN
AKTIENGESELLSCHAFT

Postfach 1449 • 95305 Kulmbach
Tel: +49 9221 9051-0 • Fax: +49 9221 9051-4444
E-Mail: buecher@boersenmedien.de
www.boersenbuchverlag.de
www.facebook.com/plassenbuchverlage
www.instagram.com/plassen_buchverlage

Dieses Buch ist allen großen
und kleinen Anlegern gewidmet,
die nicht *folgender Philosophie*
anhängen: „Alle scheinen
es zu glauben, also muss
es wohl so sein."

Inhalt

Vorwort

„Paths to Wealth through Common Stocks" („Reich mit Aktien") war das zweite Buch, das mein Vater schrieb, und er schrieb es weitgehend als Fortsetzung seines Klassikers „Common Stocks and Uncommon Profits" aus dem Jahr 1958. Dieses erste Buch war jahrzehntelang ein Standardtext der Stanford Graduate School of Business und veränderte das Denken zahlloser Leser über die Geldanlage – darunter auch Warren Buffett, der gesagt hat, es habe ihn von seinem geradlinigen Ansatz im Sinne von Benjamin Graham abgebracht und ihn für alle Zeiten zu seiner eigenen Methode hingeführt. Das vorliegende Buch schaffte zwar nie den Absatz, die Wirkung oder die Langlebigkeit des ersten, aber aus zwei Gründen ist es für jeden von Bedeutung und nützlich, der sich ernsthaft mit der Börse beschäftigt.

Erstens baut es Konzepte des ersten Buches aus, verleiht ihnen mehr Tiefe und Struktur. Es enthält vieles von dem, von dem mein Vater später fand, es hätte in sein erstes Buch gehört. Jeder, der ein Fan des ersten Buches war (und das waren viele), wird hier noch mehr finden. Das vorliegende Buch wurde nicht einmal zwei Jahre nach „Common Stocks and Uncommon Profits“ geschrieben und erstveröffentlicht, bevor mein Vater den Anlagekurs an der Stanford Graduate School of Business hielt. Er beschreibt darin noch detaillierter seine Konzepte darüber, was eine normale Aktie von einer großartigen Aktie und was ein normales Unternehmen von einem ausgezeichneten Unternehmen unterscheidet.

Zweitens könnte es der beste Bericht über den Zustand der Investmentindustrie und die Sorgen seriöser Anlageprofis beim Blick in die 1960er-Jahre sein. Es ist gewissermaßen ein Geschichtsbuch. Als mein Vater es schrieb, war es zwar nicht als solches gedacht, aber es ist eines geworden. Heute gibt es nur noch wenige Profis, die alt genug sind, um sich ernstlich an die 1960er-Jahre zu erinnern. Ich bin es nicht. Meine Erinnerungen an diese Zeit blicken durch die trüben Augen eines Jungen, dessen Vater beim gemeinsamen Essen redete – und ich bin beim Erscheinen der deutschen Übersetzung 73 Jahre alt. Wenn Sie zehn Jahre älter sind als ich, dann haben Ihre Augen zwar mehr gesehen, aber auch dann waren Sie höchstens ein junger Anfänger mit wenig Erfahrung, der die unklare Umgebung erkundete. Die 1960er-Jahre waren eine für die Geldanlage sehr wichtige Zeit. Sie bildeten ein Plateau, das die Aktien in den folgenden zwei Jahrzehnten nur schwer überschreiten konnten. Zu verstehen, wie Investoren den Beginn jenes Jahrzehnts sahen, und dies durch die Augen eines der besten Praktiker zu tun – das macht es zu einem der bedeutendsten Geschichtsbücher, die man finden kann.

Im Jahr 2007 erschien mein erstes Buch seit 13 Jahren, „Das zählt an der Börse“, und wurde zu einem Wirtschaftsbestseller der Liste der *New York Times*. Es beruht auf der Auffassung, dass vieles von dem, was wir üblicherweise als Anlagewissen kennen – vielleicht mehr als die Hälfte davon – nachweislich falsche Mythologie ist. Sie können anderen einen

Schritt voraus sein, indem Sie die Mythologie erkennen, bewerten und ihr entgegenwirken. Deshalb gefällt mir die Widmung von „Reich mit Aktien“ so gut:

> *Dieses Buch ist allen großen und kleinen Anlegern gewidmet, die nicht folgender Philosophie anhängen: „Alle scheinen es zu glauben, also muss es wohl so sein.“*

Sie besagt auf einfachere Weise im Grunde das Gleiche. Vergessen Sie nicht, dass das Buch lange vor der allgemeinen Verbreitung der modernen Portfoliotheorie geschrieben wurde (gerade mal neun Jahre, nachdem Markowitz die Grundlagen der modernen Portfoliotheorie geschaffen hatte).

Es beginnt mit der Frage: „Gibt es irgendeine Ausrede für noch ein Buch über Geldanlage?“ Heute, 63 Jahre später, wo es mehr nutzlose Bücher über Geldanlage gibt, als ein normaler Verstand fassen kann, ist das immer noch eine gute Frage. Selten bringt ein Jahr mehr als ein paar wirklich nützliche und nachhaltige Anlagebücher hervor, und viele Jahre überhaupt keine.

Teil I beginnt mit dem damaligen Thema Nummer 1: mit der Inflation. Sie werden die Analyse gleichzeitig mangelhaft und vorausschauend finden. Mangelhaft ist sie, weil mein Vater noch nicht den vollständigen Monetarismus im Köcher hatte, den Milton Friedman bald danach entwickelte und verbreitete. Schließlich schrieb er drei Jahre, bevor Friedman sein bahnbrechendes und die Welt veränderndes Werk „A Monetary History of the United States, 1867-1960“ veröffentlichte. Außerdem dauerte es noch Jahre, bis Friedmans 860 Seiten dicke Bombe vollständig explodiert und von der Welt aufgenommen worden war.

Und doch ist die Diskussion weitsichtig, denn sie führt den Leser durch eine erstaunlich korrekte Analyse, die Friedman sehr gut gefallen hätte: Weshalb Zinsanhebungen und Zinssenkungen durch die Notenbank nicht unbedingt zu einer Geldpolitik passen, die die Inflation kontrolliert. Mein Vater zeigt, dass Zinsanhebungen der Fed unter den passenden Umständen die inflationären Kräfte sogar noch verstärken können, anstatt sie zu dämpfen. Er argumentiert, dass die Fed Anhebungen und Senkungen der Zinsen nicht zur Grundlage der Inflationsbekämpfung machen sollte. Friedman hätte ihm absolut zugestimmt. Doch bis heute leben wir in einer Welt, die sowohl mein Vater als auch Friedman gering schätzten und in der Zinsanhebungen und Zinssenkungen der hauptsächliche Mechanismus sind, mit dem die Notenbanken üblicherweise mit der Inflation ringen.

Dann zeichnet er anders als Friedman ein Bild der Inflation, in dem sich die Fed vor allem größeren gesellschaftlichen Entwicklungen unterordnet. Ich finde, damit hat er recht. Wenn man die Fed als mächtiges Opfer in einem riesigen System betrachtet, das durch unsere gesellschaftlichen Werte definiert ist, die sich im Laufe der Zeit langsam verändern, leuchtet es ein, dass es die Fed je nach Umfeld mal leichter und mal schwerer hat. Er sagte recht zutreffend voraus, dass die Inflation bleiben und sogar noch anziehen würde. Die Tendenz der 1960er-Jahre hin zu mehr Staat, die größeren Ausgaben der älter werdenden Babyboomer und die Veränderung der Moral würden dazu führen, dass eher höhere als niedrigere Preise erwünscht wären – und all das werde eine Welle wachsender Inflation erzeugen. Und das geschah natürlich auch.

Doch dann weist er darauf hin, dass darin eine Chance liegt. Die durchschnittliche Aktie mag die Inflation ausgleichen oder nicht, eine großartige tut es auf jeden Fall. Durch Ausnutzung der üblichen Börsenschwankungen – durch seltenes, aber gutes Timing – kann ein einziger Abschwung genug Schwung liefern, um die Inflation über Jahre auszugleichen. Nie kam er einer Rechtfertigung des Börsen-Timings näher.

Wiederholt erklärte mein Vater Naturwissenschaft und Technik zu Feinden der Inflation und Freunden des Anlegers. Dieses Buch war vielleicht das erste, das die Auswirkungen von Wissenschaft und Technik auf Produktivität, Wachstum und Inflation aufzeigte. Täuschen Sie sich nicht – mein Vater ritt sein Leben lang auf diesem Punkt herum. Den gesellschaftlichen Druck, der die Inflation begünstigt, sah er als nie endend, die Effizienz und die kostendämpfende Wirkung von Wissenschaft und Technik hingegen als Gegenmittel.

Ich werde seine diesbezüglichen Beschreibungen hier nicht wiederholen, aber sie sind heute gültiger denn je. Wir leben heute (2007) in einer Welt, in der sich die Inflationspessimisten geirrt haben, weil die Produktivität in den letzten zehn Jahren schneller in den Himmel geschossen ist, als es sich die meisten Seher vorstellen konnten. Was waren die treibenden Kräfte? Die gleichen Dinge, die mein Vater in seinem Buch vor mehr als 60 Jahren vorhersah. Er beharrte darauf, dass neue Fabriken Kosten senken und zur Inflationsbekämpfung beitragen, während fast alles, was der Staat tut – auch die Erhöhung der kurzfristigen Zinsen – tendenziell den Bau neuer Fabriken mit neuen, kostensenkenden Technologien bremst und somit inflationär wirkt.

Er betrachtete die Gewerkschaften und die Naturwissenschaft als annähernd gleich starke Erzfeinde, wobei die Gewerkschaften schaden und die Wissenschaft nützt. Was dann wirklich geschah, konnte er sich schlicht nicht vorstellen, denn das Gewerkschaftswesen verkümmerte danach weitgehend (abgesehen von den Staatsgewerkschaften, die enorm gewachsen sind). Nie hätte er sich eine Welt vorstellen können, in der Staatsbedienstete gewerkschaftlichen Schutz vor dem Staat gebraucht oder gewünscht hätten und ihnen das auch erlaubt wäre – so wenig, wie er sich nach eigener Aussage eine Welt vorstellen konnte, in der es Aufgabe des Staates wäre, einem eine glückliche Ehe zu garantieren.

Mit seiner Diskussion der Auswirkungen von Steuern auf die Börse war er seiner Zeit voraus – ein Vorläufer der Angebotspolitik. Es ist interessant, dass er den Blick zu einer Zeit auf Konkurrenz aus dem Ausland und Investitionen aus dem Ausland lenkte, von der man annimmt, niemand habe über solche Dinge nachgedacht. Doch natürlich tat es jemand – aber um das zu wissen, muss man eben ein Geschichtsbuch lesen.

Er hat eine Zeile geschrieben, die sich ins Gedächtnis aller Menschen einprägen sollte, die reich werden wollen. Auf Seite 96 schreibt er: „Zunächst einmal ist es immer das reiche Mitglied einer Familie, das von den anderen beneidet und nicht gemocht wird." Wie wahr! Doch überlegen Sie mal, wie viele von uns darauf aus sind, nicht gemocht zu werden. Wie klug! Natürlich schreibt er dies in einem anderen Kontext, aber es bleibt wahr: Der Weg, von den Geschwistern, Neffen und anderen beneidet und nicht gemocht zu werden, besteht darin, viel reicher zu werden als sie. Merkwürdig, dass das so viele von uns anstreben.

Seine Beschreibung von Pioneer Metals Corporation in Teil II ist ein weiteres perfektes Beispiel für etwas, das wir alle wissen, doch über das wir nie nachdenken. Eine Person, eine Idee – und ehe man sich's versieht, verwandelt sich ein langweiliges Unternehmen, das keinen Gewinn erzielt, samt seiner nutzlosen Aktie innerhalb weniger Jahre in einen innovativen Weltrekordbrecher. Mein Vater sagte, bei diesem theoretischen Beispiel handele es sich nicht um ein bestimmtes Unternehmen, sondern um eine Collage aus vielen Unternehmen. Doch als ich Teil II noch einmal las, staunte ich, wie perfekt dieses Beispiel gut ein Dutzend Jahre später durch Nucor veranschaulicht wurde.

Bei Nucor Corporation (NUE) machte Ken Iverson aus einer beinahe bankrotten Metallgesellschaft einen der weltweit preisgünstigsten Stahlerzeuger und schließlich den größten Stahlproduzenten Amerikas. Im Kleinen war ich an dieser Begeisterung beteiligt, denn ich entdeckte Nucor 1976 und brachte eine Gruppe von Investoren dazu, in das Unternehmen zu investieren – unter anderem meinen Vater, der die Aktie bis kurz vor seinem Tod hielt, als sie sich verhundertfacht hatte. Die Geschichte und die Entwicklung von Nucor über die Jahrzehnte verliefen fast perfekt parallel zur Geschichte und Entwicklung der Pioneer Metals Corporation, dem fiktiven Unternehmen meines Vaters. Wenn Sie Nucor nicht kennen, verpassen Sie eine großartige amerikanische Story, und Sie sollten die Biografie „American Steel" lesen, die mein Freund Richard Preston geschrieben hat.

Das Buch enthält allerdings noch mehr Geschichten. Genauso faszinierend ist das, was mein Vater über Menschen schrieb, die ihre Fachgebiete verändert haben. Seine Beschreibung von Bill Hewlett und David Packard, die mit der Gründung von Hewlett-Packard gemeinsame Sache machten, ist kaum zu fassen, wenn man bedenkt, dass der Marktwert des Unternehmens nur 150 Millionen Dollar betrug, als mein Vater darüber schrieb. Hätte jemand damals einfach Hewlett-Packard gekauft und es ein paar Jahrzehnte lang gehalten, hätte er ausgesorgt gehabt. Texas Instruments ist noch so ein Unternehmen, über das er schreibt – man hätte damals nur dieses Buch und diese Aktien kaufen müssen, dann hätte man über Jahrzehnte fast alle anderen geschlagen, was an sich schon eine schöne und großartige Geschichte ist.

Teil III ist meines Erachtens nicht das beste Stück Arbeit meines Vaters. Er enthält wenig, das in irgendeiner Weise vorausschauend wäre, jedenfalls soweit ich das sagen kann. Seit der Erstveröffentlichung wurde so viel darüber geschrieben, wie man einen Vermögensverwalter auswählt, dass das wohl wichtigste Konzept in diesem Kapitel darin besteht, wie primitiv dieser Prozess im Jahr 1960 war.

Doch dann kommt der atemberaubende Teil IV. Hätten die damaligen CEOs auf seine Ratschläge hinsichtlich Fusionen und Übernahmen gehört, hätte sich das Chaos der Konglomerate in den 1960er-Jahren womöglich vollständig vermeiden lassen. Er schlug einen Nagel nach dem anderen in den Sarg törichter Fusionen. Er definierte zutreffend die Arten von Fusionen und Übernahmen, die voraussichtlich häufig gut funktionieren, und diejenigen Arten, die voraussichtlich selten gut funktionieren. Einfach gesagt, mein Vater zeigt Ihnen, wie Akquisiteure, die vorwärts oder rückwärts integrieren oder in ihrem Kernkompetenzbereich bleiben, oft gut abschneiden, während diejenigen, die aus Gründen der lateralen Vielfalt akquirieren, selten erfolgreich sind. Natürlich bestand der Konglomeratewahn der 1960er-Jahre fast ausschließlich in lateraler Diversifizierung und brachte der Gesellschaft rückblickend keinerlei zusätzliche Effizienz. Doch die neun Regeln meines Vaters für Fusionen und Übernahmen sollten Pflichtlektüre für alle sein, die so etwas ins Auge fassen oder die Aktien von Unternehmen besitzen, die Fusionen und Übernahmen durchführen. Im Jahr 2007, als die englische Neuauflage erschien, traf dies ganz besonders zu, weil das Niveau der bar bezahlten Aktienübernahmen einen Allzeitrekord erreichte.

Der in Teil IV enthaltene Abschnitt über Stimmrechte zeigt, wie dumm unsere heutige Betonung von Corporate Governance und Aktionärsstimmen ist. Diesbezüglich war mein Vater seiner Zeit 50 Jahre voraus. In dieser Hinsicht ist die Gesellschaft (unter Führung von Politikern, Soziologen und Anwälten) vor Jahrzehnten falsch abgebogen und hat nie gewendet – sehr zu unserem Schaden.

Und wieder trifft er den Nagel passend zum Jahr 2007 auf den Kopf, wenn er zeigt, dass Politiker und Politik nicht das sind, wofür wir sie üblicherweise halten, und dass es keinen Grund gibt, aus Aktien auszusteigen oder gar die Aktien zu wechseln, die man besitzt, weil zwischen unseren beiden politischen Parteien ein Machtwechsel stattfindet. Er konzentriert sich hier mehr auf die Veränderungen im Kongress als auf die Präsidenten, was für das Jahr 2007 sehr nützlich ist. Allerdings hätte er genauso gut speziell über dieses Jahr wie über alle Jahre seit fast 50 Jahren schreiben können.

Teil V ist teils für historische Studien und teils als Standardinstrument für die Unternehmensanalyse von Interesse. Dabei konzentriert er sich auf die Branchenanalyse der damaligen Zeit. Oberflächlich betrachtet wird dies vielen Lesern, die Ratschläge zum heutigen Aktienkauf suchen, nicht viel sagen. Die meisten dürften überrascht sein, wie viel Zeit er der chemischen Industrie widmet, und werden wohl kaum verstehen, warum. Aber damals war das eine bedeutende Wachstumsindustrie, die, wie er schreibt, fast dreimal so schnell wuchs wie die Volkswirtschaft. Heute erhält jeder bedeutende Bereich, der dreimal so schnell wächst wie die Wirtschaft des Landes, von allen große Aufmerksamkeit, daher überrascht es eigentlich nicht, dass das damals auf die Chemiebranche zutraf.

Mit der Chemie war es zu dieser Zeit ganz ähnlich wie heute mit der Technologie – ein großes Gebiet, das seit Jahrzehnten wächst und sowohl riesige etablierte Akteure als auch kleine Emporkömmlinge beinhaltet, die einsteigen wollen. Er war sich sicher, dass man, wenn man die richtige etablierte Chemiefirma findet, sich wegen des sicheren Wachstums lange auf sie verlassen kann. Konkret nannte er zwei, Dow Chemical und DuPont. Heute sind dies Amerikas größte Chemiekonzerne, und wenn man beide damals gekauft und bis in die 1970er-, bis in die 1980er- oder gar bis Ende der 1990er-Jahre gehalten hätte, dann hätte man in dieser Zeit den Markt geschlagen. Damals war DuPont der größte amerikanische Chemiekonzern, Dow Chemical war Nummer 5.

Die anderen Großen jener Zeit, Union Carbide, Monsanto und W.R. Grace, nannte mein Vater nicht namentlich, und keinen von ihnen gibt es heute noch als eigenständige Firma. Alle wurden aufgespalten, aufgeteilt und an andere verkauft, in Teilen auch an Dow Chemical und DuPont. Kleinere, aber immer noch große Chemiefirmen der damaligen Zeit wie beispielsweise Stauffer und Rohm and Hass wurden schon vor Jahrzehnten geschluckt und von der Börse genommen. Daher zeugt die Tatsache, dass sich mein Vater auf Dow Chemical und DuPont konzentrierte, davon, dass er in der Lage war, die längerfristige Vision zu sehen – welche Unternehmen Tiefe besaßen und welche nicht.

Mein Vater besaß in den 1950er-Jahren DuPont-Aktien, verkaufte sie jedoch Anfang der 1960er-Jahre, nachdem dieses Buch fertig war. Dow Chemical hielt er bis Ende der 1970er-Jahre und verkaufte es dann. Als er die Aktien verkaufte, war das Unternehmen Nummer 3 in einer Branche, die in hohem Maße konsolidiert hatte – heute ist es Amerikas größter Chemiekonzern. Heute ähnelt die chemische Industrie einer Massenware und hat niedrige Wachstumsraten. Seit Langem ist sie eine überwiegend zyklische Branche.

Das könnte in nicht allzu ferner Zukunft auch für die Technologie gelten. Mein Vater sprach in Teil V nicht von Technologie, sondern von der Elektronikindustrie. Damals war das ein neues, aufregendes Feld, auf dem kleine Unternehmen Riesen erschlugen und selbst mit Riesenschritten zu Riesen wurden. Zwei davon bespricht er konkret, Texas Instruments und Ampex. Ersteres ist seit Langem ein Gigant. Letzteres ist verschwunden und existiert nur noch in der Geschichte des Silicon Valley als eines seiner ersten hellen Lichter, das erloschen ist. Er beschreibt diese Bereiche als wachstumsstark und hochriskant, vielleicht der heutigen Biotechnologie ähnlicher als der Technologie. Meiner Meinung nach sind die explosiven führenden Technologieunternehmen von heute eigentlich nicht wie die Biotechnologie-Unternehmen wegen ihrer Technologie führend, sondern dank eines radikalen und innovativen Marketings und Produktdesigns. Seien es Amazon, Apple, Research in Motion (der Blackberry-Hersteller), Ebay oder Google – diese Firmen sind technologisch nicht grundlegend und ihr Wachstum beruht nicht auf ihren technischen Innovationen. Vielmehr nutzen sie Technologie, um Verbraucherbedürfnisse durch innovative Marktforschung sowie durch innovatives Produktdesign und innovativen Vertrieb anzusprechen.

Ironischerweise wies mein Vater darauf hin, dass die besten Erfolge von Unternehmen erzielt werden, die im Verkauf, im Marketing und in der Marktforschung multidisziplinär vorgehen. Die heute bestehenden Firmen, die wirklich auf fortschreitender Technologie basieren, beispielsweise die führenden Halbleiterhersteller, wachsen meist viel langsamer, eher so wie die Chemiekonzerne meines Vaters. Und so würde ich Ihnen heute die Elektronik präsentieren, den Chemie-Unternehmen der 1950er-Jahre sehr ähnlich. Und Sie sollten die Biotechnologie ähnlich wie die damalige Elektronik sehen. Trotzdem werden Sie in Teil V eine Vielzahl von Tipps finden, wonach man suchen und wie eine Firma geleitet werden sollte. Mein Vater legte den Schwerpunkt stets auf ein ausgezeichnetes Management. Hier können Sie viel darüber lernen, inwiefern sich explosionsartig wachsende Unternehmen anders managen sollten als Unternehmen auf eher prosaischen Gebieten.

Nach der Betrachtung der pharmazeutischen Industrie liefert er den vielleicht vorausschauendsten Ratschlag, wenn er in Teil V „Weitere interessante Branchen" bespricht. Er fand 1960, dass sich viele aufstrebende Unternehmen an den Rändern von Branchen befanden und dass sie mehr Unterschiede als Ähnlichkeiten aufwiesen – und die Unterschiede seien das, was die Firmen reizvoll mache. Sie könnten genauso gut zu keiner Branche gehören. Auch sah er Unternehmen, die ihre eigenen Geschäftsfelder auf dem damals noch nagelneuen Feld der „Dienstleistungen" schufen. Heute ist die Dienstleistungsbranche in den Vereinigten Staaten größer als das verarbeitende Gewerbe, aber im Jahr 1960 waren Dienstleister im Reich der Investition noch recht neu und winzig klein.

Im Jahr 1960 wurden fast alle Investitionen in dem Sektor getätigt, den man heute als verarbeitendes oder produzierendes Gewerbe bezeichnen würde. In diesem Buch haben A.C. Nielsen und Manpower kurze Auftritte als ganz junge Börsengänge mit riesigem Potenzial. Auch auf das noch recht neue Unternehmen Dunn & Bradstreet wirft er einen Blick. Heute mögen dies scheinbar alte und langweilige Firmen sein – weit davon entfernt, futuristisch und aufregend zu sein –, doch damals waren das die echten Hot-Stocks der 1960er-Jahre.

Hätte jemand einfach ein Portfolio aus den Aktien zusammengestellt, die mein Vater in diesem Buch behandelt hat, dann wäre es ihm in den 1960er-Jahren weitaus besser ergangen als dem Gesamtmarkt. Sie zeugten in den 1960er-Jahren von der Vorgehensweise, die mein Vater in „Common Stocks and Uncommon Profits" darlegte und im vorliegenden „Paths to Wealth through Common Stocks" weiter ausbaute. Seine fundamentale Ansicht, wie man Aktien herausragender Unternehmen findet, die herausragend geführt werden und die noch auf Jahre hinaus der Konkurrenz voraus bleiben werden, indem sie etwas großes Neues entwickeln – Aktien, die von der Welt der institutionellen Anleger noch nicht vollständig gewürdigt oder anerkannt werden, sodass sie später schneller als das Unternehmenswachstum steigen können –, hat als Methode auch nach 63 Jahren noch Gültigkeit.

Später, als er das Buch fertiggestellt hatte, dachte er sich eine Frage aus, die er Managern regelmäßig stellte. Das ist von allem, was er geschrieben hat, meine Lieblingszeile: „Was machen Sie, das Ihre Konkurrenten noch nicht machen?" Die Betonung lag dabei auf „noch", was besagt, dass sie dadurch ihren Konkurrenten voraus sein und einen Vorsprung gewinnen konnten – oder sie dazu zwingen konnten, nachzuziehen. In meinem Leben habe ich diese Frage schon so oft zum Besten gegeben, dass ich sie Ihnen wärmstens ans Herz legen möchte. Sie war bei allen meinen geschäftlichen Unternehmungen ein Leitstern. Was machen Sie, das Ihre Konkurrenten noch nicht machen? Das ist ein sehr guter Gedanke, den man immer wieder nutzen kann, und er zieht sich durch das ganze Buch, wenn auch nicht genau in dieser Form.

Sie werden, wenn Sie dieses Buch lesen, allerdings auch sehen, welches Risiko der Methode meines Vaters innewohnt: Man kann dadurch die falschen Aktien auswählen, dass man das Management nicht zutreffend wahrnimmt. Die hier dargelegte Methode ist solide, aber ihre größte Gefahr besteht meiner Meinung nach nicht nur darin, dass man eine überlegene Unternehmensleitung vermutet, wo gar keine ist, sondern auch darin, dass man die Unternehmensleitung womöglich beim Kauf zutreffend beurteilt, dann aber nicht bemerkt, dass die Nachfolger nicht so gut sind. Das ist sehr schwierig. Ich habe das im Laufe meiner Karriere viele, viele Male falsch gemacht. Heute verwende ich eine Menge anderer Risikokontrollen – die es damals noch nicht gab –, um mich vor zu viel Ärger zu bewahren, wenn Probleme auftauchen. Das steht nicht in diesem Buch, doch ich rate Ihnen, moderne Methoden der Risikokontrolle zu übernehmen, die es 1960 noch nicht gab.

Der Ansatz, den mein Vater dargelegt hat, ist immer noch einer der einfachsten und grundlegendsten Ansätze der Aktienbetrachtung.

Deshalb hat sich sein erstes Buch so lange gehalten und verkauft, und darum bin ich erfreut und stolz, das Vorwort für diesen Nachdruck seines zweiten Buches zu schreiben. Viel Spaß!

KEN FISHER
Gründer und CEO von Fisher Investments
Autor von „Das zählt an der Börse“ und
der Wiley Fisher Investment Series
Kolumnist bei *Forbes*, „Portfolio Strategy“

VORREDE

Die Notwendigkeit weiterer Bücher über Geldanlage

Bücher über die Geldanlage in Wertpapieren werden Fernsehwerbung und Krimi-Comics immer ähnlicher. Die meisten von uns sind der Meinung, dass es davon schon viel zu viele gibt. Darum habe ich, bevor ich zu der bereits umfangreichen Menge an Material noch mehr hinzufüge, das den Anleger durch verwirrende und recht widersprüchliche Ratschläge, wie man mit Aktien umgehen soll, irritiert, lange darüber nachgedacht, ob das hier vorgestellte Material die Verwirrung vermindern oder bloß noch vergrößern würde. Schon vor zwei Jahren habe ich diesem bereits übervölkerten Feld ein Buch hinzugefügt. Das tat ich, weil ich überzeugt war und immer noch bin, dass es eine Anlagephilosophie beinhaltet, die mitgeteilt werden musste. Die erstaunliche öffentliche Reaktion auf dieses Buch bestätigte diese Schlussfolgerung. Aber würde ein zweites Buch nun etwas anderes bewirken, als das Gebiet noch mehr zu übervölkern? Wäre das so, als würde man eine neue Seifenmarke einführen, wo doch schon 20 auf dem Markt sind?

Vor allem aufgrund der Erfahrungen, die ich machte, weil ich „Common Stocks and Uncommon Profits" geschrieben hatte, kam ich immer mehr zu dem Schluss, dass ein grundlegender Bedarf für ein Buch wie das vorliegende besteht. Es fasst nicht nur die Methode zusammen, mit der durch Aktienbesitz lohnenswerte Gewinne erzielt wurden und weiterhin erzielt werden, sondern auch die Richtlinien, von denen ich überzeugt bin, dass sie die mit Abstand größten Gewinne bei geringstem Risiko hervorbringen werden. Das Buch versucht in erster Linie, zwei Dinge zu tun. Erstens zeigt es, wie der Anleger (oder sein Berater) das eine oder andere Unternehmen mit hervorragendem Management ermitteln kann, das wahrscheinlich ein Vehikel für gewaltige Steigerungen des Marktwerts über einen Zeitraum von vielen Jahren darstellt. Zweitens weist es darauf hin, wann die Aktien solcher ungewöhnlichen Unternehmen am besten gekauft werden sollten und wann die viel seltenere Situation eintritt, dass eine von vornherein gut ausgewählte Aktie verkauft werden sollte. Seit dem Erscheinen meines ersten Buches höre ich ständig von Anlegern aus dem ganzen Land. Durch diese Anfragen, die sich immer wieder wiederholen, habe ich meines Erachtens einen ungewöhnlichen Einblick in die Art von zusätzlichen Informationen erhalten, die viele Aktionäre und potenzielle Aktionäre wahrscheinlich gerne hätten.

Ihre Anfragen fallen in zwei große Gruppen. Die eine fragt, wie man meine Anlagephilosophie (oder auch eine andere Anlagephilosophie) auf die spezifischen Bedingungen anwendet, mit denen wir im bevorstehenden Zeitraum konfrontiert sein werden. Wie bedeutsam ist beispielsweise die Frage der Inflation und was sollte man diesbezüglich tun? Was ist mit der Konkurrenz aus dem Ausland und mit den Aussichten von Investitionen im Ausland? Der erste und der letzte Teil dieses Buches befassen sich vor allem mit der Beantwortung solcher Fragen und damit, zu zeigen, wie der Anleger durch die starken, aber sehr voneinander abweichenden Einflüsse, die dazu führen werden, dass manche Aktien spektakulär steigen und andere die hoch gesteckten Hoffnungen enttäuschen werden, die viele in sie gesetzt haben, Gewinn beziehen statt Schaden erleiden kann.

Die zweite Gruppe umfasst ein sehr großes Segment von Anlegern, die offenbar erkennen, was ich in meinem letzten Buch stark betont habe: dass man für den hochprofitablen Umgang mit Aktienanlagen sowohl ein gewisses Maß an Wissen als auch ein gewisses Maß an Zeit benötigt, worüber nur eine Minderheit verfügt. Daher wollen sich die meisten Anleger berechtigterweise an einen Fachmann wenden. Aus allen Altersgruppen und von Menschen mit sehr bescheidenen Mitteln bis hin zu sehr wohlhabenden Menschen wird mir immer wieder diese Frage gestellt: „Wie finde ich einen Anlageberater, dem ich wirklich vertrauen kann?“ Ich stelle einen enormen Mangel an grundlegendem Verständnis für die Stärken und Schwächen der verschiedenen Unterabteilungen des Anlagegeschäfts fest. Jedoch wird dieses Hintergrundwissen diesen Menschen am meisten helfen, den Berater zu finden, den sie suchen. Um solche Anfragen zu beantworten, habe ich den Teil „Sie und der Weg, den die Investmentbranche gehen muss“ aufgenommen. Zu diesem grundlegenden Hintergrundwissen habe ich die fünf Schritte hinzugefügt, die ein Anleger meines Erachtens gehen kann, um eine geeignete Anlagebeziehung einzugehen. Abschließend teile ich meine Ansichten darüber mit, was vor uns liegt – und warum – und welchen Weg die Investmenthäuser letztlich einschlagen müssen, um ihre derzeitige Tätigkeit in dieser so wichtigen Funktion der soliden Anlageberatung zu verbessern.

Dazu habe ich noch zwei kleinere Abschnitte aufgenommen, die sich mit bestimmten Anlagekonzepten zu Themen befassen, über die unter den Anlegern noch immer eine ungewöhnlich große Verwirrung zu herrschen scheint. Ich glaube, dass einer davon, in dem ich erkläre, wie die größten Kurszuwächse bei Aktien zustande kommen, einen der wichtigsten Punkte auf dem gesamten Gebiet der Aktienanlage veranschaulicht, sofern es darum geht, bedeutende Gewinne zu erzielen. Und doch scheinen sich neun von zehn Anlegern dieses Punktes überhaupt nicht bewusst zu sein.

Wie in meinem anderen Buch habe ich hier einen sehr formlosen Stil der Darstellung gewählt. Ich spreche Sie als Leser direkt an und stelle Ihnen viele Prinzipien mit fast den gleichen Formulierungen sowie mit den gleichen anschaulichen Beispielen und Vergleichen vor wie den wenigen Großinvestoren, deren Vermögen zu verwalten mein Beruf ist.

Doch auch wenn ich versuche, mich in einfachen, alltäglichen Worten auszudrücken, so versuche ich doch auch, die Konzepte, die ich präsentiere, nicht allzu sehr zu vereinfachen. Eine übergroße Vereinfachung würde es aussehen lassen, als wäre es sehr leicht, die Kunst des Umgangs mit Aktien zu beherrschen, und außerdem hätte sie zur Folge, dass der Leser nicht die erhofften Vorteile bekäme, weil die ihm gegebenen Regeln derart einfach wären, dass sie nur zu manchen Fakten passen, nicht zu allen. Vor der Veröffentlichung meines ersten Buches wurde mir gesagt, ich hätte die Chance vergeben, es zu einem „populären" Erfolg zu machen, weil ich alles erklärt hatte, was man braucht, um hervorragende Investments nicht nur durch Zufall aufzudecken, und somit hatte ich Dinge beschrieben, die offenkundig nicht jeder im Handumdrehen bewältigen kann. Doch die überwältigende öffentliche Reaktion auf das Buch überzeugt mich ohne jeden Schatten eines Zweifels davon, dass ein bedeutender Teil der Anlegeröffentlichkeit genug von den übertriebenen Vereinfachungen hat, die in der praktischen Umsetzung anscheinend nicht so funktionieren, wie sie sollten, und eine komplexere Behandlung begrüßt, die Investmentangelegenheiten so beschreibt, wie sie wirklich sind.

Ebenfalls wie in meinem früheren Buch habe ich nicht gezögert, das zu äußern, was ich für den besten finanziellen Weg halte, nur weil einige der Dinge, die ich vertrete, entweder zum Teil oder vollständig dem derzeitigen allgemeinen Denken über Finanzangelegenheiten widersprechen. In der ersten Auflage von „Common Stocks and Uncommon Profits" schrieb ich: „Bei einer Reihe von Aspekten der Aktienanlage gibt es ein erhebliches Maß an verzerrtem Denken und eine allgemeine Akzeptanz von Halbwahrheiten. Aber […] in Bezug auf Dividenden ist diese Verwirrung geradezu monumental.“ Und jetzt, kaum mehr als zwei Jahre, nachdem diese Worte geschrieben wurden, hat es an der Börse mehrere ziemlich spektakuläre Beispiele gegeben, die meine Aussagen zu diesem Thema bestätigen. Die falschen Ansichten, die noch vor zwei Jahren so allgemein akzeptiert wurden, beginnen bereits zu verblassen. Auch bin ich mir durchaus der Tatsache bewusst, dass ich an vielen Stellen in diesem Buch Standpunkte einnehme, die ziemlich stark von dem abweichen, was ich als die leichten und schludrigen Auffassungen bezeichne, die in Finanzkreisen fast allgemein akzeptiert sind. Meine Bemerkungen zur schieren Torheit der „straffen Geldpolitik“ des Federal Reserve Boards als Mittel der Inflationsbekämpfung, zu den Investmentgesellschaften und zur Klugheit von Auslandsinvestitionen sind nur wenige Beispiele dafür. Ich kann nur darauf hinweisen, dass sich viele Überzeugungen, die fast jeder ohne weiteres Nachdenken als selbstverständlich akzeptiert hatte, als falsch erwiesen haben und dass diejenigen, die die Angelegenheit durchdacht haben, dafür reich belohnt wurden. Schon zwei Jahre turbulenter Börsengeschichte scheinen die Solidität genau der Punkte nachdrücklich zu bestätigen, über die diejenigen, die stets blind die augenblicklich herrschende Ansicht akzeptieren, die Stirn gerunzelt hatten, als mein anderes Buch herauskam. In ähnlicher Weise überlasse ich das Urteil über die Solidität der Ansichten, die ich jetzt präsentiere, der Zukunft und Ihnen.

Philip A. Fisher
San Mateo, Kalifornien
Im Dezember 1959

1
TEIL

Anpassung an die entscheidenden EINFLÜSSE der 1960er-Jahre

TEIL I

Anpassung an die entscheidenden Einflüsse der 1960er-Jahre

Von Zeit zu Zeit wirken grundlegende Veränderungen von großer Bedeutung für die Geldanlage auf große Aktiengruppen ein. Gewöhnlich weiß die große Mehrheit der Anlegergemeinde die wahre Bedeutung dieser neuen Einflüsse eine gewisse Zeit, nachdem sie spürbar werden, kaum zu würdigen. Wenn ihr dann die wahre Bedeutung des Geschehens dämmert, erfahren die Marktpreise der betroffenen Wertpapiere spektakuläre Veränderungen. Manchmal machen diejenigen, die die Bedeutung des Geschehens frühzeitig gewürdigt haben – bevor es sich in veränderten einzelnen Aktienkursen niedergeschlagen hat –, dadurch ein Vermögen.

Untersuchen wir nun zwei der großen Anpassungen an neue Bedingungen, die die Finanzgemeinde in den 1950er-Jahren durchgemacht hat. Wenn wir vergangene Anpassungen untersuchen, sind wir besser in der Lage, einige derjenigen zu verstehen, die in den 1960er-Jahren kommen werden.

Eine davon war das Bewusstsein dessen, was ein Vierteljahrhundert des Fortschritts in der Kunst der Unternehmensführung dazu beigetragen hat, den als Blue Chips bezeichneten Industrie-Aktien den Status echter Geldanlagen zu verschaffen. Man vergisst leicht, dass noch Ende der 1940er-Jahre große Segmente der Anlegergemeinde der Meinung waren, diejenigen, die nicht in der Lage sind, beträchtliche Risiken zu tragen, sollten ihre Wertpapierpositionen auf Anleihen, auf mündelsichere Vorzugsaktien und eventuell ein paar Aktien von öffentlichen Versorgern beschränken. Man erinnerte sich noch der Tage, als die Leitung von Unternehmen überwiegend eine Familienangelegenheit war. Unternehmenslenker konnten sehr fähig sein oder aber genau das Gegenteil. Doch den Gepflogenheiten der Zeit entsprechend wurde die Entscheidungsgewalt nur selten delegiert, und dies fast nie in der Absicht, im Interesse außenstehender Aktionäre eine Kontinuität der Unternehmensführung aufzubauen. Wenn überhaupt daran gedacht wurde, einen Nachfolger zu schulen, dann geschah das gewöhnlich von dem Standpunkt aus, die Entscheidungsgewalt irgendwann einem bevorzugten jungen Verwandten zu übertragen, der das Unternehmen weiterhin unter Wahrung der Familieninteressen managte. Der Chef eines Unternehmens war gewöhnlich ein Autokrat, der aufgrund seiner persönlichen Überzeugungen gute oder schlechte Entscheidungen traf. Der Gedanke, große Mengen an Hintergrundmaterial und verschiedene spezialisierte Experten von außen zusammenzubringen, um eine bessere faktengestützte Grundlage für die Entscheidungsfindung zu schaffen, wurde überhaupt nicht in Erwägung gezogen. Da überrascht es kaum, dass die spätere Umsetzung dieses riesigen Schrittes durch aufgewecktere Unternehmensleitungen hinsichtlich des täglichen Geschäftsgangs, hinsichtlich der langfristigen Planung und in gewissem Sinne auch hinsichtlich einer tief reichenden Verantwortung für die außenstehenden Aktionäre letztlich dazu führte, dass die Preise, die Anleger für Aktien von Unternehmen zu zahlen bereit waren, die von diesen bedeutenden neuen Einflüssen profitierten, deutlich nach oben korrigiert wurden. Überraschend ist vielmehr, dass dieser Trend, den Wert gewisser Aktien durch von Grund auf verbesserte Managementfaktoren zu steigern, schon so lange im Gange war, bevor er sich in größerem Maßstab in den Aktienkursen niederschlug.

Sehen wir uns nun eine andere und möglicherweise genauso bedeutsame neue Entwicklung an, die sich auf gewisse Klassen von Aktien ausgewirkt hat. Dabei handelt es sich um das Bewusstsein einer wachsenden Anzahl von Unternehmen dafür, dass richtig gelenkte Forschungen auf gewissen naturwissenschaftlichen Gebieten durch die Schaffung und Vermarktung endlos vieler, jedoch miteinander verwandter Produkte, die auf diese Weise entwickelt werden, eine Methode für immer größeres Umsatz- und Gewinnwachstum eröffnen können. Auch hier hatten bedeutende Entwicklungen bereits viele Jahre zuvor begonnen. Ende der 1940er-Jahre hatte dieser Trend bereits beträchtlich Gestalt angenommen. Doch erst in den 1950er-Jahren erkannte die Finanzwelt die enorme Bedeutung von Unternehmen, die diese profitable Kunst der Unternehmensführung beherrschten, für die Geldanlage. Erst im Laufe der 1950er-Jahre begannen diese höchst vielversprechenden Unternehmen zu Kurs-Gewinn-Verhältnissen gehandelt zu werden, die diese Eigenschaft tatsächlich widerspiegelten.

Ich bin überzeugt, man kann zwei bedeutende Lehren aus dem Studium dieser damals als neu geltenden Faktoren ziehen, an die sich die Aktienkurse in den 1950er-Jahren anpassten. Die eine besteht darin, den Gewinn (manchmal auch die Vermeidung von Verlusten) zu erkennen, der denjenigen zufallen kann, die solche neuen Einflüsse berücksichtigen, bevor es auch alle anderen tun. Die zweite Lehre besteht darin, dass die sogenannten neuen Einflüsse erst dann anfangen, sich auf die meisten Aktienkurse auszuwirken, wenn sie schon seit einer gewissen Zeit am Werk waren. Um vergleichbare Einflüsse vorwegzunehmen, die sich in den 1960er-Jahren bemerkbar machen werden, ist es daher nicht nötig, künftige im Hintergrund wirkende Kräfte vorwegzunehmen. Vielmehr braucht man nur einige der jüngeren

Hintergrundeinflüsse zu überprüfen, an die sich gewisse Aktiengruppen entweder noch nicht ausreichend angepasst haben oder an die sie sich auf ungerechtfertigte Weise angepasst haben.

A. Aktien und Inflation

In den 1960er-Jahren wird (ebenso wie in den drei vorangegangenen Jahrzehnten) die Bedrohung durch die Inflation weiterhin für alle Anleger von großer Bedeutung sein. Ich halte es jedoch für sicher, dass im Laufe der 1960er-Jahre die wahre Beziehung zwischen Aktienbesitz und Inflation besser verstanden werden wird. Daher werden gewisse Aktiengruppen zu ganz anderen Preisen gehandelt werden als derzeit. Wer diese Beziehungen jetzt versteht, kann sich in den kommenden Jahren wahrscheinlich beträchtliche Verluste ersparen.

Da diese Angelegenheit für die Geldanlage so große Bedeutung hat, glaube ich, dass es sich lohnen dürfte, den grundlegenden Charakter der Inflation zu erkunden, bevor wir ihre Beziehung zu verschiedenen Aktiengruppen untersuchen. Wenn der Anleger ihre wahre Ursache verstanden hat, ist es unwahrscheinlich, dass er sein grundlegendes Denken von diversen dogmatischen Bemerkungen mancher Politiker verwirren lässt.

Das Erste, was wir betrachten müssen, ist die Frage, was mit Inflation gemeint ist. Es gibt zwar viele komplexe Definitionen, doch ich halte es für Anlagezwecke weder für notwendig noch für wünschenswert, uns auf verzwickte Definitionen einzulassen. Für praktische Zwecke reicht es aus, Inflation als einen Zustand zu betrachten, durch den (von kleineren vorübergehenden Gegenbewegungen abgesehen) die Gesamtmenge der Waren und Dienstleistungen, die man für die gleiche Menge an Dollar (oder einer anderen Währung) erwerben kann, immer kleiner wird. Eine solche Situation steht in scharfem Kontrast zu dem

Zustand, der während des größten Teils der amerikanischen Geschichte herrschte, als auf die recht langen Perioden, in denen der Dollar an Wert verlor, ungefähr gleich lange Zyklen folgten, in denen das allgemeine Preisniveau tendenziell fiel und der Wert des Dollar entsprechend stieg.

Die erste und wahrscheinlich wichtigste Sache, die der Anleger bezüglich der Inflation erkennen muss, ist Folgendes: Solange die überwältigende Mehrheit der Amerikaner an den vorherrschenden Überzeugungen über die Pflichten und Verpflichtungen ihrer Regierung festhält, ist eine steigende Inflation unvermeidlich. Die Beseitigung der staatlichen Verschwendung und der Ausgleich der Haushalte sind höchst wünschenswerte Ziele. Wenn sie erreicht werden, ohne eine Abwärtsspirale der allgemeinen Konjunktur in Gang zu setzen, können sie extrem vorteilhaft sein, da sie die künftige Inflationsrate senken und die Inflation vielleicht sogar für eine Weile aufhalten können. Allerdings sind Aussagen von Politikern, im heutigen Amerika würde dies für sich genommen die künftige Inflation dauerhaft stoppen, nichts anderes als bloßes Gerede.

Wieso ist es so sicher, dass noch mehr Inflation kommt? Weil in dem Wirtschaftssystem, das wir eingerichtet haben, der Keim zur Inflation nicht in Zeiten der Prosperität sprießt, sondern in Zeiten der Depression. Circa 80 Prozent unserer Staatseinnahmen stammen aus Einkommensteuern von Gesellschaften und Einzelpersonen. Diese Haupteinnahmequelle des Bundes reagiert bekanntlich empfindlich auf das Niveau der allgemeinen Konjunktur. Bereits bei mäßigen konjunkturellen Rückgängen schrumpft sie zügig.

Das ist aber nicht das Einzige, was passiert, wenn die Konjunktur schlecht läuft. Wir haben Gesetze verabschiedet – unter anderem die Arbeitslosenversicherung und Hilfen für Farmer –, die gerade in Zeiten schwacher Konjunktur, wenn die Staatseinnahmen am geringsten sind, eine starke Erhöhung der Staatsausgaben erfordern. Zudem sind diese bereits geltenden Gesetze mit ziemlicher Sicherheit bloß der geringste Teil der Sonderausgaben von Staatsgeldern, die fließen würden, wenn sich einmal eine wirklich schwere Depression entwickeln sollte. Sehen Sie sich einmal an, was der Kongress schon in der milden Depression 1958 getan hat, dann liegt dies auf der Hand. Sofort wurden allerlei Vorschläge gemacht, um der Wirtschaft auf Kosten der Staatskasse zu helfen. Diese reichten von drastischen Steuersenkungen für Privatpersonen und Unternehmen (um die schrumpfende Kaufkraft wieder zu erhöhen) bis hin zur Einrichtung von Organisationen, die Sonderdarlehen an notleidende Gruppen vergaben, und zur Ausweitung öffentlicher Bauvorhaben. Zwar wurden die meisten Vorschläge nicht umgesetzt, doch interessant daran ist, weshalb sie nicht umgesetzt wurden. In beiden großen Parteien erhob sich kaum eine Stimme, die sich gegen ein solches Programm wandte, „wenn es wirklich notwendig wäre, um die Flaute zu beenden". Vielmehr vertraten die Republikaner die Position, dass die Flaute ohnehin bald zu Ende gehen werde und es daher besser sei, abzuwarten und erst dann zu solchen inflationsfördernden Maßnahmen zu greifen, wenn der erwartete Aufschwung ausbleibe und „solche Maßnahmen notwendig" würden.

Zwar erwies sich der Rutsch 1958 als derart kurzlebig, dass nur wenige derartige Maßnahmen umgesetzt wurden, aber kann irgendjemand, der sich auch nur ein bisschen mit den praktischen Aspekten der Parteipolitik auskennt, bezweifeln, dass es unsere gewählten Volksvertreter in einer längeren Phase schwacher Konjunktur fast einstimmig vorziehen würden, sich für zig Milliarden an jährlichen defizitären Zahlungen zu entscheiden, anstatt die Wähler wieder die Härten einer großen Depression durchmachen zu lassen? Und kann davon abgesehen irgendjemand auch nur annähernd mit Sicherheit sagen, dass dieser defizitäre Kurs nicht der im nationalen Interesse richtige wäre? Man kann davon ausgehen, dass riesige Defizite mehr Inflation hervorrufen. Wir sind uns der Ungerechtigkeiten und Härten durchaus bewusst, die sich aus bedeutenden allgemeinen Preisanstiegen ergeben. Aber sind diese Ungerechtigkeiten und Härten für diejenigen, die den Geldmangel zu spüren bekommen, so groß wie das Leid und die Härten, die sowohl den Arbeitenden als auch den Besitzenden durch eine große Depression wie Anfang der 1930er-Jahre zugemutet wurden?

Was immer auch jeder Einzelne über diese Angelegenheit denken mag, sie wurde durch das überwältigende Gewicht der allgemeinen Überzeugung bereits für uns entschieden. Vor 150 Jahren hätte die öffentliche Meinung ebenso wenig gefunden, es sei Aufgabe unseres Staates, dauerhaft ökonomische Wohlstandsbedingungen zu gewährleisten – um ein Beispiel zu wählen, das ich in „Common Stocks and Uncommon Profits" verwendet habe –, wie sie gefunden hätte, es sei Aufgabe des Staates, jedem eine glückliche Ehe zu garantieren. Vor 50 Jahren hätte die öffentliche Meinung gefunden, es sei notwendig, vergleichsweise erschwingliche Dinge wie Brotausgaben und Suppenküchen einzurichten, damit niemand wirklich verhungert. In der damals noch stark landwirtschaftlich geprägten Volkswirtschaft reichte das kaum aus, um Defizite inflationären Ausmaßes zu produzieren. So war beispielsweise die Einkommensteuer des Bundes noch Zukunftsmusik. Prozentual gesehen schwankten die Einnahmen des Staates nicht bei jedem Schwenk der ökonomischen Wetterfahne so heftig wie heute.

Doch was beschert uns all das? An der historisch jungen, aber inzwischen fast einstimmigen Meinung sowohl unserer Politiker als auch ihrer Wähler, dass es Pflicht der Regierung sei, endlosen Wohlstand zu gewährleisten, wird sich wahrscheinlich nichts ändern. Wenn harte Zeiten kommen, besteht das einzige bedeutende Heilmittel, das der Staat kennt, leider darin, so viel mehr als die Steuereinnahmen auszugeben, dass genügend neue Kaufkraft geschaffen wird, um den Trend umzukehren. Dies verursacht aber auch mehr Inflation. Gelegentliche konjunkturelle Abschwünge scheinen ebenso zu dem Preis zu gehören, den wir für die ganzen anderen Vorteile des Systems des freien privaten Unternehmertums zahlen müssen, wie ein niedrigerer Lebensstandard für alle, die Produktion von weniger Gütern und der Verlust persönlicher

Freiheit der Preis zu sein scheint, den diejenigen bezahlen müssen, die in Ländern leben, in denen der Staat der einzige Arbeitgeber ist. Solange wir die Vorteile unserer freien Marktwirtschaft behalten, wird es daher zu gelegentlichen unerwarteten Abschwüngen kommen. Solange wir demokratisch regiert werden und die öffentliche Meinung so reagiert wie derzeit, folgt daraus mehr und mehr Inflation.

An dieser Stelle ist allerdings noch etwas anderes zu bedenken. Ebenso wie viele Menschen der irrigen Überzeugung sind, die Inflation lasse sich ohne Diktatur aufhalten, so gibt es noch mehr Menschen, die die genauso falsche Meinung hegen, dem Inflationsprozess wohne etwas inne, das ihn unweigerlich immer schneller fortschreiten lässt. Die Inflation wird manchmal mit einem Pferd verglichen, das sich vielleicht im langsamen Schritt auf den Weg macht, aber irgendwann in einen rasenden, gefährlichen Galopp verfällt. Die häufig zu hörenden Begriffe der „galoppierenden" und der „davonlaufenden" Inflation stammen zweifellos aus diesem Vergleich.

Die Argumentation derjenigen, die an die Unvermeidlichkeit dieses sich beschleunigenden Inflationsprozesses glauben, lautet ungefähr so: Wenn die Preise zu steigen beginnen, erkennen vorausschauende Menschen die inflationären Implikationen des Geschehens. Dann fangen sie an, Dinge zu kaufen, die sie erst später brauchen werden, bevor deren Preis noch höher steigt. Diese zusätzliche Nachfrage lässt die Preise dieser Dinge tendenziell noch schneller steigen, als sie es ohnehin täten. Die immer schnellere Preissteigerung macht wieder andere auf die inflationären Implikationen dessen aufmerksam, was vor sich geht. Wenn nun auch diese Menschen künftige Bedürfnisse vorwegnehmen, verleihen Sie der Dynamik der Inflationsspirale immer mehr zusätzlichen Schwung. Verbraucher, die heute kaufen, was sie normalerweise in der Zukunft kaufen würden, Geschäftsleute, die ihre Lagerbestände weit über das normale Maß hinaus aufstocken, und Spekulanten, die einfach nur versuchen, einen schnellen Gewinn aus der Situation zu ziehen, tragen alle ihren Teil zu diesem Wirbelsturm bei. Es ist schon merkwürdig, dass angesichts der vielen gegenteiligen Indizien so viele Leute, die die Übel unserer gegenwärtigen Inflation ziemlich realistisch einschätzen, sich selbst Angst einjagen und die Anleger völlig in die Irre führen, indem sie verkünden, dass unsere gegenwärtige moderate Inflation unweigerlich in eine viel heftigere galoppierende Inflation ausbrechen müsse. Obwohl solche Leute diese Entwicklung schon seit Jahren vorhersagen und bislang völlig falschliegen, haben ihre Überzeugungen eine beträchtliche allgemeine Akzeptanz erlangt. Diese Akzeptanz hat bedeutende Folgen für Anleger, auf die ich gleich zu sprechen komme. Doch zuerst die Frage: Warum läuft diese Ansicht dem zuwider, was wirklich geschieht? Seit einigen Jahren akzeptiert ein erheblicher Teil der Geschäftswelt, dass immer mehr Inflation sehr wahrscheinlich sei. Doch nirgendwo in der Geschäftswelt findet sich eine Tendenz, in Friedenszeiten deswegen Vorräte anzusammeln. Im Gegenteil, wir sind ständig bemüht, immer mehr und mehr Wege zu finden, die Lagerbestände zu reduzieren. Der Grund dafür ist nicht schwer zu finden. Die Lagerhaltung ist mit derart hohen Kosten verbunden, dass es sich nicht lohnt, Vorräte im Voraus zu kaufen, nur weil irgendwann das allgemeine Preisniveau noch weiter steigen wird.

Um dieses Thema klar zu verstehen, dürfte es sinnvoll sein, diese Kosten im Einzelnen zu prüfen. Da sind erstens die Zinsen, die mit den in den Überschussbeständen gebundenen Mitteln erzielt werden könnten. Wenn keine liquiden Mittel vorhanden sind und die Überschüsse mit geliehenem Geld finanziert werden müssen, sind diese Kosten noch höher. Dann sind da noch die Kosten für die Lagerung oder Verwahrung der Bestände. Dazu kommen die Kosten für Versicherungen gegen Feuer, Diebstahl und andere Risiken. Dann kommt noch die örtliche Grundsteuer hinzu, die erhoben wird, wenn die Inventur zu dem Zeitpunkt des Jahres stattfindet, zu dem solche Festsetzungen am jeweiligen Ort erfolgen. Und schließlich besteht bei gewissen Waren die Gefahr, dass sie mit zunehmendem Alter schlecht werden. In anderen Fällen besteht die Gefahr, dass gestalterische oder technische Veränderungen ihren Wert mindern.

Aus diesen Gründen gibt es trotz der Inflation und des Inflationsbewusstseins, das in den Vereinigten Staaten seit dem Zweiten Weltkrieg herrscht, keine Tendenz, Warenvorräte zur Inflationsabsicherung anzulegen. Wenn es gelegentlich zu vorgezogenen Käufen kommt, dann hat das fast immer mit der Befürchtung einer physischen Knappheit (wie im Frühstadium des Koreakriegs) oder mit befürchteten Preisanstiegen bei einer bestimmten Ware zu tun, aber nie mit der Sorge vor einer allgemeinen Inflation. Manchmal wurden nicht einmal dann Vorabkäufe ausgelöst, wenn bei einem bestimmten Rohstoff unmittelbar bevorstehende, wenn auch mäßige Preiszuwächse angekündigt wurden. Der Anstieg war im Vergleich zu den laufenden Kosten einfach zu gering.

All das bedeutet nicht, dass ein Anziehen bis hin zu der tatsächlich galoppierenden Inflation, die in Deutschland und Frankreich kurz nach dem Ersten Weltkrieg zu sehen war, in den Vereinigten Staaten unmöglich wäre. Das könnte auch hier passieren. Allerdings müsste sich dafür zuerst der gesamte Inflationsprozess stark beschleunigen. Und bevor es dazu kommt, sollte es schon lange vorher Anzeichen dafür geben. Außerdem dürfte eine solche Beschleunigung, wenn sie denn eintritt, dies aus bereits besprochenen Gründen eher zu einer Zeit der Depression als der Prosperität tun. Zu solchen Zeiten gibt es unter den Aktien meistens reichlich Anlageschnäppchen. Das ist für den Anleger von großer Wichtigkeit, denn es bedeutet, dass er bei hohen Aktienkursen kein zusätzliches Geld in Aktien stecken muss, aus Angst, dass die Inflation den Wert seines Geldes jederzeit aufzehren könnte.

In welchem Tempo entwickelt sich die Inflation eigentlich wirklich? Niemand kann mit vollständiger Gewissheit exakt sagen, wie hoch die Inflation jedes Jahr ist (also wie viel weniger man mit der gleichen Geldmenge kaufen kann). Das liegt daran, dass niemand behaupten kann, bei den diversen Indizes, die man sich ausgedacht hat, um sie zu messen, gebe es keinen Fehlerspielraum. Allerdings wurde der Verbraucherpreisindex des U.S. Bureau of Labor Statistics (CPI = Consumer Price Index) mit so viel Sorgfalt zusammengestellt, dass er einer genauen Messung einer so komplexen Angelegenheit wie dieser recht nahekommt. In den zehn Jahren vom 1. Januar 1950 bis zum 31. Dezember 1959 weist er eine durchschnittliche jährliche Zunahme von etwas mehr als zwei Prozent auf. Nehmen wir einmal an, der Index habe bei der Messung von Preisänderungen eine Ungenauigkeit von 50 Prozent, auch wenn das recht unwahrscheinlich erscheint. Dann hätten wir möglicherweise eine durchschnittliche jährliche Erhöhung um etwas mehr als drei Prozent.

Die volle Bedeutung für die Geldanlage dürfte auf der Hand liegen, aber häufig begreifen Anleger sie nicht. Es bedeutet nämlich, dass die Inflation langfristig gesehen eine große Kraft ist, mit der man rechnen muss. Jede Investition, die nicht die Möglichkeit bietet, ihren Wert innerhalb von zehn Jahren um mindestens 20 bis 30 Prozent zu steigern, kann als schlecht angesehen werden.

Auf der anderen Seite – und dies wird von vielen Anlegern falsch verstanden – bedeutet die Tatsache, dass Bargeldanlagen, Anleihen und viele Aktienklassen keinen grundsätzlichen Inflationsschutz beinhalten, ausdrücklich nicht, dass man diese Anlagen so schnell wie möglich abstoßen und die richtige Art von Aktienanlagen kaufen sollte. In einem durchschnittlichen Jahr dürfte sich die Schrumpfung des realen Geldwerts höchstens im Bereich von zwei bis drei Prozent bewegen. Das ist ungefähr das, was eine Baranlage derzeit (nach Steuern) an Zinsen einbringt. Das bedeutet, dass es innerhalb von vier Jahren unter Nichtbeachtung des Zinsfaktors eine reale Schrumpfung von höchstens acht bis zwölf Prozent geben dürfte. Allerdings schwanken die Werte der begehrtesten Aktien jedes Jahr um deutlich mehr als drei Prozent, in vier Jahren betragen die Schwankungen ein Vielfaches der genannten acht bis zwölf Prozent.

Der kluge Anleger muss die Inflationsfrage aus der richtigen Perspektive betrachten. Ich finde, langfristig sollte das Ziel folgendes sein:

keine Anlagen, die nicht mindestens genug Gewinn versprechen, um das unvermeidliche weitere Schrumpfen des Dollar auszugleichen. Auf kurze Sicht sollte er allerdings auch begreifen, dass die Auswahl der richtigen Anlage und ihr Kauf zum richtigen Zeitpunkt enorm viel wichtiger sind, als sich den Inflationsschutz schnell zu verschaffen. Wenn hingegen ein Anleger eine gewisse Geldsumme für einen bestimmten Zweck beiseitegelegt hat, für den er sie in verhältnismäßig wenigen Jahren einsetzen will (beispielsweise um ein Haus zu bauen oder mit seiner Familie ins Ausland zu reisen), bin ich überzeugt, dass er die Summe bar angelegt lassen und nicht versuchen sollte, sie vor der Inflation zu schützen. Wenn er die richtige Art von Inflationsabsicherung gekauft hat, kann es sein, dass der Preis genau dann sinkt, wenn er sein Geld braucht, und zwar um weit mehr als den relativ bescheidenen Betrag, um den der Kaufwert seiner ursprünglichen Ersparnisse zwischenzeitlich gesunken wäre.

Warum werden in diesem inflationsbewussten Zeitalter so viele Anleger fast schon panisch, wenn sie zu viel Bargeld halten? Sie stürzen sich eilig in Käufe und sind absolut nicht willens, sich die nötige Zeit zu nehmen, um eine wirklich herausragende Anlagechance zu finden. In manchen Fällen mag das bloß ein Anzeichen für eine ungeduldige oder unreife Person sein. Doch häufig, so glaube ich, steht hinter solchem Handeln etwas ganz anderes: die kritiklose Akzeptanz des verbreiteten Fehlschlusses, das Tempo der Inflation werde ganz sicher zunehmen, sodass das Anlegen von Bargeld oder Bargeldäquivalenten vorrangige Bedeutung annimmt.

Da ich ihn schon so oft gehört habe, bin ich mir des Einwands gegen meine grundlegenden Schlussfolgerungen durchaus bewusst, den viele gewissenhafte Menschen an dieser Stelle vorbringen werden. Sie werden sagen, meine Aussage, dass größere Inflationsschübe nur als Ergebnis von Defiziten auftreten werden, die durch Kriege oder wirtschaftliche Depressionen hervorgerufen wurden (sodass es zu anderen Zeiten keinen gewaltigen Sturm in Richtung Inflationsschutz gibt), basiere vollständig auf der Annahme, Inflation werde durch eine wachsende Geldbasis verursacht. Tatsächlich behaupten sie, der stetige Preisanstieg werde durch etwas ganz anderes verursacht, und zwar durch den unfairen wirtschaftlichen Vorteil, den unsere Gesetze den Gewerkschaften bieten. Da einzelne Organisationen dadurch das Monopol besäßen, dringend benötigte Arbeitskräfte bereitzustellen oder dieses Angebot von ganzen Branchen fernzuhalten, sei ihnen eine Kraft verliehen worden, mit der die restliche Gemeinschaft nicht mithalten könne. Dies habe die Löhne so sehr steigen lassen, dass Unternehmen nichts anderes übrig bleibe, als die Lohnsteigerungen in Form von höheren Preisen an die Allgemeinheit weiterzugeben. Das sei eine Kraft, die in guten Zeiten noch mehr als in schlechten für immer mehr Inflation sorge.

Ich stimme diesem Argument weitgehend zu, glaube aber, dass es nur ein Teil des Gesamtbilds ist. Auch wenn die größere Geldmenge unmittelbar Inflation hervorruft, nicht die höheren Löhne, so sind die beiden doch weitgehend das Gleiche. Denn wenn Lohnerhöhungen gewährt werden, die größer sind als die Produktivitätssteigerung, hat die Unternehmensleitung keine andere Wahl, als sie großteils oder vollständig in Form höherer Preise weiterzugeben. Und dies wiederum liegt daran, dass der Durchschnitt aller Unternehmensgewinne nur wenige Cent von jedem Dollar Umsatz beträgt, während die Lohnkosten ein Vielfaches betragen, sodass eine Lohnerhöhung durch nichts anderes als durch Preissteigerungen aufgefangen werden kann. Doch dadurch gerät auch der Staat in eine Position, in der er früher oder später keine Wahl mehr hat. Er kann mithilfe des Federal Reserve Systems eine Lohn-Preis-Runde „ratifizieren“, indem er die Geldmenge so weit erhöht, dass die Allgemeinheit die normale Menge an Gütern zu dem erhöhten Preisniveau kaufen kann, das sich aus der letzten Welle der Lohnsteigerungen ergeben hat. Er kann diese „Ratifizierung“ aber auch verweigern und die Geldmenge auf dem bisherigen Stand belassen. Wenn er die „Ratifizierung“ verweigern würde, gäbe es nicht genug Geld, um das zuvor normale Transaktionsvolumen auf dem höheren Preisniveau zu tragen. Dann würden schlechte Zeiten beginnen. Entweder müssten die sogenannten Währungsmanager ihren Kurs ändern oder die Depression würde sich vertiefen. Da nun die Einnahmen des Bundes schrumpfen und seine Ausgaben steigen würden, träte ein Defizit auf, das ausreichen würde, um die Geldmenge auf diese Weise zu erhöhen, sodass die Lohn-Preis-Spirale auch so ratifiziert wäre.

Doch glücklicherweise gibt es noch eine andere Kraft, die heute fast so mächtig ist wie die großen Gewerkschaften und die auf die allgemeine Preisstruktur meist genau die gegenteilige Wirkung ausübt. Dabei handelt es sich um die gewaltige Zunahme wissenschaftlicher Forschungen und technischer Entwicklungen in der Industrie in den letzten Jahren. Die Teamarbeit des Managers, des Wissenschaftlers und des Ingenieurs ist derart profitabel, dass das, was Professor Sumner Slichter von der Harvard University so treffend als „Industry of Discovery" bezeichnet, mit wahrhaft staunenswerter Geschwindigkeit wächst. Sie hat sich in den letzten sechs Jahren verdreifacht und umfasst derzeit jährliche Ausgaben von rund neun Milliarden Dollar. Das ist eine fast geradlinige Progression von den Ausgaben vor 30 Jahren, die nur wenige Millionen Dollar betrugen.

Man kann sich leicht vorstellen, welchen Einfluss die beträchtliche Gruppe der Techniker und Ingenieure auf die Preisstruktur durch neue Maschinen und Anlagen sowie durch stetig neue Methoden, billiger zu produzieren, ausübt. Was manchmal aus dem Blickfeld gerät – weil sich ihre Arbeit nicht ohne Weiteres statistisch betrachten lässt –, ist der Einfluss der ebenfalls großen Gruppe der Forscher, die an Verbesserungen arbeiten. Ein Beispiel soll das verdeutlichen. Nehmen wir an, ein Reifen kostet das Gleiche wie vor 35 Jahren. Damals hatte man üblicherweise alle paar Tausend Meilen einen Platten. Heute ist das sehr selten. Damals betrug die Kilometerleistung eines Reifens trotz der viel geringeren Geschwindigkeiten nur einen Bruchteil dessen, was heute üblich ist. Somit hat hinsichtlich der Gesamtkosten einschließlich Wartung eine beträchtliche Preissenkung stattgefunden.

Die stetig wachsende „Industry of Discovery" ist somit eine entgegengesetzte Kraft, die durch ihre Tendenz, die Dinge billiger zu machen, viel dazu beigetragen hat, einen großen Teil der verteuernden Wirkung von Lohnsteigerungen auszugleichen. Bei der Forschung besteht eine beträchtliche zeitliche Verzögerung zwischen dem Zeitpunkt, zu dem Kosten für sie aufgewendet werden, und dem Zeitpunkt, zu dem sich ihre Ergebnisse in billigeren oder besseren Produkten niederschlagen. Da die Kosten stetig steigen, ist es sehr wahrscheinlich, dass die Gewinnkurve in den kommenden Jahren in ähnlicher Weise ansteigen wird. Die preissenkende Wirkung dieser Quelle wird daher mit an Sicherheit grenzender Wahrscheinlichkeit eher stärker als schwächer werden. Deshalb glaube ich nicht, dass die Inflation aufhören wird, aber mit dieser starken Bremse, die ansonsten inflationäre Einflüsse zurückhält, außer in Zeiten großer Defizite, die zu Depressionen führen, kann sich der Anleger Zeit nehmen, um die eine oder andere hervorragende Investition zu finden. Er braucht vor der Schnelligkeit der fortschreitenden Inflation nicht so viel Angst zu haben, dass er sich auf den erstbesten Inflationsschutz stürzen müsste, der ihm über den Weg läuft.

Wenn der Anleger einmal begriffen hat, wie sicher es ist, dass es immer mehr Inflation geben wird, neigt er von Natur aus dazu, sein Denken auf das zu richten, was ihm zu Recht der Kern der Sache zu sein scheint – auf die Frage, wo er in einer inflationären Welt sein Geld platzieren sollte. Ich bin allerdings überzeugt, dass es noch eine weitere Hintergrundangelegenheit gibt, die zu verstehen für jeden Anleger sehr profitabel sein kann, bevor er konkret überlegt, welche Art von Geldanlage am besten zu der Inflation passt, mit der er in den 1960er-Jahren höchstwahrscheinlich konfrontiert sein wird.

Was ich jetzt sagen werde, wird die Richtigkeit fast aller allgemein akzeptierten Überzeugungen infrage stellen. Allein die Tatsache, dass so viele Menschen etwas als wahr akzeptieren, ohne weiter über das

Thema nachzudenken, veranlasst manche zu der Auffassung, jegliche Infragestellung sei unangebracht. Diese Menschen möchte ich darauf hinweisen, dass die Geschichte zu allen Zeiten und auf allen Gebieten des menschlichen Wissens gezeigt hat, dass viele Ansichten, die fast alle als wahr akzeptiert hatten und über die weiter nachzudenken sie sich niemals die Mühe machten, zu gegebener Zeit widerlegt wurden. Es dauerte Jahrhunderte der Zivilisation, bis man erkannte, dass die Erde um die Sonne kreist und nicht umgekehrt. Noch vor einer Generation hätten geschulte Naturwissenschaftler über die Vorstellung gelacht, dass selbst die festesten Gegenstände fast vollständig aus leerem Raum bestehen, doch heute wissen wir, dass dem so ist. Können Sie sich noch an die Zeit erinnern, als schwangeren Frauen geraten wurde, für zwei zu essen? Inzwischen wissen wir, dass dies keinesfalls wünschenswert ist. Dass etwas allgemein als selbstverständlich gilt und dass geachtete Führungspersönlichkeiten in Machtpositionen ihre Vorgehensweise danach ausrichten, macht es für sich genommen noch nicht zutreffend.

In unserer heutigen Zeit glauben fast alle Banker und viele Regierungen, Zinserhöhungen seien der richtige Weg zur Inflationsbekämpfung. Diese würden sie auch wirklich dämpfen, wenn sich die Menschen in Zeiten der geringen Inflation so verhalten würden, wie sie es in dem traditionellen theoretischen Konzept der Ökonomen eigentlich tun müssten, oder so, wie sie es bei höherer Inflation tatsächlich tun. Wäre es so, würden Geschäftsleute, Verbraucher und Spekulanten darum wetteifern, Dinge anzusammeln, die sie jetzt noch nicht brauchen, aber von denen sie momentan überzeugt sind, dass sie später teurer sein werden. Dies würde die Preise so lange immer schneller steigen lassen, bis viele Menschen so viele Überschüsse hätten und sich so sehr übernommen hätten, dass dieser Boom platzen würde. Die meisten derartigen zusätzlichen Käufe erfolgen auf Kredit oder mit geliehenem Geld. Würde man die Kosten für solches Geld dadurch erhöhen, dass man keine weiteren Kredite mehr zur Verfügung stellt, würde man dieses gefährliche Vorgehen stoppen, und das wäre eine wirklich die Inflation dämpfende Maßnahme. Doch da in der konkreten Praxis keine dieser Gruppen irgendeine Neigung zeigt, unnötige oder vorgezogene Käufe zu tätigen, könnten Zinsanhebungen zur Heilung der vorliegenden Inflation vielleicht wie ein Arzneimittel für die schnelle Heilung von Lungenentzündung sein, das man einem Patienten verabreicht, dessen Leiden nur daher rühren, dass er zu viel gegessen hat.

Da dies bei der Wahl geeigneter Zeitpunkte für Investments hilfreich sein kann, befassen wir uns nun sehr viel genauer damit, was steigende Zinsen in Wirklichkeit bewirken. Schauen wir zunächst einmal, was uns die Autoritäten unserer Notenbank erzählen. Bedenken Sie, dass dies die Menschen sind, die Macht besitzen. Da sie das Angebot an Bankkrediten steuern können, sind sie in der Position, gewaltigen Einfluss auf den Geldsatz auszuüben.

Sie sagen, dass Lohnsteigerungen Inflation bewirken. Sie erhöhen die Betriebskosten und somit die Kosten dessen, was die Verbraucher kaufen müssen. Wenn die Preise von Rohmaterialien, Fertigerzeugnissen oder Dienstleistungen steigen, dann ist das natürlich inflationär. Dadurch steigen nicht nur die Preise der unmittelbar betroffenen Produkte, sondern auch die Kosten für alle anderen Unternehmen, die die betreffenden Produkte oder Dienstleistungen kaufen, und dadurch werden weitere Preissteigerungen erzwungen. Doch wenn man die Kosten des Geldes anhebt, so sagen unsere Notenbanker, dann ist das deflationär! Sie sagen das, obwohl sich Unternehmen Geld leihen müssen, um ihren Betrieb fortzuführen und zu wachsen, und obwohl dies die Betriebskosten genauso erhöht wie alle anderen Arten von Preiserhöhungen bei Dingen, die ein Unternehmen für seinen Betrieb braucht. Ergibt das einen Sinn?

Seltsamerweise schon, unter bestimmten Bedingungen. Doch leider sind das ganz andere Bedingungen als diejenigen, unter denen die amerikanische Wirtschaft normalerweise arbeitet. Doch nehmen wir einmal an, unsere Volkswirtschaft arbeite dicht an ihrer Kapazitätsauslastung. Die meisten bedeutenden Industrien würden dann so viel ausstoßen, wie sich aus ihren Fabriken herausquetschen lässt. Nehmen wir außerdem an, die tatsächlich verbrauchte Menge beispielsweise von Stahl sei nicht so groß wie diese Nachfrage. Nehmen wir jedoch an, die Stahlwerke seien überlastet, weil sie versuchen, genug Stahl zu produzieren, um nicht nur den tatsächlichen Bedarf des Landes zu decken, sondern auch um weitere Stahlwerke zu errichten, um den Bedarf zu decken, der so lange vorhanden zu sein schien, wie von der Industrie verlangt wurde, genug Stahl sowohl für die aktuelle Nachfrage als auch für die geplanten Stahlwerke zu liefern. In einem solchen Fall könnte das Zurückfahren der Geldmenge, die sich Unternehmen leihen können, zwei sinnvolle Dinge bewirken. Es könnte einen Teil der zusätzlichen Stahlnachfrage in die Zukunft verlagern und so den Aufschwung verlängern. Vor allem jedoch würde es die meisten Unternehmen zwingen, mit möglichst wenig gelagertem Stahl auszukommen, um ihren Betrieb noch weiterführen zu können. Auf diese Weise könnte dies durchaus den galoppierenden Anstieg der Stahlpreise verhindern, der stattfinden würde, wenn alle Kunden der Stahlindustrie um die Wette bieten würden, um auch nur ein bisschen mehr Stahl zu bekommen, als die Werke herstellen können. Unter solchen Umständen – und nur unter solchen Umständen – können hohe Zinsen und eine sogenannte straffe Geldpolitik sehr hilfreich sein, um inflationäre Tendenzen zu dämpfen.

Jedoch befindet sich die amerikanische Wirtschaft in den 1960er-Jahren in einer ganz anderen Position als im soeben beschriebenen Beispiel. Außer wenn sie mit einem industrieweiten Streik konfrontiert sind, arbeiten die meisten bedeutenden Industrien mit Auslastungen von 70 bis 90 Prozent. Mehrere Millionen Menschen sind arbeitslos, und das wird auch so bleiben. Vor allem aber ist ein großer Teil der derzeit von der Industrie geplanten neuen Maschinen und Anlagen – Projekte, die bei niedrigen Zinsen in großer Zahl genehmigt, bei hohen Zinsen aber drastisch reduziert werden – gar nicht auf neue Kapazitäten ausgerichtet. Vielmehr geht es um die Modernisierung der bestehenden Kapazitäten. Das sind Projekte, die es erlauben, Produkte zu geringeren Stückkosten herzustellen, gewöhnlich indem alte Maschinen und Methoden durch neue Maschinen und bessere Verfahren ersetzt werden.

Nichts könnte wichtiger für die Dämpfung der Inflationsrate sein als das. Es ist eine Anti-Inflationswaffe mit zwei Klingen. Indem man der Industrie hilft, zu niedrigeren Zinsen Geld aufzunehmen, um viel mehr Modernisierungsprogramme durchzuführen, hilft man ihr einerseits bei der Kostensenkung. Aufgrund der üblichen Funktionsweise unseres Wettbewerbssystems werden solche Einsparungen fast immer an die Verbraucher weitergegeben, auch wenn dies manchmal nur in der Form geschieht, dass die Industrie in der Lage ist, weitere Lohnerhöhungen ohne entsprechende Preiserhöhungen aufzufangen. Andererseits erhöht das Aufkommen an zusätzlichen Aufträgen für die Industrie, das die zusätzlichen Modernisierungsprogramme hervorrufen, das Gesamtaufkommen aller Unternehmen, ganz zu schweigen von der Steigerung der insgesamt gezahlten Löhne. Einem Bundeshaushalt wie dem unseren, der vom Auf und Ab des Gesamtsteueraufkommens seitens der Wirtschaft und der Privatpersonen abhängig ist, würde dies unweigerlich eine dramatische Besserung bescheren.

Nun dürfte so langsam klar werden, weshalb eine Verknappung des Geldes nicht das bewirkt, was sie eigentlich bezüglich der Bremsung der Inflation bewirken sollte. Tatsächlich setzt sie Kräfte in Gang, die mit der Zeit auf jeden Fall die Inflation beschleunigen. Ich habe ja schon zu zeigen versucht, dass Forschung und Entwicklung dadurch, dass mit ihrer Hilfe ständig Möglichkeiten gefunden werden, Dinge billiger oder besser zu machen, eine mächtige Kraft sind, die diesen inflationären Prozess bremst. Da aber für fast alle kostensparenden technischen Entwicklungen Kapital erforderlich ist, wird ihre Einführung in der Industrie direkt von den Geldmärkten beeinflusst. Wenn Geld teuer und schwer zu bekommen ist, stehen die meisten Großunternehmen unter dem Druck, nur die herausragenden Früchte ihrer Forschungs- und Entwicklungsabteilungen zu nutzen. Programme, die andernfalls attraktiv wären, werden dann häufig verschoben oder aufgegeben, weil die Mittel für ihre Finanzierung nicht mehr verfügbar oder zu kostspielig sind. Somit beschneiden gerade jene Zinsen, die erhöht wurden, um der Inflation vorzubeugen, Aktivitäten, die dafür gedacht sind, die Produktionskosten zu senken und niedrigere Preise herbeizuführen!

Dabei ist das weder die einzige noch die grundlegendste Art und Weise, auf die eine straffe Geldpolitik zu immer mehr Inflation führt. Ich habe auch zu zeigen versucht, dass der grundlegende Inflationserzeuger die wirtschaftliche Depression ist, weil sie die defizitäre Finanzierung enorm steigert, die eine Periode der stark rückläufigen Konjunktur zwangsläufig mit sich bringt. Ob es nun so lange her ist wie 1930 oder so kurz wie 1957 – immer wenn die Banken des Federal Reserve Systems eine drastische Straffung der Geldsätze anregen, ist die Wirkung auf die Konjunktur die gleiche. Die Industrie kürzt ihre Investitionen. Der Hausbau und andere Schlüsselbranchen, bei denen die Finanzierungskosten für den Verbraucherpreis eine große Rolle spielen, sind davon ebenfalls betroffen. Der Rückgang dieser empfindlich reagierenden Branchen beginnt, andere Geschäftszweige zu beeinträchtigen, und schon ist ein allgemeiner Abschwung im Gange. Seit der Großen Depression der 1930er-Jahre haben alle konjunkturellen Abschwünge zu einer weiteren massiven Aufblähung des staatlichen Haushaltsdefizits und dazu geführt, dass viel mehr Inflation zu einem Teil der Wirtschaft geworden ist.

Wenn es so aussieht, als hätte ich ungebührlich lange bei den Auswirkungen hoher Zinsen verweilt, so liegt das daran, dass ich ihnen eine weitaus größere Bedeutung für die Investoren beimesse, als den meisten von ihnen bewusst ist. Zwar dürfen Anleger die hohe Wahrscheinlichkeit von immer mehr Inflation nie aus dem Blick verlieren, aber in normalen Zeiten läuft die Inflation langsam genug, dass sich der Anleger Zeit nehmen und eine herausragende Gelegenheit abwarten sollte, anstatt sich alles zu schnappen, was eine Absicherung gegen steigende Preise sein könnte. Wenn indes die Geldsätze auf höhere Niveaus zu klettern beginnen und die Geldpolitiker zu diesem Anstieg zu ermuntern scheinen, dann ändern sich gewissermaßen die Regeln. Dann sollte der Anleger noch vorsichtiger als ohnehin schon vorgehen. Es könnte durchaus sein, dass die Konjunktur vor einem Abschwung steht. Doch selbst wenn nicht, führt der Renditefaktor wahrscheinlich dazu, dass die Aktien den Anleihen auf tiefere Stände nachfolgen. Das heißt allerdings nicht, dass der Anleger in einer solchen Zeit von jeglichen Käufen Abstand nehmen sollte (denn eine wirklich herausragende Gelegenheit sollte man niemals wegen rein kurzfristiger Einflüsse auslassen), sondern nur, dass er an das, was er kauft, immer höhere Ansprüche stellen sollte.

Wenn allerdings für eine gewisse Zeit eine straffe Geldpolitik geherrscht hat, ändert sich das Bild radikal. Wenn die Notenbanken den Geldsatz erhöhen, um gegen die Preissteigerung anzukämpfen, handeln sie wie eine Person, die ein gefährliches Virus in sich hat und beschließt, keine Nahrung mehr zu sich zu nehmen, um das Virus auszuhungern. Sie wird verhungert sein, lange bevor das Virus beseitigt ist. Außerdem gibt die Federal Reserve wie die meisten Menschen den Versuch auf und kippt ihre Politik, wenn die Hungermethode zunehmend schmerzhaft wird. Normalerweise kann der Anleger nicht mit Sicherheit wissen, wann genau diese Änderung stattfinden wird. Doch je länger die Hungerphase bereits andauert und je mehr Haushaltsdefizite sich ansammeln, während die Investitionsgüterindustrie und die Baubranche leiden, umso größer wird die Möglichkeit einer scharfen Wende, auf die ein weiterer Inflationsschub folgt. Das heißt, je länger eine Periode läuft, die Defizite hervorbringt, umso mehr sollte man darauf achten, dass man Wertpapiere eines Typs besitzt, der sich dafür eignet, ihn lange zu halten.

Welche Art von Anlagen bietet Schutz vor der Inflation? Ich glaube, diesbezüglich werden die kruden und naiven Auffassungen des vergangenen Jahrzehnts im Laufe der 1960er-Jahre ein böses Erwachen erleben. Allgemein herrscht die Auffassung, dass fast jede Art von Stammaktie, die einen Besitzanteil an einem Vermögen repräsentiert, eine Absicherung gegen die Inflation war, ist und sein wird. Doch das stimmt nicht.

Was die Vergangenheit angeht, so lässt sich das leicht anhand der beträchtlichen Anzahl von Aktien nachweisen, die einen Besitzanteil an großen Mengen von Vermögensgegenständen darstellen und in den letzten 15 Jahren, in denen die Preise stetig gestiegen sind (wodurch die Kaufkraft des Dollar gesunken ist), keine Kurssteigerungen aufgewiesen haben und in vielen Fällen sogar erheblich gefallen sind. Schon das allein sollte eigentlich das allgemein akzeptierte und plausibel klingende Argument entkräften, dass dadurch, dass Aktien einen Besitzanteil an materiellen Dingen (Grundstücke, Fabriken, Vorräte und so weiter) repräsentieren und dass bei Inflation der Wert der Dinge im Verhältnis zum Dollar steigt, der durch Aktien vermittelte Besitz dieser Dinge die Aktionäre vor einem weiteren Wertverlust des Dollar schützt.

Viele Anleger treiben diese Überlegung noch einen Schritt weiter. Sie behaupten, Unternehmen, die enorme Mengen an natürlichen Bodenschätzen besitzen, zum Beispiel Bergbau- und Ölgesellschaften, seien gute Absicherungen gegen die Inflation. Wenn der Wert des Dollar sinkt, steige der Wert des Besitzes solcher realen Vermögenswerte proportional, sodass die Aktionäre solcher Unternehmen einen eingebauten Inflationsschutz hätten. Aus Gründen, die zu erklären ich noch versuchen werde, können sich manche dieser Unternehmen als ganz gute Absicherung gegen Inflation erweisen. Das liegt allerdings an einer ganz anderen Kombination von Faktoren, die überhaupt nichts mit dem Besitz erheblicher Mengen irgendeines nützlichen Rohmaterials zu tun haben. Und das haben in den Jahren 1958 und 1959 viele bislang selbstzufriedene Aktionäre von Ölgesellschaften für sich entdeckt.

Wir können uns von dem gängigen Fehlschluss, wonach „Aktien, da sie Besitzanteile an materiellen Dingen darstellen, automatisch gegen Inflation schützen“, leichter freimachen, wenn wir ein bestimmtes grundlegendes Konzept im Kopf behalten. Innerhalb des allgemeinen Preisniveaus ändern die Dinge, die wir kaufen, ständig ihre Werte im Verhältnis zueinander. Selbst wenn das allgemeine Preisniveau stetig (aber langsam) steigt – innerhalb der großen und eher gletscherähnlichen Bewegung –, steigen die Preise mancher Dinge, während die Preise anderer Dinge sinken. In Zeiten häufiger Erfindungen und der Entdeckung neuer Prozesse, die manchmal bedeutende Kostensenkungen ermöglichen, können manche Preisrückgänge ziemlich spektakulär sein. Auch können Änderungen des allgemeinen Geschmacks bei den betroffenen Produkten oder Dienstleistungen merkliche Preissteigerungen beziehungsweise Preissenkungen hervorrufen.

Um diesen Punkt zu verdeutlichen, führe ich ein Extrembeispiel an – eines, das vielleicht ziemlich übertrieben wirkt. Ich finde jedoch, dass Anleger es sich gut merken sollten, wenn sie den leicht unterlaufenden Fehler vermeiden wollen, die für eine Inflationsphase falsche Art von Aktie zu kaufen. Überdies wollen wir unser Beispiel in der extremsten Inflation ansiedeln, die die moderne Welt gesehen hat. Gehen wir ins Deutschland der frühen 1920er-Jahre. Damals wurde die Mark derart wertlos, dass zu einer gewissen Zeit eine Milliarde Mark einen geringeren Handelswert hatte als ein Laib Brot. Viele Deutsche, die merkten, was kommen würde, taten ihr Bestes, um ihr verfallendes Geld in den Besitz physischer Gegenstände umzuwandeln. Doch nehmen wir einmal an, einer von ihnen hätte als Absicherung gegen die Inflation ein Lagerhaus voller Rockreifen gekauft. In den 1890er-Jahren, als die weibliche Bevölkerung aus Gründen, die sich meinem Verständnis entziehen, einen Teil ihrer Anatomie verbergen (oder hervorheben?) wollte, wäre dieser Besitz höchst wünschenswert gewesen. In dieser Zeit hätte die Ware einen Großteil ihres Wertes bewahrt. In den 1920er-Jahren hingegen hatten Rockreifen von einer gelegentlichen Nachfrage für Theaterkostüme abgesehen keinerlei Wert. Es hätte nicht den geringsten Unterschied ausgemacht, ob ihr Preis hoch oder niedrig war oder ob er überhaupt in einer Währung angegeben wurde, von der alle dachten, sie würde bald wertlos sein. Niemand wollte sie haben, niemand kaufte sie. In den 1920er-Jahren hätten Rockreifen nicht den geringsten Schutz gegen die Inflation geboten.

Kommen wir nun zu den Aktien. Außer wenn ein Unternehmen kurz vor der Liquidation steht, hat der Wert der Vermögensgegenstände, die hinter jeder Aktie stehen, sehr wenig mit dem Preis zu tun, zu dem eine Aktie normalerweise an der Börse verkauft wird. Der Hauptgrund dafür ist, dass die Vermögensgegenstände, sofern sie nicht zur Ausschüttung an die Aktionäre bestimmt sind, nur wegen des Ertrags, den sie abwerfen oder nach Ansicht der Finanzwelt abwerfen werden, begehrenswert sind. Falls Sie dies bezweifeln und eine Bestätigung verlangen, machen Sie einen ganz einfachen Test. Die Liste der an der New York Stock Exchange gehandelten Aktien ist fast immer alphabetisch sortiert. Suchen Sie sich zufällig eine Stelle in dieser Liste aus und untersuchen Sie die nächsten 20 Aktien. Egal, welche Gruppe Sie zufällig auswählen, Sie werden feststellen, dass keinerlei Beziehung zwischen Börsenkurs und Sachwert besteht. Manche Aktien werden sehr weit unter dem Sachwert gehandelt, andere zu einem Vielfachen des Sachwerts. Dort ist keinerlei Beziehung zu finden. Wenn Sie das noch nicht überzeugt, machen Sie einen anderen Test. Heute kommt es zwar nicht mehr so oft vor wie noch vor Jahren, aber manchmal gibt ein Broker eine Broschüre heraus, in der er auf Aktien hinweist, die wegen ihrer Sachwerte Schnäppchen sind. Beschaffen Sie sich eine, die ein paar Jahre alt ist. Vergleichen Sie mit dem Vorteil der Rückschau das nachfolgende Marktgeschehen bei diesen Aktien mit der Entwicklung eines der anerkannten Börsenindizes. Dann werden Sie feststellen, dass das Vorhandensein vieler Sachwerte an sich kaum in einer Beziehung zu dem steht, was eine Aktie an der Börse tut. Der Wert der Vermögensgegenstände mag in einer Inflationsphase steigen oder auch nicht. Aber das reicht noch nicht, damit die Aktien entsprechend steigen. Der Wert von Vermögensgegenständen besitzt für sich genommen nicht die Kraft, steigende Aktienkurse hervorzubringen.

Zwei Dinge, die ziemlich eng miteinander verknüpft sind, bringen Aktien zum Steigen. Das eine ist die Zunahme der Ertragskraft einer Aktie. Das andere und gewöhnlich wichtigere ist die einhellige Meinung der Anlegerkreise bezüglich der künftigen Entwicklung der Ertragskraft.

Diese beiden Dinge sind deshalb so eng miteinander verbunden, weil die Finanzgemeinde sehr dazu neigt, aus der Tatsache, dass ein bestimmtes Unternehmen seinen Gewinn pro Aktie Jahr für Jahr in brillanter Weise steigern konnte, abzuleiten, dass sich dieser Trend auch in Zukunft fortsetzen wird. Plus oder minus die zeitweiligen Auswirkungen des Konjunkturzyklus trifft dieser Gedankengang häufig zu, doch gelegentlich kann er auch sehr danebenliegen. Auf jeden Fall bringt ein stetig steigender Gewinn pro Aktie, der von einem stetig steigenden Kurs-Gewinn-Verhältnis überlagert wird (weil die Finanzkreise einer bestimmten Aktie einen immer stärkeren Status zuschreiben), einen Großteil des kräftigen Wertzuwachses hervor, den man normalerweise mit Wachstumsaktien in Verbindung bringt. Diese Kombination bringt in Zeiten stabilen Geldes die größten Nettogewinne für Anleger hervor. Auch bietet sie den größten Inflationsschutz in Zeiten, in denen die Währung abwertet.

Anders gesagt sind Aktien, die unabhängig von den Inflationsbedingungen einen großen Anstieg vor sich haben, die einzige Sorte, die das Vermögen der Anleger vor der Inflation schützt. Das liegt nicht an irgendeiner tiefen inneren Beziehung zwischen Aktien und Inflationsschutz. So eine eingebaute Beziehung existiert überhaupt nicht. Es liegt nur an dem glücklichen Zufall, dass das betreffende Unternehmen seine Geschäfte so gut führt, dass seine Aktien „von innen her" in größerem Maße an Wert gewinnen, als die Inflation den Wert des Geldes des Anlegers mindert. Das bedeutet, dass das reale Vermögen des Anlegers um so viel erhalten wird, wie die Inflation es andernfalls schrumpfen lassen würde. Wenn eine echte Wachstumsaktie gekauft wird, bevor der Großteil der Finanz-Community die Attraktivität des Unternehmens vollständig erkannt hat, bedeutet das in einem Umfeld mit langsamer Inflation wie unserem derzeitigen fast immer, dass die Aktie noch mehr steigen wird, als der Geldwert schrumpft. Das bedeutet, dass der Anleger zusätzlich zu seinem echten Inflationsschutz auch noch einen echten Profit bekommt.

Anders gesagt sind die Regeln für die Auswahl der einzigen Art von Aktien, die echten Inflationsschutz bietet, identisch mit den Regeln, die ich in „Common Stocks and Uncommon Profits“ dargestellt habe. Man finde ein Unternehmen mit einem sehr kompetenten Management, das eine Möglichkeit gefunden hat, durch Forschung oder durch ein anderes Mittel seinen Gewinn pro Aktie Jahr um Jahr zu steigern (unter Berücksichtigung der zeitweiligen Aufs und Abs des Konjunkturzyklus). Man versichere sich, dass die Unternehmensleitung entschlossen ist, dieses Wachstum fortzusetzen und es durch den Aufbau jüngerer Führungskräfte zu sichern, die anhand der gleichen allgemeinen Richtlinien geschult werden. Wenn man solche Aktien kaufen kann, bevor der Großteil der Finanz-Community die Situation vollständig erkannt hat, dann kaufe und behalte man sie unabhängig davon, wie weit sie steigen, solange die erwähnten Richtlinien weiter gelten. Wenn man das tut, hat man eine echte Absicherung gegen die Inflation und noch viel mehr. Kauft man das gleiche Unternehmen, nachdem seine ungewöhnlichen Eigenschaften allgemein anerkannt sind, dann bekommt man wahrscheinlich immer noch seinen Inflationsschutz, aber viel mehr auch nicht. Kauft man hingegen Aktien eines mittelmäßigen Unternehmens – vor allem wenn viele andere die Kurse aller Aktien in die Höhe treiben –, bekommt man wahrscheinlich keinerlei echten Schutz vor der Inflation.

Viele Menschen fragen: „Wenn die meisten Aktien schon keinen vollen Schutz gegen die Inflation bieten, bieten sie dann nicht wenigstens einen gewissen Schutz davor?“ Denn schließlich verkürzt die derzeitige Inflation ja tendenziell die konjunkturell schwachen Phasen und könnte die Konjunktur weiter anregen, wenn sie grundsätzlich gut läuft. Trägt das nicht dazu bei, fast allen Aktien eine gewisse zusätzliche Kaufkraft zu verschaffen? Wird diese Kaufkraft nicht genug zusätzlichen realen Wert schaffen, um den sinkenden Wert des Geldes zumindest teilweise auszugleichen?

Ich glaube, es gibt nicht genug zuverlässige Belege, um diese Frage positiv zu beantworten. Allerdings neige ich zu der Vermutung, dass im Laufe der 1950er-Jahre, als die Anlegerkreise von der Überzeugung überschwemmt wurden, Aktien seien von Natur aus ein vor der Inflation sicherer Hafen, diesen Dingen zu viel Gewicht beigelegt wurde. Das liegt daran, dass die Anleger die Kehrseite der Situation ignorierten, nämlich dass die Inflation den Aktien ebenso schadet, wie sie ihnen hilft.

Wenn die Preise steigen, braucht man immer mehr Geld, um physisch das gleiche Geschäftsaufkommen zu bewältigen. Unter der Annahme, dass ein Unternehmen bereits so effizient ist, dass es mit der geringsten Menge an Vorräten arbeitet, die nötig sind, um die Bedürfnisse seiner Kunden zügig zu erfüllen, bedeutet jede Preiserhöhungsrunde, dass es entsprechend mehr Geld auf die Seite legen muss, um das gleiche Mindestniveau an Rohmaterialien, Halbfertigerzeugnissen und Fertigerzeugnissen zu halten. Bedenken Sie dabei, dass dies abgesehen von der buchhalterischen Fiktion keine liquide Ressource ist. Es stellt eine stetige zusätzliche Investition dar, die das Unternehmen jederzeit bereithalten muss, da es ja seine Mindestvorräte auf diesem Stand halten muss, wenn es seine bestehende Stellung behalten will. Ebenso muss, wenn die Preise steigen, immer mehr Geld in Kundenforderungen gebunden werden, um nicht etwa mehr, sondern genau so viel Geschäftsaufkommen zu finanzieren. Und das Wichtigste von allem ist die finanzielle Belastung, die durch die Betriebs- und Geschäftsanlagen – kurz als Sachanlagen oder Anlagevermögen bezeichnet – entsteht. Bedenken Sie, dass sich manche Gebäude und Anlagen schneller abnutzen und unbrauchbar werden, andere hingegen eine längere Lebensdauer haben. Mit der Zeit jedoch nutzen sich alle ab. Welchen Abschreibungssatz ein Unternehmen ansetzen darf, hängt von der Schätzung des Finanzamts ab, wie lange es bei den einzelnen Posten dauert, bis sie abgenutzt sind. Allerdings erlaubt es dieser Satz gemäß unseren archaischen und ziemlich unfairen Abschreibungsgesetzen einem Unternehmen nur, den Betrag hereinzuholen, den jeder dieser Vermögensgegenstände ursprünglich gekostet hat, nicht das, was die

Ersetzung kostet, wenn ein neuer Vermögensgegenstand an seine Stelle gesetzt werden muss. Deshalb lastet in Zeiten der Inflation auf den Sachanlagen aller Unternehmen ein stetiger, erodierender finanzieller Druck. Daraus ergibt sich eine recht beträchtliche Differenz zwischen dem Preis, zu dem die Posten in der Buchhaltung abgeschrieben werden, und den tatsächlichen Ersetzungskosten.

Vom Standpunkt des durchschnittlichen Aktionärs aus gibt es gegen diese ganze von der Inflation hervorgerufene finanzielle Erosion nur einen Schutz: eine Unternehmensleitung, die so fähig ist, dass sie einen stetig wachsenden Einnahmenstrom hervorbringen kann. Solche steigenden Gewinne kommen gewöhnlich dadurch zustande, dass man die bestehende Geschäftstätigkeit ausweitet oder aber neue Geschäftstätigkeiten in verwandten Zweigen aufnimmt. Damit das Wachstum ausreicht, um ein Unternehmen in inflationären Zeiten zu speisen, muss es schon wirklich groß sein, denn neben der Beschaffung von zusätzlichem Kapital, das für die älteren Teile des Unternehmens benötigt wird, ist da ja auch noch das Problem, Kapital für die neueren Zweige bereitzustellen. Dafür braucht man ein sehr fähiges Management mit sehr gutem Urteilsvermögen bei der Auswahl der richtigen Stelle für die Expansion. Unternehmen mit einer solchen Leitung sind gewöhnlich genau die gleichen, die zu nicht inflationären Zeiten die lohnenswertesten Investments darstellen. Deshalb erweisen sich die Aktien irgendwelcher Unternehmen unter mittelmäßiger Leitung wahrscheinlich nicht als großer Inflationsschutz.

Zum Beginn der 1960er-Jahre bin ich überzeugt, dass das Verstehen dieses einen Punktes von gewaltiger Bedeutung sein kann, um Verluste zu vermeiden, die andernfalls auftreten würden, wenn sich in den unmittelbar vor uns liegenden Jahren mehr finanzielles Geschick bezüglich der Inflation entwickelt. In den 1940er-Jahren und Anfang der 1950er-Jahre waren alle Zeichen, die auf die Unvermeidlichkeit von immer mehr Inflation deuteten, genauso klar wie im späteren Verlauf des vergangenen Jahrzehnts. Doch aus irgendeinem Grund lasen bis vor sehr wenigen Jahren viele Anleger diese Zeichen nicht. Dann starteten in den Jahren 1956 und 1957 und noch mehr in den Jahren 1958 und 1959 Millionen von Anlegern, die sich bis dahin nicht übermäßig darum gekümmert hatten, eine große Massenphobie vor der Inflation. Ohne dass sich an den Fundamentaldaten irgendetwas geändert hätte und ohne dass die Inflation gefährlicher (oder weniger gefährlich) gewesen wäre als in vielen vorangegangenen Jahren, handelten sie so, als würden ihre Geldmittel ausgelöscht, wenn sie sich nicht durch den sofortigen Kauf von (fast beliebigen) Aktien einen Schutz verschafften. Das Ergebnis war ein kräftiger Anstieg der Kurse und der Kurs-Gewinn-Verhältnisse fast aller Aktien. Manche von ihnen gehören zu einer Sorte, die wirklich gegen weitere Inflation schützen dürfte. Andere könnten sich aufgrund von Situationen, die den Verlauf ihrer künftigen Ertragskraft beeinträchtigen, als unzulänglicher Schutz oder als keinerlei Schutz erweisen.

Die meisten der vielen reichen Menschen, die in der Zeit von 1956 bis 1959 an die Börse strömten, um ihre ersten Aktien zu kaufen, könnte man als echte langfristige Anleger und nicht als Spekulanten betrachten. Sie machten sich ernstliche Sorgen wegen der Inflation. Dadurch verloren sie ihre Vorliebe für steuerfreie Kommunalobligationen und den größeren Nachsteuergewinn, den solche steuerfreien Wertpapiere wohlhabenden Anlegern bieten. Sie kauften ihre Aktien manchmal fast ohne Ansehen des Preises. Sie schlossen sie in ihre Tresore mit dem beruhigenden Gefühl, dass sie nun vor der Inflation geschützt seien, die mit Sicherheit kommen würde, und dass, egal wie viel sie pro Aktie bezahlt hatten, die Inflation den Kurs in die Höhe treiben würde.

Ich glaube, dadurch wurde eine Situation geschaffen, die der scharfsinnige Anleger mit großer Aufmerksamkeit beobachten wird. Ich sage das, weil ich die Schlussfolgerung für vernünftig halte, dass viele dieser wohlhabenden Börsenneulinge auf anderen Gebieten sehr fähig sein mögen, aber Menschen mit relativ niedrigen Investment-IQs sind. Andernfalls hätten sie sich angesichts der Tatsache, dass die ganzen

Anzeichen für Inflation zehn Jahre zuvor genauso auffallend gewesen waren, niemals so lange auf die inflationsgefährdeten steuerfreien Wertpapiere konzentriert. Und sie hätten sich nicht so schnell und kritiklos der Doktrin verschrieben, jede Aktie würde sie – unabhängig vom Preis – vor der Inflation schützen.

Ich bin überzeugt, Folgendes könnte durchaus passieren: Viele der neuerdings durch die Inflation zu Aktien Bekehrten könnten sich durchaus so verhalten, wie man es von jemandem erwarten könnte, der sein ganzes Leben unter der Erdoberfläche verbracht hat und fast nichts über die Himmelsmechanik weiß. Man zeigt einer solchen Person genau um acht Uhr abends den Mond. Dann sagt man ihr, dass es so aussehen wird, als würde der Mond im Laufe der Nacht durch das Himmelszelt wandern. Sie schaut mit größtem Interesse hin, sieht aber keine Bewegung. Also schaut sie weiter hin. Eine Minute nach acht scheint der Mond immer noch an der gleichen Stelle zu stehen. Um zwei Minuten nach acht sieht sie immer noch keine Veränderung. Auch nach drei Minuten ist nichts zu sehen, und um vier nach acht gibt die Person verärgert auf, weil anscheinend immer noch alles ist wie zuvor. Sie beschließt, dass sie ihre Zeit auf etwas Besseres, Nützlicheres verwenden kann, und macht etwas anderes. Wenn sie jedoch um zwei Uhr morgens noch einmal hingehen und hinschauen würde, sähe sie die spektakuläre Veränderung, deren Beobachtung sie um vier Minuten nach acht müde geworden war.

Ich glaube, genau das könnte vielen Neuanlegern passieren, die Aktien vor allem wegen der Inflation halten. Viele Monate werden vergehen, vielleicht mehrere Jahre. Bei der Geschwindigkeit, mit der die Inflation voranschreitet, dürfte es ziemlich schwer sein zu erkennen, dass die Inflation in der Zeit, seit sie ihre Aktien gekauft haben, eine mächtige Kraft gewesen ist. Ihre psychologischen vier Minuten nach acht werden kommen. In diesem Moment werden sie genauso vor allem von dem Gefühl beeinflusst, so bedeutsam sei die Inflation ja gar nicht, wie sie zum Zeitpunkt des Kaufs von der massenhaften Angst beeinflusst wurden, sich sofort schützen zu müssen. Wenn das passiert – und es könnte gerade dann passieren, wenn die tatsächliche Notwendigkeit eines Inflationsschutzes am größten ist –, könnte sich, noch bevor die 1960er-Jahre allzu weit fortgeschritten sind, ein Massenausstieg aus Aktien für kurze Zeit als bedeutender Einfluss erweisen.

Dem achtsamen Anleger eröffnet diese Möglichkeit zwei Pfade des denkbaren sofortigen Handelns. Wenn viele gängige Aktien zu anscheinend extrem hohen Preisen gehandelt werden – jedenfalls nach den meisten früheren Standards –, dann könnte er seine Positionen mit dem Gedanken noch einmal überprüfen, Anlagen aufzugeben, die nicht wirklich herausragend sind. Andererseits sollte – wie ich in „Common Stocks and Uncommon Profits" immer wieder betont habe – die etwaige Möglichkeit, dass eine wirklich ungewöhnliche Aktie vorübergehend überteuert ist, nicht im Geringsten ein Anreiz sein, der einen Anleger dazu veranlasst, ein solches Papier zu verkaufen. Die Wahrscheinlichkeit ist einfach zu hoch, dass (1) die erwartete Preisreaktion nicht eintritt, dass (2) der Anleger, wenn sie doch eintritt, noch niedrigere Preise abwarten will und erst wieder einsteigt, wenn die Aktie noch höher gestiegen ist, oder dass (3) zu dem Zeitpunkt, zu dem die Reaktion stattfindet, die Aktie schon so viel weitergeklettert ist, dass sie beim nächsten Tief immer noch über dem derzeitigen Kurs stehen wird.

Die massenhafte Desillusionierung bezüglich der Vorstellung, jede Aktie sichere gegen die Inflation ab, kann zu dem Zeitpunkt, zu dem sie kommt, dem aufmerksamen Anleger vielleicht weitere künftige Handlungswege eröffnen. Das immer schwer zu findende echte Wachstumsunternehmen wird dann zumindest vorläufig mit der allgemeinen Verkaufswelle sinken. Sollte eine solche Verkaufswelle kommen, stellt dies möglicherweise eine seltene Kaufgelegenheit für die Art von Aktien dar, die wirklich vor der Inflation schützen. Bei typischen übergeordneten Börsenrücksetzern fallen im Zuge des Rückgangs normalerweise Aktien aller Art steil, aber nur die wirklich guten erholen sich dann so steil, dass sie neue Allzeithochs erreichen.

Insgesamt halte ich es für sehr wahrscheinlich, dass sich bei den Anlegern im Allgemeinen bis zum Ende der 1960er-Jahre die derzeitige Ansicht bestätigen wird, dass immer mehr Inflation unvermeidlich ist und dass eine der wichtigsten Überlegungen, wenn man heute irgendeine Art von Investition tätigt, der Schutz gegen diese gewaltige Kraft ist. Allerdings glaube ich auch, dass die Anleger bis dahin hinsichtlich der Funktionsweise dieser Art des Inflationsschutzes in ungeahntem Maße klüger sein werden. Nicht beliebige Aktien, sondern nur Aktien, die in Zeiten ohne Inflation ungewöhnlich gut laufen, werden als echter Inflationsschutz mithilfe von Aktien anerkannt sein. Man wird begreifen, dass keine direkte Beziehung besteht, die die Aktien steigen lässt, wenn die Kaufkraft des Geldes abnimmt. Bis dahin wird auch anerkannt sein, dass es abgesehen von Zeiten der Depression, wenn die Aktien wahrscheinlich ohnehin günstig sind, selten irgendeinen Grund gibt, sich eilig in Käufe zwecks Inflationsschutz zu stürzen. Die Auswahl der richtigen Aktie ist derart wichtig, und die Schrumpfung des realen Geldwerts geschieht derart allmählich, dass es gute Gründe gibt, sich nötigenfalls mehrere Jahre Zeit zu lassen, bis einem der passende Kauf über den Weg läuft. Allerdings wird der Prozess, dieses Maß an Gewandtheit der allgemeinen Anlegerschaft zu erreichen, wohl weder leicht noch schmerzlos sein. In den ersten Jahren der 1960er-Jahre kann es durchaus eine Phase beträchtlicher Frustration und Desillusionierung bezüglich der Eignung beliebiger Aktien als Inflationsschutz geben. Der umsichtige Anleger kann sich durchaus fragen, ob eine seiner aktuellen Positionen nicht an sich attraktiv ist, aber vor allem deshalb zu anomalen Preisen gehandelt wird, weil ihr fälschlicherweise ein Wert als möglicher Inflationsschutz zugeschrieben wird. Vielleicht bekommt er später auch Gelegenheit, einige ungewöhnlich attraktive Käufe zu tätigen, falls eine Phase der massenhaften Desillusionierung eintreten sollte.

B. Institutionelle Käufe

Institutionelle Käufe am Aktienmarkt stammen hauptsächlich aus fünf großen Quellen: (1) Pensionsfonds und Gewinnbeteiligungsfonds, (2) Treuhänder von Privatpersonen, hauptsächlich durch die Treuhandabteilungen von Großbanken vertreten, (3) Investmentgesellschaften, (4) Versicherungsgesellschaften und (5) Bildungseinrichtungen und Wohltätigkeitsorganisationen, unter anderem die beträchtlichen Transaktionen unserer wohlhabenderen Universitäten.

Die Bedeutung des Einflusses dieser institutionellen Käufer auf Aktien wird ebenso wenig eine Besonderheit der 1960er-Jahre sein, wie die bereits angesprochenen inflationären Einflüsse völlig neu sind. Wie bei der Inflation wird der Unterschied in dem gesteigerten Bewusstsein der Anleger für die wahre Bedeutung dieses verhältnismäßig neuen Einflusses liegen – einem besseren Verständnis dafür, wie man daraus Vorteile zieht, und, was sogar noch wichtiger ist, wie man es vermeidet, dadurch geschädigt zu werden.

Um diese Angelegenheit zu verstehen, dürfte ein bisschen Finanzgeschichte hilfreich sein. In den 1930er-Jahren standen die Aktien meistens verhältnismäßig niedrig. Normalerweise gelten zwei Einflüsse als Hauptgründe dafür. Der eine war das entsprechend geringe Niveau der allgemeinen Geschäftstätigkeit. Der andere war das unbehagliche Gefühl einer sehr großen Zahl von Anlegern bezüglich dessen, was die Roosevelt-Regierung als Nächstes tun könnte. Dazu kam aber noch eine dritte, weniger gut verstandene große Kraft, die tendenziell auf die Aktienkurse drückte. Das war der finanzielle Mechanismus, den unsere Steuergesetze in den Markt eingebaut hatten.

In den 1930er-Jahren waren unsere bundesstaatlichen Einkommensteuern und die Einkommensteuern des Bundes zwar noch nicht so hoch wie heute, doch hatten sie Niveaus erreicht, die an vorherigen Friedenszeiten gemessen gewaltig waren. Daher mussten, wenn sehr reiche Aktionäre starben, erhebliche Aktienblöcke liquidiert werden, um die anfallenden Steuern zu bezahlen. Dieses Entsparen (beziehungsweise das Hinausdrängen großer Aktienmengen aus dem Markt, die andernfalls in Tresoren der Börse ferngeblieben wären) fand genau dann statt, als hohe Einkommensteuern die Sparkapazitäten der reicheren Schichten stark beschnitten. Diese wohlhabende Gruppe war schon immer für die meisten Aktienkäufe verantwortlich. Die neue Spartätigkeit der am Aktienerwerb Interessierten reichte jedoch nicht aus, um die Kombination aus den in dieser Zeit neu ausgegebenen Aktien und dem stetigen Angebot von Aktien aus der Liquidation von Nachlässen aufzufangen.

Dann tauchte nach dem Zweiten Weltkrieg eine neue Kraft auf, die dieses Ungleichgewicht nach einer gewissen Zeit vollkommen umkehren sollte. Das waren die institutionellen Käufer. Natürlich kam nicht sämtliche institutionelle Kauftätigkeit in dieser Zeit auf. Private Vermögensverwalter und Banken, Versicherungsgesellschaften sowie Bildungseinrichtungen und gemeinnützige Organisationen hatten schon seit vielen Jahren beträchtliche Mengen an Aktien besessen. Auch gab es bereits eine Anzahl von Investmentgesellschaften, wenn auch nicht annähernd so viele, wie schon bald aufblühen sollten. Vielmehr kam es zu einer Reihe von neuen Einflüssen, die alle in einer logischen Abfolge auftraten und alle die gleiche Art von Sogwirkung auf bestimmte Teile des Aktienmarktes ausübten.

Erstens nahm die Auffassung der Allgemeinheit rasant zu, dass Aktien für die konservative Geldanlage respektabel seien. Dadurch stieg der prozentuale Anteil des Vermögens, das professionelle Vermögensverwalter sowie Bildungseinrichtungen und gemeinnützige Organisationen in Aktien anlegten, bedeutend. Bei den Versicherungsgesellschaften wuchs dieser Anteil mäßig, und es bahnten sich das spektakuläre Wachstum der aktienlastigen offenen Investmentgesellschaften sowie die wichtigste Entwicklung von allen an: das gewaltige Wachstum der aktienlastigen Pensions- und Gewinnbeteiligungs-Fonds.

Einer der finanziell signifikantesten Aspekte des stetigen Wachstums der Pensions- und Gewinnbeteiligungs-Fonds ist, dass sie für den Kauf von Aktien eine ganz neue Quelle von Ersparnissen anzapften. Gelder, die normalerweise in die Taschen von Fabrikarbeitern und Büroangestellten mit niedrigeren Gehältern geflossen wären – keine dieser beiden Gruppen war bislang durch die Größe ihrer Aktienpositionen aufgefallen –, flossen nun in Richtung Börse. In ähnlicher Weise findet es inzwischen eine stetig wachsende Anzahl von Vertretern von Investmentgesellschaften profitabel, diesen beiden Gruppen, die nie daran gedacht hatten, ihr Erspartes in Aktien zu stecken, Anteile zu verkaufen. Auf diese Weise entstand eine zusätzliche Nachfrage nach Aktien seitens Gruppen, deren Ersparnisse zuvor in andere Anlagetypen geflossen waren.

Kurz gesagt wurden die institutionellen Käufe im Laufe der 1950er-Jahre eine Kraft, die die vor dem Krieg herrschende Tendenz, dass hohe Erbschaft- und Einkommensteuern den Aktienmarkt abwärts laufen ließen, mehr als kompensierte. Außerdem wurde schon oft darauf hingewiesen, dass sich die Kauftätigkeit dieser institutionellen Gruppen stärker auf die Aktienkurse auswirkte, als es eine vergleichsweise hohe Anzahl neuer Käufe durch Privatanleger hätte geschehen lassen können. Das liegt daran, dass (obwohl eine Aktienposition in eine andere umgeschichtet werden könnte) die meisten dieser neuen Aktienkäufe als Anlagen für viele Jahre oder gar für immer Bestand hatten. Sie wurden nicht früher oder später wieder verkauft, wie es bei so vielen privaten Positionen vorkommt. Dies verminderte das verfügbare Aktienangebot. Wahrscheinlich konnte nur eine große Veränderung des Denkens über die grundsätzliche Attraktivität von Aktien im Vergleich zu anderen Arten von Anlagen dazu führen, dass die meisten dieser Aktien wieder auf den Markt kamen. Eine solche Verschiebung grundlegender Auffassungen geschieht normalerweise ziemlich langsam, und (wie zum Beispiel als Aktien ihr derzeit hohes Ansehen erwarben) erst Jahre später begannen die veränderten Hintergrundbedingungen, eine Veränderung des allgemeinen Denkens zu rechtfertigen.

Niemand weiß mit Gewissheit, wie man exakt quantitativ feststellen soll, wie viel frische Kauftätigkeit im Laufe der 1950er-Jahre aus diesen institutionellen Quellen erwuchs. Jedoch werden ein paar stichprobenartige Zahlen die Größe der beteiligten Kräfte andeuten. Gegen Ende des Jahres 1959 sagte Byron K. Elliott, der Präsident der Versicherungsgesellschaft John Hancock Mutual Life Insurance Company, voraus, dass sich die Reserven der privaten Pensionsfonds bis Ende 1960 auf das 20-Fache des Standes von 1940 vervielfachen und 48 Milliarden Dollar betragen würden. Im Juli des gleichen Jahres berichtete Victor L. Andrews, Dozent für Finanzwissenschaft an der School of Industrial Management des Massachusetts Institute of Technology, in der vom US-Arbeitsministerium herausgegebenen *Monthly Labor Review*, dass der Anteil der von den Treuhandfonds der Pensionspläne gehaltenen Aktien von 1951 bis 1958 von 12 auf 27 Prozent des Gesamtvermögens gestiegen war. Im selben Monat berichtete das *Wall Street Journal*, dass nach Schätzungen des amerikanischen Bankenverbandes, die auf einer landesweiten Umfrage mit wissenschaftlichen Stichproben beruhen und „weitaus zuverlässiger als frühere Schätzungen" seien, mehr als 30,66 Milliarden Dollar beziehungsweise 61,7 Prozent der gesamten Vermögenswerte, die von amerikanischen Banken auf persönlichen Treuhandkonten gehalten werden, in Aktien angelegt seien. Im November 1959 meldete der Boston Fund (ein Investmentfonds), eine Erhebung zeige, dass am 30. Juni 1959 68 Colleges und Universitäten Aktien im Wert von gut 3,91 Milliarden Dollar besessen hatten, die 56,6 Prozent ihres Vermögens darstellten, während diese Anlageklasse ein Jahr zuvor nur mit 51,7 Prozent vertreten gewesen war. Sogar die Lebensversicherungen, deren Aktienappetit traditionell zu vernachlässigen ist, scheinen sich dem Trend anzuschließen. Kürzlich vermeldete James F. Oates Jr., der Präsident des Giganten Equitable Life, zwar habe sein Unternehmen in seinem 9,6 Milliarden umfassenden Portfolio verhältnismäßig wenige Aktien gehabt, doch es plane, in den nächsten zehn Jahren jährlich Aktien im Wert von rund 40 Millionen Dollar zu kaufen. Eine gewisse Vorstellung davon, wie groß die potenzielle Wirkung auf den Aktienmarkt ausfallen könnte, die sich aus dem Trend einer Lebensversicherung in Richtung größerer Aktienpositionen ergibt, bekommt man durch eine aktuelle Erhebung des *Wall Street Journal*, aus der hervorgeht, dass Equitable weniger als 0,4 Prozent seines Gesamtvermögens in Aktien angelegt hatte; bei der größten Lebensversicherung Metropolitan waren es weniger als 0,2 Prozent; bei Prudential 2,3 Prozent; bei New York Life 3,1 Prozent; bei John Hancock Mutual waren es 5,0 Prozent.

In ähnlicher Weise schätzt die National Association of Investment Companies, dass die Anleger im Jahr 1959 Investmentfonds-Anteile im Wert von 2,3 Milliarden Dollar gekauft haben, während es im Jahr 1958 nur 1,6 Milliarden Dollar gewesen waren. Da diese Organisation außerdem für 1959 Rücknahmen in Höhe von 780 Millionen Dollar gegenüber 511 Millionen Dollar im Jahr 1958 meldet, sieht es aus, als hätte das neue Bargeld, das aus dieser Quelle für Anlagen zur Verfügung stand, im Jahr 1958 rund 1,1 Milliarden Dollar betragen, im Jahr 1959 dann 1,8 Milliarden Dollar. Darum erscheint es wahrscheinlich, dass die Investmentgesellschaften jedes Jahr Aktien im Wert von mehr als einer Milliarde Dollar aus der Börse herausziehen und in ihre Portfolios legen.

Vielleicht kann man alle diese Trends durch eine aktuelle Studie der New York Stock Exchange zusammenfassen. Diese Studie hat gezeigt, dass Ende des Jahres 1959 die Institutionen als Gruppe an dieser Börse notierte Aktien im Wert von 51 Milliarden Dollar beziehungsweise 16,6 Prozent des Gesamtwerts besaßen. Zehn Jahre zuvor waren 9,5 Milliarden Dollar beziehungsweise 12,4 Prozent gemeldet worden.

Doch all das ist Geschichte. Zu verstehen, was geschehen ist, wird uns nur dann Geld einbringen, wenn es uns hilft, das, was geschehen wird, zutreffender zu beurteilen. Wenn wir uns nun den 1960er-Jahren zuwenden, stehen wir zuerst vor folgender Frage: Werden die institutionellen Käufe in den nächsten zehn Jahren eine noch größere Kraft sein oder wird ihre Bedeutung zurückgehen?

Zunächst ist hierbei zu bedenken, dass keineswegs die gesamte enorme Wirkung der institutionellen Käufe auf den Aktienmarkt aus der Investition neuer Mittel stammt. Ein bedeutender Teil stammt auch aus der Umschichtung eines Teils der Mittel, die zuvor in anderen Instrumenten angelegt waren, in Aktien. Heute sind Aktien derart hoch angesehen, dass historisch betrachtet bereits ein sehr großer Anteil des Gesamtvermögens in ihnen angelegt ist. Wird dieser Anteil in den 1960er-Jahren noch weiter wachsen? Falls ja, hätte dies sogar dann große Auswirkungen auf den Markt, wenn die diversen Typen von Institutionen, die Aktien kaufen, selbst nicht wachsen würden.

Ich glaube, die Antwort darauf lautet, dass es eine gewisse weitere Umschichtung von institutionellen Positionen in Aktien geben wird, dass diese Umschichtung jedoch kein so großes Ausmaß wie in den 1950er-Jahren haben wird. Allerdings braucht der Anteil auch nicht so groß zu sein, um sehr bedeutende Folgen für die Aktienkurse zu haben. Bedenken Sie, dass die institutionellen Käufe der 1950er-Jahre (damit meine ich die gesamten Aktienkäufe, nicht die Umschichtungen zwischen Aktien) bereits die Käufe der 1950er-Jahre aus dem Markt genommen haben. Daher kommen die Käufe der 1960er-Jahre zu deren Auswirkungen hinzu.

Es gibt mehrere Gründe, die meines Erachtens eine weitere Verschiebung hin zu Aktienanlagen erwarten lassen. Allerdings wird sie bescheidener ausfallen als in der jüngsten Vergangenheit. Für die Zunahme der Aktien spricht die wichtige Tatsache, dass unter den Bundesstaaten und anderen Gebietskörperschaften der Trend hin zur Investition eines Teils der gewaltigen Mittel, die manche dieser Körperschaften in Form von Pensionsfonds besitzen, in Aktien gerade erst begonnen hat. Wenn diese ganz neue Entwicklung nicht durch eine Baisse im Keim erstickt wird, die aufkommt, bevor der junge Trend genug Schwung entwickelt, um einen solchen einmaligen Rückschlag zu überleben, kann sie zu sehr bedeutenden Ausmaßen anwachsen.

Indes besteht in manchen Kreisen, vor allem unter Treuhändern der höheren Altersklasse, nach wie vor die Neigung, in einem bestimmten Treuhandfonds einen festen Anteil an Anleihen zu halten. Das liegt nicht an irgendeinem bestimmten logischen Grund, aus dem Anleihen zu den Bedürfnissen des jeweiligen passen, sondern daran, dass sie sich ihre finanziellen Gewohnheiten zu einer Zeit angeeignet haben, als Anleihen als natürliches Rückgrat jedes Fonds galten. Einen richtig betriebenen Fonds ohne Anleihen können sie sich schlicht nicht vorstellen. Wenn diese älteren Herren durch jüngere Verwalter ersetzt werden, die in einer Atmosphäre groß geworden sind, in der Anleihen weniger angesehen sind, wird der Anteil der Anleihen, die in solchen Treuhandkonten gehalten werden, noch weiter schrumpfen. In vielen Fällen werden Aktien sie ersetzen.

Zum Teil gibt es noch andere Einflüsse, die allerdings all das nicht vollständig ausgleichen. Es ist wahrscheinlich, aber nicht sicher (hier können politische Einflüsse eine große Rolle spielen), dass die relative Rendite von Anleihen im Vergleich zu Aktien viel stärker zugunsten der Anleihen sprechen wird als während des größten Teils der 1950er-Jahre. Wenn das geschieht, gibt es immer Menschen (darunter auch einige, die gute Gründe dafür haben), denen ein höheres laufendes Einkommen und das Risiko eines Wertverlusts lieber sind als ein kleineres laufendes Einkommen und eine langfristige Wertsteigerung. Dies könnte durchaus eine gewisse Rückbewegung in Richtung Anleihen bewirken. Und es wäre vor allem in Zeiten spürbar, zu denen entweder (a) die Anleihepreise so niedrig sind, dass man damit rechnen kann, dass sich die Anleihen so weit erholen, dass sie auf kurze Sicht etwaige weitere Angriffe der Inflation auf ihren Wert mehr als ausgleichen, oder zu denen (b) die Aktienkurse so hoch sind, dass die kurzfristigen Aussichten statt der üblichen Belohnung durch weiteres Wachstum eher signifikante Rückgänge verheißen.

Darüber hinaus gibt es noch einen weiteren, meines Erachtens noch wichtigeren Einfluss, der den Anteil der bestehenden Mittel, die die Institutionen in den 1960er-Jahren in Aktien anlegen werden, tendenziell vermindern wird. *Beim richtigen Umgang damit* in einer Wirtschaft, in der die Technologie so viele Investmentchancen eröffnet wie derzeit, eignen sich Aktien glänzend als eine der Säulen vieler institutioneller

Anlagen. Allerdings gibt es viele Anlageverwalter, sowohl unter den Treuhändern als auch anderswo, von denen ich vermute, dass sie ziemlich unfähig sind, mit Aktienanlagen umzugehen. Die großen Haussen, die während eines Großteils der 1950er-Jahre vorherrschten, trugen viel dazu bei, die Inkompetenz (bezüglich der Verwaltung von Aktien) solcher Menschen zu verschleiern. Ein solcher Trend der Aktienmärkte in eine Richtung ist unnormal, und man kann nicht erwarten, dass er sich ewig fortsetzt. Irgendwann in den 1960er-Jahren dürfte eine längere Baisse als die der Jahre 1957 und 1958 diese frühere schwache Verwaltung aufdecken. Den Institutionen und den Nutznießern von Treuhandfonds, die dann vielleicht bezüglich der einzelnen Vermögensverwalter desillusioniert sein sollten, fällt es aus Stolz leichter, stattdessen von den Aktien enttäuscht zu sein. Auch das wird wahrscheinlich den institutionellen Trend der 1960er-Jahre hin zu mehr Aktien bedeutend ausgleichen, doch ich bezweifle, dass ein oder zwei Jahre reichen werden, um ihn umzukehren.

Alle diese Einflüsse wirken sich auf den Prozentsatz der Mittel aus, die aus bereits von Institutionen verwalteten Anlagen in Aktien fließen werden. Nun kommen wir zu einer Angelegenheit, die sich genauso bedeutend auf die Märkte auswirken könnte. Werden die Gesamtmittel der Institutionen wachsen oder schrumpfen? Werden in den 1960er-Jahren so bedeutende *neu beschaffte Mittel* in den Aktienmarkt fließen wie in den 1950er-Jahren? Wenn ja, dann müssen alle Aktienanleger mit dieser Kraft rechnen! Ich glaube, die klarste Antwort auf diese Frage findet man, indem man die jeweiligen Aussichten der einzelnen ganz unterschiedlichen Gruppen von institutionellen Anlegern einschätzt.

Doch ich finde, zuvor sollten wir eine grundlegende Veränderung berücksichtigen, die ohne großes Aufsehen die Performance vieler größerer institutioneller Käufer stetig verbessert. Dabei handelt es sich nicht um eine Änderung der Form. Laut einem Orga-Chart führen die meisten derartigen Gruppen ihre Geschäfte noch genauso wie vor zehn Jahren. Manche haben ihre konkrete Praxis kaum oder gar nicht verändert. Jedoch haben viele der bedeutenderen Institutionen merkliche Änderungen vorgenommen, die ihre Performance entsprechend verbessert haben. Wenn ihre Aktivitäten gegenüber dem weniger geschickten Umgang mit Aktien in der Vergangenheit signifikant gewachsen sind, dann besteht die Wahrscheinlichkeit, dass ihr Wachstum umso sicherer sein wird, je mehr ihre Effizienz steigt.

Als große Banken, Wohltätigkeitsorganisationen, Versicherungen und Investmentgesellschaften erstmals die verzwickte Aufgabe anpackten, beträchtliche Aktienpositionen zu kaufen und zu verkaufen, taten sie dies in hohem Maße, indem sie „Anlageausschüsse" einrichteten. Diese Gremien bestanden in manchen Fällen ausschließlich aus höheren Vollzeit-Führungskräften der Organisation. Bei anderen waren manche Mitglieder Führungskräfte der Organisation, andere waren herausragende Geschäftsleute, die häufig dem Verwaltungsrat angehörten. Dann wurden ein oder mehrere Anlagespezialisten auf Vollzeitbasis eingestellt, um dem Anlageausschuss Empfehlungen zu geben. Jedoch hatte (und hat formal in fast allen Fällen immer noch) der Anlageausschuss die letzte Entscheidungsgewalt und traf die konkreten Entscheidungen.

In vielen Fällen waren diese in Vollzeit angestellten Spezialisten, die man häufig als „Wertpapieranalysten" bezeichnet, alles andere als hervorragende Experten. Da die Arbeit eines institutionellen Anlageausschusses dazu neigt, mittelmäßig zu sein, war es in den Anfangsjahren, als die Institutionen ihre ersten größeren Erfahrungen mit dem Kauf von Aktien machten, wahrscheinlich notwendig, dass sie die Empfehlungen unerprobter Vollzeitberater berücksichtigten.

Allerdings begann man hier und da in den Sitzungen der Anlageausschüsse von wirklich fähigen Wertpapieranalysten zu hören. Anfangs war das für einen durch und durch kompetenten Investor häufig eine moralisch erschütternde Erfahrung. Es kam vor, dass jemand in einen Anlageausschuss berufen wurde, weil er Kassenführer oder Schatzmeister der Organisation war, weil er Vorstandsvorsitzender der örtlichen Versorgungsgesellschaft war oder weil er drei Millionen Dollar geerbt hatte. Dies qualifizierte ein solches Mitglied nicht unbedingt besser dafür, effizienter zu beurteilen, welche Aktien gekauft oder verkauft werden sollten, als dafür, zu beurteilen, ob der Blinddarm des stellvertretenden Vorstandsvorsitzenden operativ entfernt werden sollte oder ob in einem Rechtsstreit lieber ein Vergleich geschlossen oder lieber ein Prozess geführt werden sollte. Aber obwohl diese Mitglieder der Anlageausschüsse vielleicht die Ersten gewesen wären, die solche medizinischen oder juristischen Entscheidungen an qualifizierte Experten auf ihrem Gebiet delegiert hätten, hat die Tatsache, dass sie alle mit Geld arbeiteten und in einen Anlageausschuss berufen wurden, in der Regel jeden möglichen Zweifel daran ausgeräumt, ob es klug war, dass sie ihr volles gesetzliches Recht ausübten, alle Empfehlungen ihrer vermeintlichen Experten selbst zu beurteilen.

Ein fähiger Anlagebeauftragter, der es mit einem skeptischen Anlageausschuss zu tun hatte, hatte alles gegen sich. Gewöhnlich waren die meisten oder gar alle Ausschussmitglieder viel ranghöher als er, nicht nur innerhalb der Organisation, sondern auch in der allgemeinen Geschäftswelt und in der gesellschaftlichen Hierarchie. Das machte es ihm sehr schwer, für seine Ideen zu kämpfen. Hinzu kam, dass der Anlagefachmann in der Regel bestimmte Maßnahmen befürwortete. Deshalb behielt ein Ausschussmitglied, das sich ihm entgegenstellte, im Allgemeinen die Oberhand, denn bei geteilten Meinungen wird häufig gar nichts unternommen. All das beschränkte die Ergebnisse auf den Nenner des unfähigsten Angehörigen eines Anlageausschusses. Ab und zu bekam ich von einem herausragenden Anlageberater, der im Unternehmen noch recht neu war, zu hören: „Ich weiß, dass wir diese Aktie eigentlich kaufen sollten. Aber es bringt nichts, sie zu empfehlen. Die bringe ich niemals durch den Ausschuss."

Aber in einem Fall nach dem anderen begannen viele der fähigsten Vollzeit-Anlagefachleute im Laufe der Jahre einen ganz anderen Status innerhalb ihrer Organisationen zu genießen. Da die Ereignisse bewiesen, dass die Mehrzahl ihrer Empfehlungen viel besser gewesen wäre als die

Wahl des Ausschusses, begannen einige Anlageausschüsse – de facto, jedoch nicht formal – die eigentliche Wahl den Investmentexperten zu überlassen. Wenn das gut funktionierte und die Treuhandabteilung einer Bank, die Versicherung oder die Universität damit merklich besser fuhr als andere in diesem Bereich, kam es zu der Tendenz, die Entscheidungsfindung zunehmend den qualifizierten Fachleuten anstelle eines großen Anlageausschusses zu überlassen. Ich weiß nicht, ob die Stichproben, die ich gesehen habe, einen ausreichend hohen Prozentsatz darstellen, um sagen zu können, dass es keine signifikanten Ausnahmen gibt, aber nach meiner Erfahrung ist die Qualität der Arbeit umso höher, je mehr Macht die Anlagespezialisten haben und je geringer der Einfluss der Mitglieder des Anlageausschusses ist. Das liegt zum Teil daran, dass es grundsätzlich sinnvoll ist, Entscheidungen in die Hände derjenigen zu legen, die dafür am besten qualifiziert sind. Zum Teil liegt es daran, dass nur dort, wo man durch und durch kompetente Anlagefachleute findet, diese in der Lage sind, die prominenten Namen, die man in den Ausschüssen häufig findet, zu dominieren, anstatt von ihnen dominiert zu werden. Auf jeden Fall wird der Wettbewerb dazu führen, dass dieser Trend im Laufe der 1960er-Jahre noch ausgeprägter sein wird. Mehr und mehr Menschen werden die Dienstleistungen solcher Organisationen in Anspruch nehmen, und der Einfluss dieser Organisationen auf bestimmte Segmente des Aktienmarkts wird immer größer werden.

Wenn wir nun einen nach dem anderen die kommenden Trends bei den größeren Untergruppen der institutionellen Käufer untersuchen, ist festzuhalten, dass das mit Abstand schnellste Wachstum unter diesen Untergruppen in den letzten zehn Jahren bei den Pensionsfonds und Gewinnbeteiligungs-Fonds stattfand. Ich sehe keinen Hinweis darauf, dass diese Organisationen in den kommenden zehn Jahren etwas anderes tun werden, als ihre Aktienpositionen enorm aufzustocken. Es stimmt zwar, dass bereits so viele solcher Fonds eingerichtet wurden, dass die Anzahl der zusätzlichen vielleicht nicht sehr groß sein wird, aber die etablierten Finanzierungspläne der bereits bestehenden Pensionsfonds und die zusätzlichen Beiträge, die bei den Gewinnbeteiligungs-Fonds in den kommenden Jahren wohl zu erwarten sind, deuten auf eine stetige, anhaltende Nachfrage nach immer mehr Aktien hin.

Ich glaube, die Zukunftspläne dieser Pensions- und Gewinnbeteiligungs-Fonds sind so gut aufgestellt, dass nur eines sie davon abhalten könnte, in den kommenden Jahren einen starken bullishen Einfluss auf den Markt auszuüben. Und zwar dann, wenn Inkompetenz oder Unehrlichkeit im Finanzmanagement dieser Fonds dazu führen, dass die gesamte Idee, die hinter diesen Fonds steht, ihre derzeitige Attraktivität verliert. Sehr viele kleinere Fonds dieser Art sind geheim, sodass es unmöglich ist, sie zu beurteilen. Indes werden manche der größeren offenbar mit so viel Geschick geführt, dass eine Diskreditierung des gesamten Systems ziemlich unwahrscheinlich erscheint.

Was die Treuhandfonds für Privatpersonen angeht, so halte ich es für ebenso gewiss, dass auch sie in den 1960er-Jahren wachsen werden. Dieses Wachstum dürfte weitgehend parallel zu dem wahrscheinlichen Wachstum der Treuhandbranche (und der Branche der Investmentgesellschaften) der großen großstädtischen Banken und der unabhängigen Treuhandgesellschaften laufen. Meine ehrliche Meinung, der viele nicht zustimmen würden, lautet, dass vor dem Zweiten Weltkrieg ein unerfreulich großer Teil dieser Unternehmen nicht gerade brillant gemanagt wurde. Doch ab der Nachkriegszeit begannen über das ganze Land verteilte Banken von Boston und New York bis San Diego, Riesenschritte hin zu einem viel höheren Niveau der Vermögensverwaltung zu machen. Der Wettbewerb zwang andere, ähnliche Wege einzuschlagen. Das Ergebnis ist, dass die Treuhandabteilungen insgesamt florieren. Wenn sich dieses Wachstum in den 1950er-Jahren fortgesetzt hat, sehe ich kaum einen Grund, weshalb es in den 1960er-Jahren aufhören sollte, wenn das allgemeine Niveau der Effizienz höher zu sein verspricht. Daher dürfte auch diese bedeutende Gruppe eine zusätzliche Nachfrage nach Aktien bringen.

Im gleichen Sinne sehe ich keinen großartigen Grund, weshalb die zusätzlichen Aktienkäufe seitens der Versicherungen nicht im gleichen Tempo wachsen sollten wie in der jüngeren Vergangenheit. Was die Bildungseinrichtungen und die gemeinnützigen Organisationen angeht, so richtete die Ankunft des ersten Sputniks die öffentliche Meinung auf den Bedarf an Ersteren. Die endlosen Belastungen durch das moderne Leben halten bei allen das Bewusstsein für den Bedarf an Letzteren wach. Wenn der Wohlstand anhält, fließen solchen Organisationen mehr Geschenke und größere Geldspenden zu, als wenn Notzeiten kommen, aber auf jeden Fall dürfte das wenn auch veränderliche Aufkommen insgesamt steigen.

Bleiben unter den großen Klassen der institutionellen Käufer nur noch die Investmentgesellschaften. Bei dieser Gruppe halte ich eine Einschätzung des künftigen Trends für unmöglich. In den 1960er-Jahren könnte so gut wie alles passieren. Die besser geführten Investmentgesellschaften bieten eine nützliche Dienstleistung, indem sie denjenigen, die eine gewisse Diversifizierung brauchen und zu wenig Vermögen besitzen, um sie anderswo zu bekommen, die Möglichkeit geben, eine diversifizierte Geldanlage zu bekommen. Wegen dieser Diversifizierung halten viele Investmentgesellschaften in ihren Portfolios eine signifikante Menge an Positionen vom „nichtinstitutionellen" Typ, also Aktien von Unternehmen, die den Anforderungen der meisten anderen Klassen von institutionellen Käufern nicht vollständig genügen. Unter den heutigen Bedingungen leisten sie auch einen Dienst für eine gewisse Anzahl größerer Investoren, die aus dem einen oder anderen Grund nicht in der Lage zu sein scheinen, qualifizierte professionelle Investmentquellen zu finden, um sich von ihnen beraten zu lassen. Die breite Streuung der meisten dieser Fonds verspricht, dass das in ihnen angelegte Vermögen außer in Baissezeiten nicht stark schrumpfen wird, und selbst dann nicht viel schneller und sehr wahrscheinlich sogar etwas langsamer als der allgemeine Börsenrückgang. Alles eindeutig gute Sachen.

Auf der anderen Seite bedeutet diese breite Streuung aber auch, dass die meisten derartigen Fonds bei steigender Börse wahrscheinlich ungefähr so sehr steigen wie der Gesamtmarkt. Viele werden mir diesbezüglich widersprechen, doch ich halte es für derart schwierig, wirklich herausragende Investments zu finden, dass wahrscheinlich kein Privatanleger und keine Organisation eine lange Liste zustande bringt. Deshalb glaube ich, dass Investmentgesellschaften durch ihre Natur bis zu einem gewissen Maß zur Mittelmäßigkeit und zum Konzept der durchschnittlichen Performance verurteilt sind. Ein fähiges Management einer Investmentgesellschaft strebt normalerweise eine leicht überdurchschnittliche Performance an und erreicht sie auch. Das ist aber noch weit von der herausragenden Performance entfernt, die sich meines Erachtens die meisten Anleger wünschen sollten.

Aus diesen Gründen glaube ich, dass die Frage, ob die Bedeutung der Investmentgesellschaften in den 1960er-Jahren zurückgehen oder zunehmen wird, sehr davon abhängen wird, ob die Wertpapierbranche insgesamt in den 1960er-Jahren bessere Möglichkeiten entwickelt als bisher, um den kleinen und mittelgroßen Aktienkäufern die Dienstleistung zu bieten, die sie heute wohl zu bekommen versuchen. Ich werde diese Frage möglicher künftiger Trends in der Wertpapierbranche in einem anderen Abschnitt dieses Buches besprechen. Aber wenn in der Struktur der Anlagebranche an sich keine radikalen Entwicklungen stattfinden (und am Aktienmarkt nicht gewisse unangenehme Dinge geschehen), wird die Branche der Investmentgesellschaften weiterhin viele ansprechen und dürfte wachsen.

Ich glaube, es gibt noch eine andere Bedrohung für den Bereich der Investmentgesellschaften. Als das große Wachstum der offenen Fonds begann, wiesen Zyniker darauf hin, dass in Haussezeiten alles gut gehe, aber in Baissezeiten das Recht der Anteilinhaber, ihre Anteile jederzeit zum ungefähren Liquidationswert zurückzugeben, zu Problemen führen könne. Massive Rücknahmen der Anteile würden den Verkauf derart vieler Positionen der Investmentgesellschaft erzwingen, dass sie den Liquidations- oder Rücknahmewert so weit drücken, dass weitere Anteilinhaber Angst bekommen und Geld wollen. Dies würde weitere Liquidierungen von Anlagen erzwingen, die die Anteilspreise noch weiter drücken und noch mehr Inhaber veranlassen könnten, Geld zu wollen.

Zumindest theoretisch könnte diese sich selbst fortsetzende Spirale lange laufen. In der Praxis jedoch traten in den ganzen Baissen der 1950er-Jahre keine wesentlichen Probleme auf. Es könnte sich jedoch herausstellen, dass die 1950er-Jahre insgesamt ungewöhnlich bullish waren. Wenn sich in den 1960er-Jahren größere oder längere Baissen entwickeln sollten, werden die offenen Fonds dann Anleger verlieren und somit schrumpfen?

Ich weiß es nicht. Aber ich halte es auch nicht für ungefährlich, die Frage mit der Behauptung abzutun, da es in den letzten zehn Jahren nicht passiert ist, werde es auch in Zukunft nicht passieren. Es könnte sein, dass der durchschnittliche Inhaber von Fondsanteilen derzeit extrem optimistische Erwartungen hat, was ihm seine Anteile in der Zukunft bringen werden. Ich halte es für unrealistisch, zu erwarten, dass die Performance der meisten Fondsmanager diese Erwartungen erfüllen kann, denn die breite Diversifizierung in den Portfolios der meisten von ihnen bedeutet mit ziemlicher Sicherheit Ergebnisse irgendwo in der Nähe des Durchschnitts, keine spektakulär guten oder spektakulär schlechten Ergebnisse. Da so viele Aktien beteiligt sind, wird die mittelmäßige Performance einiger Gesellschaften höchstwahrscheinlich die sehr gute Performance anderer verwässern. Wenn die meisten Investmentfonds Ergebnisse erzielen, die ganz günstig sind, wenn man diesen „eingebauten Stabilisator" bedenkt, aber nicht so gut, wie sie nach Meinung vieler Anteilinhaber sein sollten, könnte es durchaus zu einer ausgeprägten Periode der Desillusionierung und der Liquidierung von Anteilen kommen.

Wenn dies geschieht, wird die Situation durch eine Praxis noch verschlimmert, die viele Investmentgesellschaften fördern, die jedoch für den arglosen Anteilinhaber ziemlich enttäuschend ist. Dabei geht es um die Dividenden aus Kapitalerträgen. Jeder Anleger weiß, dass Kapitalerträge (steuerrechtlich Erträge aus einer Anlage, die sechs Monate oder länger gehalten wurde) nur halb so hoch besteuert werden wie laufende Einkünfte und niemals mit mehr als 25 Prozent des Gewinns. Investmentgesellschaften, die solche Gewinne erzielen, dürfen sie an die Anteilinhaber weitergeben. Sie können diese Gewinne als Dividenden ausschütten. Verständlicherweise üben diese Dividenden auf die Anleger einen großen Reiz aus, weil sie viel niedriger besteuert werden als andere Einnahmen aus Anlagen.

Und was ist nun an diesem System falsch? Nichts, wenn nichtsteuerliche Überlegungen den Verkauf zu einem klugen Verkauf machen und wenn der Anteilinhaber nur den Betrag als echten Gewinn betrachtet, um den die verkauften Anteile *mehr* gestiegen sind als der Gesamtmarkt. Doch leider passiert oft etwas anderes. Die Anleger haben gelernt, diese steuergünstigen Dividenden zu lieben. Sie wollen immer mehr davon. Die Verkaufsbeauftragten der Fonds wissen, welch wirkungsvolles Verkaufsargument die Dividenden aus Kapitalerträgen sind. Auch sie wollen mehr davon. Der Gesamtmarkt ist gestiegen. Nun verkauft der Fonds etwas, das etwa so sehr gestiegen ist wie der Markt. Nach Ausschüttung der Kapitalerträge reinvestiert er den Rest in etwas anderes, das ebenfalls um diesen Betrag gestiegen ist. Aber der Fonds hat ja seinen Gewinn bereits in Form der Dividende aus Kapitalerträgen ausgeschüttet. Daher kann er lediglich den Erlös abzüglich der Dividende reinvestieren. Da die gekaufte Aktie ebenfalls mit dem Markt gestiegen ist, muss er davon wesentlich weniger Stücke kaufen, als er vorher von der verkauften Aktie besaß. Deshalb entsprechen die Dividenden aus Kapitalgewinnen – außer wenn man sehr klar argumentieren kann, dass die gekaufte Aktie viel bessere Aussichten hat als die verkaufte Aktie – (im echten Sinn der Geldanlage, nicht in der buchhalterischen Theorie) ziemlich genau Dividenden, die aus dem Kapital heraus ausgeschüttet werden.

Da viele Menschen dies nicht verstehen, nehmen wir ein theoretisches Beispiel. 10.000 Aktien von Northern Steel wurden von einer Investmentgesellschaft für 20 Dollar gekauft, das macht 200.000 Dollar. Die Aktie steigt auf 30, die Position wird für 300.000 Dollar verkauft. Laut der üblichen Buchhaltung ist das ein Kapitalertrag von 100.000 Dollar. Da die Aktie länger als sechs Monate gehalten wurde, werden diese 100.000 Dollar in Form einer attraktiven Dividende aus Kapitalerträgen an die Anteilinhaber weitergegeben. Die restlichen 200.000 Dollar werden in Southern Steel reinvestiert, das bei 40 stand, als Northern Steel für 20 gekauft wurde, inzwischen jedoch passend zum allgemein fester tendierenden Markt für Stahl-Aktien bei 60 steht. Daher kann der Fonds statt der 5.000 Aktien, die ihm auf diese Branche bezogen die gleiche relative Position verschaffen würden (halb so viele Stücke einer Aktie, die das Doppelte kostet), nur 3.333 kaufen. Tatsächlich hat der Fonds ein Drittel seiner Position in dieser Branche verloren, weil er dieses Drittel als sogenannten Gewinn weitergegeben hat.

Natürlich wird dieser Verlust wettgemacht, wenn Southern Steel um 50 Prozent mehr steigt als Northern Steel, und die Dividende aus Kapitalerträgen wird durch einen realen – nicht nur buchhalterischen – Gewinn ausgeglichen. Hinzu kommt, dass bei den täglichen Transaktionen der Investmentgesellschaften, aus denen sich diese Dividenden ergeben, nicht ganz so einfach wie im Beispiel zu erkennen ist, was da passiert. Statt eine Stahl-Aktie zu verkaufen und eine andere zu kaufen, in der Hoffnung, dadurch mehr Gewinn zu erzielen, kann der Fonds beispielsweise eine Öl-Aktie und eine Auto-Aktie verkaufen sowie Kupfer-, Container- und Handels-Aktien kaufen. Dann bleibt es aber dabei, dass er wegen des Betrags, den er als Dividende aus Kapitalerträgen weitergegeben hat, nicht so viel reinvestieren kann, wie er verkauft hat. Der einzige wirkliche Test, der zeigen würde, ob die Dividenden aus Kapitalerträgen den Betrag des Kapitals, das der Anteilinhaber bis zum Zeitpunkt der Dividendenausschüttung angesammelt hat, nicht beeinträchtigt haben, bestünde darin, einige Jahre lang zu beobachten, ob die kleineren Beträge, die in andere Wertpapiere reinvestiert wurden, einen Wertzuwachs erfahren haben, der die Wertänderung der Wertpapiere, die verkauft wurden, so weit übersteigt, dass die Dividende aus Kapitalerträgen dadurch ausgeglichen wird. Vielleicht wird eines Tages eine aufgeklärte Gesetzgebung zum Schutz der Anleger von den Investmentgesellschaften verlangen, dass sie nachweisen, dass die Mittel so klug reinvestiert wurden, dass die Dividenden aus Kapitalerträgen in einer bestimmten Anzahl von Jahren ausgeglichen werden, und dass sie solche Dividenden nicht mehr ausschütten dürfen, bis sie diesen Nachweis erbracht haben. Doch bis dahin wird vielleicht vielen Anlegern klarer sein als heute, dass Dividenden aus Kapitalerträgen dann, wenn Baissen auftreten und die verkauften Wertpapiere und die kleineren gekauften Mengen etwa in gleichem Maße reagieren, das Kapitel aushöhlen können.

In den Händen eines skrupellosen Managements könnten diese Dividenden aus Kapitalerträgen zu einer echten Gefahr für Anleger werden. Die Anleger und die Verkäufer sind an sie gewöhnt und wollen sie haben. Aber nun ist die Börse gefallen. Nur eine oder zwei Aktien im Portfolio weisen noch einen großen Gewinn auf. Eine Grundregel guter Anlagepraxis lautet: Gewinne laufen lassen und Verluste mitnehmen. Anders ausgedrückt ist der einzige Grund, weshalb diese Aktien gestiegen sind, während der Rest des Marktes gefallen ist, der, dass sie ungewöhnlich attraktiv sind. Wird die Investmentgesellschaft dem Druck der Anleger und der Verkäufer nachgeben und gerade diejenigen Aktien verkaufen, die für die Zukunft die größten Kursgewinne versprechen? Wird sie genau diejenigen Aktien verkaufen, von denen sie sich als Letztes trennen sollte? Tut sie es, könnte ihre künftige Performance ziemlich trübe sein.

Da derartige Probleme die Investmentgesellschaften in den 1960er-Jahren einholen könnten, sind sie dasjenige Segment des institutionellen Aktienmarkts, das möglicherweise aus dem allgemeinen Aufwärtstrend ausbrechen wird (es aber nicht zwingend tun wird). Doch unabhängig davon, ob die Kaufkraft der Investmentgesellschaften wächst oder schrumpft, wird die wachsende Nachfrage seitens aller anderen Segmente der institutionellen Aktienkäufer während der gesamten 1960er-Jahre gewaltige Konsequenzen für alle Aktionäre haben. Der Grund, weshalb es sich kein Anleger leisten kann, diese Kraft zu ignorieren, ist, dass dahinter zwei Ursachen stehen – die eine ökonomisch, die andere rechtlich –, die fast garantieren, dass sich diese stetige Nachfrage und das ständige Herausnehmen von Aktien aus dem Markt auf eine eher beschränkte Gruppe von Aktien konzentrieren werden. Sie können und werden sich nicht über den gesamten Markt verteilen.

Sehen wir uns zuerst den ökonomischen Grund an. In jeder Branche ist ein Dollar Gewinn von einem Billighersteller immer so viel sicherer als von einem kleinen Hersteller, dass der Billighersteller immer die beste Wahl für den konservativen Anleger ist. Und wenn die Herstellungskosten etwa gleich sind, dann ist ein Unternehmen, das jahrein jahraus in seiner Branche ein hohes Geschäftsaufkommen abwickeln kann, als Investment attraktiver als ein anderes, das nie über ein geringes Aufkommen hinauskommt. Wenn nun, wie es so oft vorkommt, Größe und geringe Betriebskosten zusammenfallen, ist das Investment umso reizvoller.

Allerdings haben in den letzten 30 Jahren mehrere grundlegende ökonomische Trends gemeinsam dazu geführt, dass große oder ziemlich große Unternehmen mit geringen Kosten in immer größerem Maße für Anleger attraktiver als andere geworden sind. Einer der großen Einflüsse, die zum Aufstieg oder Fall von Unternehmen führen, ist die zunehmende wissenschaftliche Forschung. Das größere Unternehmen kann sich konzertierte Anstrengungen in einer Größenordnung leisten, die eine Flexibilität ermöglicht, die dem kleineren Unternehmen schwerfallen dürfte. Das Aufkommen der staatlichen Eingriffe und der großen Gewerkschaften führt dazu, dass ein Unternehmen unter seinen Mitarbeitern eine ganze Heerschar von Spezialisten braucht. Das große Unternehmen macht genug Umsatz, um mehrere Steuerfachleute,

Branchenfachleute (oder Gewerkschaftsfachleute), Vertriebsvertreter in Washington und Experten für Außenhandel in verschiedenen Weltregionen zu haben, von den unzähligen anderen Spezialisten ganz zu schweigen. Der Manager eines kleinen Unternehmens muss vielleicht ein Hansdampf in allen Gassen sein. In der heutigen komplexen Welt ist das manchmal sehr kostspielig. Das Großunternehmen hat häufig in der Angelegenheit des Managements an sich einen deutlichen Vorteil. Es ist hinsichtlich der Tiefe und der Kontinuität der Managementmaßnahmen manövrierfähiger. Bei einem allgemein gut geführten Unternehmen hat all dies einen echten Investitionswert, und es lohnt sich, dafür einen erheblichen Aufschlag auf das Kurs-Gewinn-Verhältnis zu zahlen. Und schließlich ist es für ein großes Unternehmen in der Regel einfacher, mit aufmerksamen Führungskräften in anderen Bereichen als dem eigenen in Kontakt zu treten, um zu erfahren, was andere tun, um ihre betrieblichen Abläufe effizienter zu gestalten, und so schnell davon zu profitieren. Auch das ist bares Geld wert.

Aus all diesen Gründen wäre auch ohne die Entwicklung eines riesigen institutionellen Marktes für Aktien zumindest ein Teil dessen aufgekommen, was manchmal als „Bluechipitis" bezeichnet wird. Eine verhältnismäßig geringe Zahl von hervorragend geführten Großunternehmen wäre nach und nach mit immer größeren Kursaufschlägen gegenüber den meisten anderen Unternehmen gehandelt worden – wobei sich der wachsende Kursaufschlag natürlich finanziell betrachtet darin niedergeschlagen hätte, dass der Kurs solcher Aktien im Verhältnis zu ihrem Unternehmensgewinn allmählich stärker gestiegen wäre als bei Unternehmen, die diese Investmentvorteile nicht hatten. Die größere Sicherheit und die hohe Wahrscheinlichkeit, dass ein kontinuierlich gutes Management zumindest leicht überdurchschnittliche Wachstumstrends gewährleistet, hätte immerhin dafür gesorgt.

Jedoch brachten die 1950er-Jahre eine stetig wachsende institutionelle Nachfrage mit sich. Der Charakter des letztendlichen Nutznießers der überwältigen Mehrheit der institutionellen Mittel verlangt, dass sie fast vollständig in die von Grund auf stärkste Klasse von Wertpapieren investiert werden. Es mag zwar gute Gründe geben, große Teile des Vermögens von Universitäten, Witwen oder unternehmenseigenen Pensionsfonds in etwas so Riskantes wie Aktien zu investieren, aber es ist schlicht geschäftlich und ökonomisch sinnvoll für diese Anlegertypen, unter diesen Aktien nur die allerbesten auszuwählen.

Aber nicht nur aus diesen grundsätzlich sinnvollen ökonomischen Gründen konzentriert sich die enorme institutionelle Nachfrage auf ein einziges Segment des Aktienmarktes. Die Männer, die für die meisten institutionellen Käufe verantwortlich sind, sind Treuhänder mit aller damit verbundenen gesetzlichen Verantwortung. Die Regeln der Treuhandpflicht, die aus vielen Gerichtsurteilen hervorgegangen sind, sind ziemlich klar. Sie tragen nicht unbedingt dazu bei, in einer Zeit, in der sich die Bedingungen immer schneller ändern, eine kluge Verwaltung der Aktien zu gewährleisten. Alle Investoren, ob Treuhänder oder nicht, müssen diese Regeln kennen, da sie einen sehr großen Einfluss auf die Preise aller Arten von Aktien haben und haben werden.

Ein Treuhänder wird selten konkret dafür entlohnt, dass er die Anlagen außerordentlich gut verwaltet. Sein Honorar wird im Voraus festgelegt und niemals deshalb erhöht, weil seine Performance ungewöhnlich gut war. Hingegen kann er für Verluste schwer bestraft werden. Allerdings trifft ihn diese Strafe nicht unbedingt nur deshalb, weil er seine Arbeit schlecht erledigt hat. Er läuft nur dann wirklich Gefahr, für einen Verlust der Investmentgesellschaft persönlich einstehen zu müssen, wenn er bei der Herbeiführung von Verlusten für seine Nutznießer gegen bestimmte Regeln verstößt! Bedenken Sie nun, dass ein Nutznießer, der einen Treuhänder auf die Erstattung von Verlusten verklagen will, alle Vorteile der Rückschau genießt. Nachdem die Ereignisse eingetreten sind, kann er in seiner Klage behaupten, der Treuhänder hätte es damals besser wissen müssen. Hingegen bleibt dem Treuhänder nur die Vorausschau. Unter diesen Umständen überrascht es kaum, dass jeder Treuhänder genauestens auf die gesetzlichen

Vorschriften achten wird, die ihn auch dann vor einer massiven persönlichen Haftung bewahren, wenn die Investmentgesellschaft durch sein Handeln schwere Verluste erlitten hat.

Und welche gesetzliche Regelung schützt einen Treuhänder davor, wegen ehrlich erlittener Verluste verklagt zu werden? Juristisch ausgedrückt ist es so, dass ein Treuhänder nicht persönlich haftbar gemacht werden kann, wenn er handelt, wie es jeder umsichtige Mensch zum betreffenden Zeitpunkt getan hätte. Das ist zwar eine schöne Formulierung, aber was bedeutet sie eigentlich? Wie kann man nachweisen, was ein umsichtiger Mensch getan oder nicht getan hätte? Konkret bedeutet dies, wie es die meisten Anwälte erklären würden, dass der Treuhänder, wenn er die gleichen Wertpapiere hält wie die meisten anderen Treuhänder und dies in etwa im gleichen Verhältnis, kaum Gefahr läuft, persönlich haftbar gemacht zu werden. Doch da man auch nicht nachweisen kann, was alle anderen Treuhänder halten, wird großes Gewicht auf das gelegt, was die größten, bekanntesten und vermeintlich am besten informierten Treuhänder (beispielsweise die Treuhandabteilungen von New Yorker Banken) halten. Ein Zyniker hat das einmal so ausgedrückt: „Schwere Verluste gehen in Ordnung, solange man sich damit in guter Gesellschaft befindet!"

Angesichts solcher Regeln ist es ziemlich überraschend, dass die Ergebnisse für die Kunden nicht immer schlechter werden. Sogar die Gerichte, die dieses Muster eingerichtet haben, müssen doch wissen, dass in der Geschäftswelt ein stetiger Wandel stattfindet. Bei einer Aktie, die vor fünf Jahren hervorragend für den Kauf durch Treuhänder geeignet war, kann es einen Führungswechsel gegeben haben, sodass sie heute für eine derartige Position nicht einmal mehr in Erwägung gezogen werden sollte. Die Aktie eines anderen Unternehmens, das vor fünf Jahren trotz seiner ausgezeichneten Unternehmensleitung noch zu klein und zu neu war, um von Treuhändern gekauft zu werden, kann heute und auf Jahre hinaus genau das Papier sein, das ein gewissenhafter Treuhänder kaufen sollte. Doch aufgrund der Vorschriften kann es sein, dass ein Treuhänder nicht dafür bestraft wird, dass er erstere Aktie gekauft hat, sondern dafür, dass er letztere gekauft hat, sofern sich seine Beurteilung im Nachhinein als falsch erweist.

Man muss es den einzelnen mutigen Treuhändern und den Pionierarbeit leistenden Treuhandabteilungen einer kleinen Zahl großstädtischer Banken schon sehr zugutehalten, dass es die treuhänderische Vermögensverwaltung trotz der gesetzlichen Grundlagen, gegen die sie ankommen muss, so weit gebracht hat.

Was im Prinzip geschehen ist, geschieht und weiterhin geschehen wird, ist Folgendes: Eine relativ geringe Anzahl besonders starker Unternehmen (vor allem solche, die von Grund auf am besten für Käufe durch Treuhänder geeignet sind) bekommt das, was man als „institutionelle Akzeptanz" bezeichnet. Die meisten von ihnen haben Eigenschaften, die ohnehin ein hohes Kurs-Gewinn-Verhältnis rechtfertigen würden. Da aber diese Aktien diejenigen sind, auf die sich die Kauftätigkeit der Treuhänder konzentriert, bekommen sie auch durch die Knappheit einen gewissen Wert und das Kurs-Gewinn-Verhältnis wird noch höher. Andere institutionelle Investoren, die keine treuhänderische Form besitzen, zum Beispiel Versicherungsgesellschaften und die meisten Investmentgesellschaften,* sind zumindest bezüglich eines Teils ihrer Positionen der Meinung, da es sich um die stärksten Unternehmen handelt, müssten auch sie sie besitzen. Da nun alle diese Käufer Aktien aus dem Markt nehmen, bleibt die Kursdifferenz – der „Spread" – zwischen diesen Unternehmen und denjenigen ohne institutionelle Akzeptanz extrem groß.

Im Laufe der 1960er-Jahre werden geschickte nichtinstitutionelle Anleger ebenso wie die fähigeren institutionellen Aktienkäufer weitaus mehr darauf achten, wie sie von diesen Hintergrundbedingungen pro-

* Investmentgesellschaften sind in der Regel Kapitalgesellschaften, die von Verwaltungsräten kontrolliert werden; in diesen Fällen sind sie technisch gesehen gar keine Stiftungen.

fitieren können, als sie es heute tun. Sie werden erkennen, dass sich die Zusammensetzung der kleinen Gruppe von Aktien, die die größte institutionelle Akzeptanz auf sich ziehen, zwar sehr langsam verändert, sich aber eben doch verändert. Das ist wie die Mitgliederliste eines sehr exklusiven und sehr teuren Clubs. Im Laufe eines Jahres gibt es sehr wenige Veränderungen. Aber ein paar Menschen, die kürzlich zu großem Wohlstand und zu großer Macht gelangt sind, werden aufgenommen. Ein paar sterben oder treten aus, weil ihnen die Kosten für die Aufrechterhaltung ihrer Mitgliedschaft zu hoch sind. Aber das sind Ausnahmen. Die große Mehrzahl der Mitglieder bleibt gleich.

Keine Methode, mit Aktien bedeutende Gewinne zu erzielen, ist jemals einfach. Doch die erwähnten Hintergrundbedingungen ermöglichen etwas, das sich wahrscheinlich als eine der schwierigsten Arten erweisen wird, in den 1960er-Jahren an große Gewinne zu kommen. Man kann Aktien sorgfältig studieren, die gerade am Rande der institutionellen Akzeptanz stehen. Damit meine ich mittelgroße Unternehmen, deren Gewinne einem stetigen Aufwärtstrend folgen oder bald in einen solchen einschwenken. Vielleicht gehören Sie in einem kleinen Segment der institutionellen Käufer bereits zur Liste der zugelassenen Käufe, vielleicht sind sie noch bei keinem zugelassen. Allerdings müssen sie ein herausragend fähiges Management, die erwähnten Wachstumsmerkmale, eine für ihre Branche verhältnismäßig hohe Ertragsmarge und eine ausreichende Größe haben, um irgendwann für institutionelle Investoren attraktiv zu werden. Wenn sie in eine Position hineinwachsen, in der sie sich von Grund auf sehr gut für den Kauf durch professionelle Treuhänder eignen, wird früher oder später der Druck durch die vielen Mittel, die die Treuhänder anlegen müssen, und durch die relativ hohen Preise vieler Aktien, in die sie investieren können, dazu führen, dass solche Unternehmen „in den Club aufgenommen" werden, also dass sie eine verbreitete institutionelle Akzeptanz gewinnen und sich des deutlich höheren Kurs-Gewinn-Verhältnisses erfreuen, das diese Akzeptanz mit sich bringt.

Die glücklichen Besitzer, die eine solche Aktie gekauft haben, bevor sie diesen finanziellen Status erreicht hat, erzielen doppelten Gewinn. Zunächst einmal würde die Aktie diesen Status nicht erlangen, wenn ihre Gewinne nicht schneller wachsen würden als die der gesamten Branche. Somit bekommt der Aktionär erstens den Nutzen aus dem Trend der steigenden Gewinne. Doch der Aktionär gewinnt auch noch etwas anderes. Nehmen wir an, ein solches Unternehmen, das im größten Teil der Finanzkreise noch als Unternehmen von der Stange oder als mittelmäßig gilt, erzielt in einem Jahr ohne großen Ab- oder Aufschwung einen Gewinn von zwei Dollar pro Aktie und hat durch ihren Preis von 24 Dollar ein Kurs-Gewinn-Verhältnis von 12. Fünf Jahre später, wieder in einem Jahr ohne großen Auf- oder Abschwung, ist der Gewinn Jahr für Jahr gestiegen und beträgt jetzt vier Dollar pro Aktie. Schon allein dadurch würde sich der Wert der Aktie verdoppeln und bei einem gleich gebliebenen Kurs-Gewinn-Verhältnis von 12 würde sie nun 48 Dollar kosten. Jedoch haben die Finanzkreise mittlerweile begonnen, sie als echte institutionelle Aktie zu akzeptieren – was fünf Jahre zuvor noch unvorstellbar war. Ein solches Unternehmen hätte kein Kurs-Gewinn-Verhältnis von 12 mehr, sondern könnte es locker auf ein KGV von 24 oder gar 96 bringen. Anders gesagt hätte der aufmerksame Käufer, da er die institutionelle Akzeptanz und den veränderten Kurs korrekt vorhergesagt hat, den diese bewirken würde, eine Verdopplung der Ertragskraft nicht in eine Wertverdopplung seiner Position verwandelt, sondern in eine Vervierfachung.

Das Vermögen dieses Anlegers hat sich in fünf Jahren vervierfacht. Das liegt teils an dem gestiegenen Kurs-Gewinn-Verhältnis, zu dem seine Aktien jetzt gehandelt werden, und teils daran, dass die Ertragskraft der Aktien gestiegen ist. Darf dieser Anleger nun das Gefühl haben, sein Vermögenszuwachs sei ebenso solide und ruhe auf einem ebenso festen Fundament, wie wenn er vollständig und ausschließlich durch eine Vervierfachung der Ertragskraft seiner Aktien zustande gekommen wäre?

In gewissem Sinne kennen wir die Antwort auf diese Frage bereits aus unserer ausführlichen Diskussion darüber, ob die institutionelle Nachfrage nach Aktien in den kommenden Jahren insgesamt zunehmen oder nachlassen wird. Wenn die Anzeichen so klar sind, wie ich überzeugt bin, dass die Nachfrage in den kommenden Jahren mindestens so stark auf eine relativ kleine Gruppe von Aktien konzentriert sein wird wie heute, dann braucht sich der Anleger keine Sorgen zu machen, dass die besten institutionellen Aktien im Verhältnis zu ihren Gewinnen weiterhin zu viel höheren Preisen verkauft werden als die Gesamtheit der Aktien. Das heißt, wenn er sich sicher ist, dass der signifikante Anstieg des Kurs-Gewinn-Verhältnisses seiner Position daran liegt, dass seine Aktie jetzt eine berechtigte institutionelle Akzeptanz besitzt, die sie zuvor nicht genoss, kann er sich auch ziemlich sicher sein, dass dieser Zustand fortbestehen wird und dass sein Gewinn genauso „echt" (also dauerhaft) ist, wie wenn er ausschließlich aus der Steigerung der Ertragskraft resultieren würde.

Allerdings gibt es in diesem Zusammenhang eine Sache, vor der sich der Anleger hüten sollte. Immer wieder einmal wird aus irgendeinem Grund eine Branche zum momentanen Liebling des Marktes. Manchmal ist die Überlegung, die hinter dieser großen Begeisterung der Anlegeröffentlichkeit steht, ganz solide. Manchmal mögen zwar die günstigen Faktoren alle stimmen, aber die Preise können weit von der Realität abweichen, wobei vorübergehend den ungünstigen Faktoren kein Gewicht beigemessen wird. Chemiekonzerne, Aluminiumhersteller, Lebensversicherungsgesellschaften, Urangesellschaften und Arzneimittelhersteller – all diese Gruppen wurden in dem einen oder anderen Zeitraum seit Ende des Zweiten Weltkriegs von den Anlegern vorübergehend mächtig gefeiert. Als sich die 1950er-Jahre dem Ende zuneigten, waren Elektronikfirmen ein Favorit der Allgemeinheit.

Wenn die Überlegungen, die hinter einer solchen allgemeinen Begeisterung standen, solide waren, resultierte aus dem Abebben der oberflächlichen Begeisterung der Allgemeinheit für diese spezielle

Klasse von Aktien gewöhnlich vom Höhepunkt aus kein allzu schwerer Kurseinbruch der bestgeführten Unternehmen der Branche. Noch wichtiger ist, dass diese herausragenden Aktien innerhalb weniger Jahre und gewöhnlich unter viel weniger öffentlichem Tamtam auf neue Hochs gestiegen sind. Und wenn diese hintergründige Begeisterung über die Aussicht einer Branche als Geldanlage grundsätzlich solide ist, können auch die Aktien zweitrangiger und weniger gut geführter Unternehmen dieser Branche auf Kurs-Gewinn-Verhältnisse mitgezogen werden, die keine soliden Werte darstellen. Wenn die Begeisterung für eine ganze Branche stark übertrieben ist (wie es vielleicht Mitte der 1950er-Jahre bei den Uran- und Versicherungsgesellschaften der Fall war), kann diese Gefahr noch ausgeprägter sein.

Mit anderen Worten sollte ein Anleger, der großen Vorteil aus der dauerhafteren Sorte von Kurs-Gewinn-Verhältnissen ziehen will, die sich daraus ergeben, dass eine bislang nichtinstitutionelle Aktie institutionelle Akzeptanz gewinnt, stets Folgendes tun: Jedes Mal, wenn eine Aktie, die er besitzt, eine deutliche Steigerung ihres Kurs-Gewinn-Verhältnisses im Vergleich zu dem der Aktien insgesamt erfahren hat, sollte er diese Angelegenheit sehr gründlich prüfen. Er sollte herausfinden, ob diese Veränderung wirklich darauf beruht, dass Institutionen anfangen, diese Aktie zu halten, oder auf einer ganz anderen Kombination von Faktoren. In beiden Fällen sollte er zu diesem speziellen Unternehmen (nicht zur Branche als Ganzes) herausfinden, ob seine Leitung, seine Aussichten, seine Risiken und all die anderen Faktoren, von denen sein wahrer Status als Investment abhängt, den im Verhältnis zum Gewinn gestiegenen Preis rechtfertigen. Wenn dem so ist, braucht er nicht zu befürchten, dass die Zunahme seines Vermögens aus dieser Quelle fiktiver, vorübergehender oder unsolider wäre, als wenn sie aus der erhöhten Kaufkraft des Unternehmens stammen würde.

Das bringt uns zur anderen Seite der Medaille – zu der zweiten Sache, auf die aufmerksame Anleger achten müssen, wenn sie dank des großen Einflusses, den institutionelle Käufer in den 1960er-Jahren auf viele Aktien haben werden, lieber gewinnen als verlieren wollen. Seit Langem akzeptierte Aktien brauchen lange, um aus der Gruppe der institutionell akzeptierten Aktien zu verschwinden, und neue werden nur langsam aufgenommen. Aber irgendwann finden solche Veränderungen statt. So wie aufstrebende Unternehmen irgendwann aufgenommen werden, fallen andere, deren Management schwerfällig geworden ist und die ihre Antriebskraft verloren haben, oder die zu Branchen gehören, die sich nicht mehr behaupten können, aus der institutionellen Gunst.

Was man sich hierzu merken muss, ist, dass die Preise von institutionell akzeptierten Aktien so sind, als wäre es in diesem Land üblich, dass alle ungewöhnlich guten und fähigen Menschen (allerdings nur, wenn sie als ungewöhnlich gut und fähig anerkannt sind) auf sehr hohen Stelzen herumlaufen. Die einzige Möglichkeit, mit diesen führenden Menschen zusammenzukommen, bestünde darin, auf solche Stelzen zu steigen. Außerdem bestünde, solange diese Menschen ihre guten Eigenschaften behalten, nicht die geringste Gefahr, dass sie von ihren hohen Stelzen herunterfallen könnten. Wenn jedoch einer von ihnen seine guten und ungewöhnlichen Merkmale verlieren würde, dann würden seine Stelzen (nicht sofort, sondern erst nach beträchtlicher Zeit) morsch werden und er würde einen spektakulären, krachenden Sturz hinlegen.

Auf genau die gleiche Weise laufen die Preise der grundsätzlich besten Investments dank der institutionellen Nachfrage auf Stelzen. Daran ist nichts besonders Gefährliches. Sie werden ihre hohen Kurs-Gewinn-Verhältnisse so lange behalten, wie sie ihre ungewöhnlichen Eigenschaften aufrechterhalten können. Wenn sie die Merkmale verlieren, die sie auf die Stelzen gehoben haben, werden sie äußerst gefährlich. Dann fallen sie nämlich nicht nur dem Rückgang ihrer Gewinne entsprechend, sondern noch viel weiter. Wenn die Institutionen sie schließlich verkaufen, verlieren sie ihren Preisaufschlag. Allerdings findet dieser Kursrückgang normalerweise erst lange, nachdem eine institutionelle Aktie begonnen hat, einen großen Teil ihrer bisherigen

Attraktivität zu verlieren, statt. Zum Teil liegt diese Verzögerung an der üblichen Tendenz der Anleger, die veränderten Eigenschaften einer Aktie, die sich den Ruf erworben hat, besonders attraktiv zu sein, erst verspätet zu erkennen. Hinzu kommt die schleppende Reaktion, die sich aus dem rechtlichen Druck auf die Treuhänder ergibt, sich weiterhin an die akzeptierten Pfade zu halten, und zwar vor allem an die Pfade, denen Treuhänder folgen, die größer und prominenter sind als sie. Aus diesen Gründen und dank der warnenden Vorzeichen, die vorhanden sein dürften, brauchen die Halter der Aktien mit den höchsten Kurs-Gewinn-Verhältnissen vor den hohen Kurs-Gewinn-Verhältnissen an sich keine Angst zu haben, solange sie gute Gründe für die Überzeugung haben, dass ihre Positionen den ihnen innewohnenden Charakter behalten werden, der für sie spricht.

Aber weshalb sollten Privatanleger in den 1960er-Jahren überhaupt an diesen institutionell begünstigten Aktien festhalten? Sobald sie ungefähr den Höhepunkt der institutionellen Akzeptanz erreicht haben, steigt ihr Wert nur noch so schnell wie ihr Gewinn. Wäre es vom Anleger daher nicht klüger, sie zu verkaufen? Dann könnte er seinen Erlös in eine andere Aktie reinvestieren, die an der Schwelle zur institutionellen Akzeptanz steht. Liegt er mit seinem Urteil richtig, werden seine Anlagen weiterhin in dem ungewöhnlich schnellen Tempo wachsen, das sich daraus ergibt, dass das Wachstum des Gewinns pro Aktie mit dem erhöhten Kurs-Gewinn-Verhältnis multipliziert wird, das die institutionelle Akzeptanz mit sich bringt. Natürlich können Aktien, deren Wert nur durch steigende Gewinne wächst, selten derart schnell ihren Wert steigern.

Auch wenn all das stimmt, so glaube ich doch, dass ein Anleger, der ausschließlich dieser Praxis folgt, den wahren Charakter institutioneller Aktien nicht verstanden hat. Die Tatsache an sich, dass eine Aktie institutionelle Akzeptanz erlangt hat und nun zu dem neuen, deutlich erhöhten Kurs-Gewinn-Verhältnis gehandelt wird, beruht ja gewöhnlich darauf, dass sie *gewisse gesicherte Aussichten auf weiteres Gewinnwachstum zu einem gewissen Risiko* hat. Wenn ein Anleger erfolgreich wird und ein beträchtliches Vermögen anhäuft, sollte einer seiner Vorteile meiner Meinung nach darin bestehen, dass er zumindest einen Teil seines Vermögens in den besten und sichersten Investments anlegt. Besonders für diejenigen, die bereits einen anständigen Gewinn angesammelt haben, kann sicheres weiteres Wachstum genauso wünschenswert sein wie die Aussicht auf noch schnelleres Wachstum unter viel größerem Risiko. Um auf meinen Vergleich zurückzukommen: Da Aktien, die Anlagestatus erreicht haben, weil sie herausragend sind, derart verspätet von ihren Stelzen kippen, dass ein aufmerksamer Anleger reichlich Vorwarnzeit haben dürfte, scheint es für einen größeren Anleger, der seine Positionen recht gewissenhaft beobachtet, kaum einen Grund zu geben, nicht mit einem lohnenswerten Teil seines Vermögens die Vorteile dieser höchsten Klasse von Aktienanlagen zu genießen. Dies verhindert, dass die Arbeit der erfolgreicheren Anleger durch die Kapitalertragssteuer belastet wird. Schließlich zeigt die amerikanische Wirtschaftsgeschichte, dass viele der prominentesten dieser institutionellen Aktien mit hohen Kurs-Gewinn-Verhältnissen ihr Management frisch und stark halten, sodass sie nie von ihren Stelzen fallen, sondern Jahrzehnt für Jahrzehnt wachsen.

C. Konkurrenz aus dem Ausland

Bis Mitte 1957 waren die meisten Amerikaner hinsichtlich der wirtschaftlichen Überlegenheit ihres Landes selbstzufrieden bis hin zur Selbstgefälligkeit. Der europäische Kleinwagen war schon massiv auf den US-Markt vorgedrungen. In den meisten Auslandsmärkten begannen US-amerikanische Autos, Werkzeugmaschinen und zahlreiche andere heimische Produkte unter dem Ansturm europäischer und gelegentlich auch japanischer Produkte, die von viel günstigeren Arbeitskräften produziert wurden, zu verschwinden. Die langfristigen

Konsequenzen, die dies haben wird, hatte der durchschnittliche US-Bürger allerdings noch nicht erkannt.

Dann schlug die allgemeine Stimmung dramatisch um. Die sich vertiefende Konjunkturflaute, ein beträchtlicher Abfluss von Gold aus Fort Knox und der stetig steigende Absatz zuvor exotischer billiger ausländischer Autos – all das trug zu dem veränderten Ausblick bei. Vor dieser Zeit hatten durchaus viele Menschen gewusst, dass die Stundenlöhne im Ausland je nach Land nur ein Neuntel bis ein Drittel dessen betrugen, was hierzulande bezahlt wurde. Doch sie überlegten sich, dass diese Länder ja nicht die gleichen technischen Fähigkeiten besäßen. Das US-amerikanische Know-how würde die Differenz ausgleichen. Dabei wurde die Tatsache übersehen, dass die Grundintelligenz im Ausland mit der hiesigen vergleichbar war. Häufig durch den Export von US-amerikanischem Know-how und US-amerikanischer Technik unterstützt, was oft von unserer Regierung finanziert wurde, wurden aufmerksame Ausländer so effizient wie wir.

Als sich die 1950er-Jahre dem Ende neigten, wurde das wahre Ausmaß des Problems immer offensichtlicher. Eine einfache Lösung ist nicht in Sicht. Während eines großen Teils der 1960er-Jahre werden US-amerikanische Anleger mit folgendem Dilemma konfrontiert sein: „Wie kann ich meine Angelegenheiten so managen, dass ich weder von Investments in Unternehmen herabgezogen werde, die durch Billigimporte direkt geschädigt werden, noch von Investments in Unternehmen, die wichtige dadurch geschwächte Kunden haben?“

Für die erhoffte Sicherheit der Anleger zeichnen sich jedoch bereits drei voneinander getrennte Wege ab. Der erste ist der naheliegende Weg, gleich in die betreffenden ausländischen Unternehmen zu investieren. Dies ist inzwischen sehr populär. Aber irgendwann werden viele von denen, die eilig Aktien der führenden Unternehmen in der Europäischen Wirtschaftsgemeinschaft oder anderswo gekauft haben, einige eher unangenehme Überraschungen erleben. Der Kern jeder erfolgreichen Aktieninvestition besteht darin, zu wissen, was man tut.

Über Unternehmen, die ihren Sitz viel weiter entfernt haben als das durchschnittliche US-Unternehmen, lassen sich gewöhnlich dementsprechend schwieriger Nachforschungen anstellen als über Unternehmen der gleichen Art hierzulande. Dieses Problem wird bei allen außer den britischen Unternehmen nicht nur durch die Sprachbarriere verschärft, sondern auch dadurch, dass viele Kunden und sonstige übliche Informationsquellen ebenfalls im Ausland sitzen. Noch wichtiger: Unternehmen im Ausland sind in einer ganz anderen Investment-Atmosphäre groß geworden. Manchmal sind ihre Rechnungslegungssysteme ganz anders. Und schließlich werden die Aktien vieler dieser Unternehmen an weit weniger liquiden Märkten als den unsrigen gehandelt. Deshalb kann dort ein kleineres Kauf- oder Verkaufsaufkommen viel stärkere Auswirkungen auf die Kurse haben, als es der Anleger hierzulande gewohnt ist.

All dies bedeutet nicht, dass es unmöglich ist, eine fantastische Investition in ein ausländisches Unternehmen zu tätigen. Es bedeutet allerdings, dass dies für die meisten Amerikaner viel schwieriger ist als eine vergleichbar gute Inlandsinvestition. Es bedeutet auch, dass ein großer Teil des unkritischen und unvermischten Enthusiasmus, mit dem die US-amerikanische Finanz-Community die meisten Arten von Auslandsinvestitionen begrüßte, als die 1960er-Jahre herankamen, im Laufe des Jahrzehnts wieder spürbar dahinschwinden könnte. Das kann sogar dann passieren, wenn keine speziellen Probleme mit Börsensteuern im Ausland oder mit staatlicher Beschlagnahme auftreten, die die Sicherheit der Anlagen zusätzlich bedrohen.

Auch der zweite Weg, den Anleger einschlagen, lässt sich nicht so leicht analysieren. Dabei geht es um den Kauf US-amerikanischer Unternehmen mit großen (oft auch wachsenden) Investitionen im Ausland. Fabriken im Ausland mit geringen Lohnkosten und amerikanischen Managementmethoden bieten gewöhnlich eine weit höhere Kapitalrendite als die Inlandsbetriebe der gleichen Unternehmen. Manchmal ermöglichen es solche Fabriken einem inländischen Unternehmen, trotz der vielen Einfuhren aus dem Ausland zu überleben, da sie alle Produkte, die sie auf dem amerikanischen Markt verkaufen, oder einen Teil davon zu Preisen herstellen, die mit denjenigen vergleichbar sind, zu denen rein ausländische Wettbewerber sie in unser Land liefern.

Warum sind Fabriken im Ausland womöglich nicht so attraktiv, wie sie erscheinen? Um die Antwort zu finden, brauchen wir uns gar nicht weit von unseren Küsten zu entfernen. Nehmen wir eines der Länder, in denen Investitionen US-amerikanischer Unternehmen besonders fest etabliert zu sein schienen. Ein schlagendes Beispiel dafür ist Kuba. Dabei handelt es sich um ein Land, das seine Freiheit dem Handeln der Vereinigten Staaten verdankt und das während der ersten 48 Jahre seiner 49-jährigen Geschichte ein Freund der Vereinigten Staaten war. Sein einfacher wirtschaftlicher Wohlstand war der Vorzugsbehandlung seiner wichtigsten Industrie, nämlich der Zuckerindustrie, auf dem US-amerikanischen Markt zu verdanken. Doch all dies hinderte eine revolutionäre und angeblich populäre Regierung nicht daran, eine Maßnahme nach der anderen zu ergreifen, die eines Tages dazu führen sollte, dass die Investitionen US-amerikanischer Unternehmen in Kuba ungefähr so viel wert sind wie die Investitionen in Schanghai nach der Machtübernahme der Kommunisten. Dabei ist es übrigens gut, sich daran zu erinnern, dass die chinesischen Kommunisten keineswegs so unhöflich waren, amerikanische Investitionen in ihrem Land zu beschlagnahmen oder auch nur mit ihrer Beschlagnahme zu drohen. Zunächst „regulierten" sie diese Unternehmen lediglich so, dass sie keinen Gewinn mehr erzielen konnten, wobei sie jedoch die ganze Zeit sicherstellten, dass Investitionen aus dem Ausland respektiert wurden. Dann wurden immer mehr „unbezahlte" Steuerrückstände und Ansprüche von Arbeitnehmern gefunden. Schon bald – vor allem wenn die bisherigen Manager nicht ins Gefängnis wollten – schien es besser zu sein, zur Befriedigung der Ansprüche die Liegenschaften zu übergeben.

Man könnte behaupten, Kuba sei ein Extremfall, doch im gleichen Teil der Welt kann man die Erfahrungen der United Fruit Company in

Mittelamerika wohl kaum als für langfristige Anleger ermutigend bezeichnen. Aber ist nun Kuba extrem oder ist es ein Symbol für das, was in vielen Teilen der Welt in den kommenden Jahren passieren kann und wahrscheinlich auch passieren wird? Wieso ist es psychologisch gesehen so wahrscheinlich, dass sich eine Entwicklung wie in Kuba immer wieder wiederholt?

Zunächst einmal wird in jeder Familie fast immer das reichste Mitglied von den anderen beneidet und nicht gemocht. Für die meisten durchschnittlichen Menschen auf der Welt sind die Vereinigten Staaten ein unglaublich reiches Land. Unsere Filme und die allgegenwärtigen amerikanischen Touristen haben diesen Eindruck zu Menschen in allen Teilen des Erdballs getragen. Ich würde schätzen, dass sich 90 Prozent unserer Touristen so verhalten, dass es unserem Land Ehre macht. Aber jeder, der schon einmal im Ausland war, hat auch die schlechten Manieren, die frei geäußerte Kritik an den Gepflogenheiten des Reiseziels und die ungehobelte Großmäuligkeit erlebt, die andere Landsleute an den Tag legen. Leider kann ein einziger solcher ungezogener Amerikaner dem internationalen Wohlwollen mehr Schaden zufügen, als 50 Amerikaner Gutes bewirken, die sich so verhalten, wie sich die Besucher eines Landes benehmen sollten. Unsere Touristen hinterlassen uns in den meisten Teilen der Welt ein beträchtliches Maß an Feindseligkeit.

Nehmen wir dazu noch die fast überall verbreitete Neigung, Ausländer mit ihren abweichenden Gewohnheiten nicht zu mögen, was haben wir dann? Der Investor aus dem Ausland ist vor allem dann, wenn er ein unpersönliches amerikanisches Großunternehmen ist, eine natürliche Zielscheibe für einheimische Politiker, die ihren Einfluss vergrößern wollen. Warum sollte das, was im vermeintlich freundlich gesinnten Kuba geschehen ist, nicht anderswo wieder passieren?

Und falls es passiert, warum ist es dann nicht schon öfter passiert? Gründe dafür sind nicht schwer zu finden. Zunächst einmal erreichte das Aufkommen US-amerikanischer Investitionen in Fabrikniederlassungen im Ausland gegen Ende der 1950er-Jahre fast schon die Ausmaße einer Gezeitenwelle. Dies erzeugte sowohl einen anormalen Wohlstand in den betroffenen Ländern als auch einen gewissen Wettbewerb zwischen verschiedenen Ländern, möglichst viel von dieser goldenen Flut abzubekommen. Solange immer mehr Wohlstand durch neue Bauaufträge hineinfloss und andere Vorteile zu holen waren, war es nur natürlich, dass Ausländer höchst willkommen waren. Erst wenn kein Geld mehr hereinströmt und die Gewinne aus dem Betrieb zurück ins Heimatland zu fließen beginnen, wird es wahrscheinlicher, dass die Stimmung umschlägt. Vielleicht ist das gar nicht so anders als die ironischen Kommentare kompetenter europäischer Beobachter, als die Vereinigten Staaten mit Franco über Niederlassungen in Spanien verhandelten. Fast überall im restlichen Westeuropa, in das US-amerikanische Mittel hineingepumpt worden waren, kam eine antiamerikanische Stimmung auf, die in manchen Ländern beträchtliche Ausmaße erreichte. In Spanien hingegen, das nichts bekommen hatte und wo Hoffnung bestand, bald etwas zu bekommen, waren die Vereinigten Staaten so beliebt wie nie.

Der andere Grund, aus dem ähnliche Entwicklungen wie in Kuba in der Zukunft häufiger vorkommen dürften als in der Vergangenheit, ist die Tatsache, dass solche Bewegungen einen Großteil ihrer Dynamik in Zeiten der Depression erhalten, nicht in Zeiten der Prosperität. Es geschieht in schlechten Zeiten, dass durch Wahlen oder Waffen die traditionell Herrschenden abgesetzt werden und andere die Macht übernehmen. Wäre Kuba nicht so sehr von Armut geplagt gewesen, hätte Castros Versuch durchaus scheitern können. Derzeit wetteifern die Herrschenden vieler Länder um mehr Investitionen in US-amerikanische Fabrikniederlassungen und sind daher US-amerikanischen Investoren gegenüber freundlich eingestellt. Deutet das nicht an, welchen Stand viele oppositionelle Politiker haben werden, die das jeweilige Regime stürzen wollen, wenn einmal eine Depression zuschlägt?

Aus diesen Gründen mag das Investieren in Unternehmen mit großen Engagements im Ausland nicht immer so wünschenswert erscheinen, wie es die aktuellen Geschäftsergebnisse andeuten. Es kann sein, dass es Unternehmen mit vielen Werken im Ausland ein paar Jahre lang sehr gut geht. Wenn allerdings die im Ausland erzielten Gewinne so stark in den Preis der betreffenden Aktie einfließen wie Gewinne im Inland, dann kann ein Jahr kommen, in dem vielleicht ein Großteil der Gewinne zusammen mit gewissen noch wichtigeren Vermögensgegenständen recht plötzlich verschwindet. Natürlich können die Erfahrungen in verschiedenen Ländern unterschiedlich ausfallen. In manchen wird es überhaupt keine ernstlichen Probleme geben.

Wenn nun also Fabrikniederlassungen im Ausland keine problemlose Lösung für Anleger sind, die in den 1960er-Jahren Schutz vor ausländischer Konkurrenz suchen, gibt es dann einen anderen Weg zur Sicherheit? Ich glaube, den gibt es. Eine führende Position auf dem Gebiet einer sich schnell entwickelnden Technologie zu erreichen und zu halten, ist der einzig sichere Weg für ein amerikanisches Unternehmen, sich von der Bedrohung durch ausländische Billigkonkurrenz unabhängig zu machen. Anleger, die Aktien solcher Unternehmen besitzen, brauchen die allgemeine Bedrohung der US-Wirtschaft durch Billiglohnländer nicht zu fürchten und können womöglich sogar davon profitieren, ohne die großen Risiken einer Auslandsinvestition einzugehen.

Woran liegt das? Da im Ausland auch die Kosten für Forschung günstiger sind, weshalb sollte da nicht schon bald ein ausländischer Konkurrent die technische Führung übernehmen? Die Antwort lautet definitiv nicht, dass es hier mehr oder bessere wissenschaftliche Köpfe gibt als im Ausland. Vielmehr ist es so, dass viele Technologien derart komplex sind und dass sich viele von ihnen in derart viele verschiedene Richtungen entwickeln, dass manche US-Unternehmen in bestimmten hochtechnisierten Bereichen Führungspositionen aufbauen, während gewisse ausländische Unternehmen ähnlich herausragende Führungspositionen auf vollkommen anderen Gebieten entwickeln. Man muss eben Unternehmensleitungen mit technischen Teams finden, die in der Lage sind, die Spitzenposition zu halten. Anders gesagt scheinen manche Unternehmen auf ihrem Spezialgebiet (oder wichtigen Teilen davon) eine so große Kompetenz aufzubauen, dass die Konkurrenz ständig versucht, morgen dort hinzukommen, wo sie schon heute sind. Wenn die Konkurrenz morgen ihr Ziel erreicht, sind sie bereits einen Schritt weiter gegangen. Wenn ein Unternehmen das schafft, braucht es weder inländische noch ausländische Konkurrenz zu fürchten.

Zudem kann ein solches Unternehmen von der Stärke profitieren, die andere Industrienationen in den 1960er-Jahren zweifellos besitzen werden. Wenn die Produktlinie des Unternehmens technisch überlegen ist, werden Ausländer sie genauso kaufen wollen wie in der Zeit vor dem großen Aufstieg der ausländischen Industrie. Doch bis vor Kurzem waren diese potenziellen ausländischen Käufer aufgrund von Währungsproblemen dahingehend eingeschränkt gewesen, wie viele US-Güter ihre Regierungen sie kaufen ließen. In den 1960er-Jahren dürfte das viel weniger ein Problem sein. Daher könnten technisch überlegenen Unternehmen Exportmärkte von einer Größe offenstehen, die in früheren Jahrzehnten unvorstellbar war.

Und wenn das Unternehmen dann auch noch überlegene Produkte hat, an die Ausländer nicht annähernd herankommen, und auch noch einige Fabriken im Ausland hat, dann dürfte es einen Schutz vor Steuern gegen Ausländer und vor Beschlagnahmung haben, den andere, weniger glückliche Unternehmen nicht haben. Hitlers extreme Judenverfolgung ist so bekannt, dass sie keiner großen Besprechung bedarf. Doch so extrem er auch mit der großen Mehrheit umging, so blieb doch eine Handvoll Juden vollkommen ungeschoren, weil sie ungewöhnliche technische Kompetenzen hatten, die Hitler dringend benötigte. Ähnlich befindet sich ein Unternehmen, das als einziges über das Know-how zur Herstellung eines Schlüsselprodukts verfügt, das von einem fremden Land benötigt wird, gegenüber einer ansonsten feindlich gesinnten Regierung in einer anderen Verhandlungsposition als die meisten anderen Unternehmen. Für den Fall, dass Ihnen das Hitler-Beispiel überzogen vorkommt, erinnere ich an die Erfahrungen der großen Ölkonzerne in Teilen des Nahen Ostens. Das hat nichts mit vertraglichen Vereinbarungen oder Liebe zu diesen Unternehmen zu tun, sondern vielmehr mit der Erkenntnis, dass nur sie über die Vertriebswege verfügen, um das Öl zu transportieren und zu verkaufen. Sollte eine Welle des Nationalismus über ein Land hinwegfegen, könnte das Wissen um die Herstellung eines unentbehrlichen Produkts sogar noch wichtiger werden.

Was bedeutet das nun? Aus der Sicht des Anlegers unterscheiden sich die Regeln zum Schutz vor starker ausländischer Konkurrenz in den 1960er-Jahren nicht von den Regeln zur Suche nach herausragenden Investitionen trotz ausländischer Konkurrenz. Wenn er ein Unternehmen sucht und findet, das sich wegen seiner herausragenden Unternehmensleitung und wegen seiner technischen Überlegenheit in der Zeit, bevor die ausländische Konkurrenz eine so große Bedrohung war, als Investment-Goldgrube erwiesen hätte, braucht er die niedrigen Lohnkosten im Ausland in den 1960er-Jahren nicht zu fürchten. Unternehmen von der Stange, die Produkte herstellen, die sich von Ausländern leicht kopieren lassen, können hingegen in Gefahr geraten.

Das war jetzt ein Blick auf das Problem der Auslandskonkurrenz im engeren Sinne – auf die Mittel, mit denen Privatanleger gewinnen können, statt zu verlieren. Aber wie sieht das größere Bild aus? Wird unsere gesamte Nation darunter leiden, dass wir es nicht schaffen, mit einer Flut von Importen zu konkurrieren, die von schlechter bezahlten Arbeitskräften im Ausland produziert wurden?

Ich glaube, die Antwort auf diese Frage wird erst dann klar werden, wenn bekannt ist, wer in den nächsten Jahren das Präsidentenamt bekleiden wird und welche Politik er oder sie in dieser lebenswichtigen Angelegenheit durchsetzen wird. Die Anzeichen beginnen sich zu mehren, dass die amerikanischen Unternehmensleitungen das Problem der Lohnunterschiede lösen und die Kosten angleichen können, wenn ab jetzt die Löhne im Inland nicht schneller steigen als im Ausland (wo sie ebenfalls steigen) und wenn zu der Kostenlast, die US-amerikanische

Produkte tragen müssen, nicht auch noch die zusätzliche Bürde der Einstellung überflüssiger Arbeitskräfte hinzukommt.

Das Problem des Featherbeddings, also der Beibehaltung von Tarifregelungen, die Stellenbeschreibungen verlangen, die nicht wirklich benötigt werden, ist nicht einfach zu lösen. Die Unternehmensleitung kann noch so sehr verkünden, dass Featherbedding empörend ist (und das ist es auch), die Beschäftigten kämpfen oft so lange hartnäckig für diese Regelungen, bis sie die Zusicherung erhalten, dass sie, wenn sie durch effizientere Anlagen verdrängt werden, eine vergleichbar bezahlte Arbeit in derselben Gemeinde bekommen. Angesichts der zahllosen neuen Industrien, die die technische Entwicklung schafft, während sie es älteren Industrien ermöglicht, mit weniger Arbeitskräften mehr Produkte herzustellen, dürfte diese Garantie vergleichbarer (oder gar noch besserer) Arbeitsstellen für entlassene Arbeiter nicht allzu schwerfallen, wenn man ihr große Aufmerksamkeit widmen würde. Ich glaube, wenn die günstigen Umstände der 60er-Jahre eine oder mehrere Regierungen an die Macht bringen, die das Problem des Featherbeddings direkt angehen, können die meisten amerikanischen Branchen an einen Punkt gelangen, an dem sie sich auf dem heimischen Markt behaupten und gleichzeitig das derzeitige Lohngefälle aufrechterhalten können. Wenn dies jedoch nicht geschieht und die Lohnkosten in den Vereinigten Staaten im Verhältnis zum Rest der Welt noch weiter steigen, wird es zu beträchtlicher Arbeitslosigkeit und generell zu schweren Zeiten kommen. Allerdings sehe ich keine Grundlage für eine Vorhersage, welches von beiden passieren wird. Der Ausgang hängt zu sehr davon ab, ob ein noch unbekannter Präsident die Nation in eine vollkommen unnötige Wirtschaftskrise abrutschen lässt oder ob er den nötigen persönlichen Einfluss und Magnetismus ausüben kann, damit alle Bevölkerungsgruppen sehen, was getan werden muss, damit sich in Amerika hergestellte Produkte gegen die derzeit heftige Konkurrenz durch viel billigere ausländische Arbeitskräfte halten können, ohne dafür unseren derzeitigen hohen Lebensstandard zu opfern. Unternehmenslenker und Gewerkschaftsführer müssen gemeinsam an diesen Themen arbeiten. Bislang gibt es dafür noch keine Anzeichen. Sollten wir an einen Punkt gelangen, an dem die Führung nur noch vom Staat ausgehen kann, wird alles davon abhängen, wer an der Spitze der Regierung steht und wie er handelt. Während ich dies schreibe, ist es noch zu früh, ein kluges Urteil über diese Angelegenheiten abzugeben.

D. Wachsende Bevölkerung

Streng genommen hat die Frage des großen Bevölkerungswachstums in den 1960er-Jahren in Bemerkungen über die großen Investment-Einflüsse des bevorstehenden Zeitraums eigentlich nichts zu suchen. Denn ich glaube nicht, dass dies in irgendeiner Weise eine größere Einflusskraft auf die Investitionen sein wird, die mit den bereits diskutierten vergleichbar wäre. Aber dieses Thema bekommt derart viel öffentliche Aufmerksamkeit und ist so eng mit dem Konzept der „Goldenen Sechziger" verknüpft, dass sich seine Prüfung meines Erachtens lohnt, sei es auch nur, um es in die rechte Perspektive zu rücken.

Im Allgemeinen führen diejenigen, die sich über die erfreulich klingende, aber etwas oberflächliche Überlegung auslassen, die Bevölkerungszahlen würden in den kommenden Jahren die Konjunktur weit voranbringen, ein äußerst simples Argument an. Sie verweisen auf den großen Anstieg der Geburtenrate, der zur Zeit des Zweiten Weltkriegs begonnen hat. Dieser setzt sich seither von nur kleineren Unterbrechungen abgesehen fort. Bislang führt dieser Bevölkerungsanstieg allerdings vorwiegend zu einer Zunahme von Kleinkindern, jungen Schulkindern und neuerdings auch jüngeren Teenagern. Diese Gruppen haben verglichen mit den Bedürfnissen, die sie im unmittelbar bevorstehenden Zeitraum haben werden, noch vergleichsweise einfache Ansprüche. Wenn sich das Bevölkerungswachstum in die Gruppe der älteren Teenager verschiebt, wird die Nachfrage nach Autos und allem, was dazu gehört, steigen, nach teurerer Bekleidung, nach zusätzlichen Reisemöglichkeiten und allen sonstigen wirtschaftlichen Wünschen junger Erwachsener. Daraufhin wird auch die Zahl der Familiengründungen stark ansteigen, und noch mehr wird die daraus resultierende wirtschaftliche Nachfrage nach Häusern, Haushaltsgeräten, Möbeln und so weiter zunehmen. Da die Geburtenrate nach wie vor hoch ist und somit die Nachfrage seitens kleinerer und größerer Kinder nicht nachlässt, wird der Bedarf an all diesen Dingen zu einem Wirtschaftsboom und zu stetig wachsendem Wohlstand führen.

Die Zyniker haben darauf eine Standardantwort. Sie behaupten, Bevölkerungswachstum an sich schaffe noch keinen Wohlstand. Wäre dem so, dann würden Indien, Ägypten und China zu den reichsten Ländern der Erde und nicht zu den ärmsten zählen. Die junge Bevölkerung werde aufgrund ihrer altersbedingten Einschränkungen vor allem Geld ausgeben und nicht in ausreichend hoch bezahlten Jobs arbeiten, die viel Vermögen produzieren. Deshalb werde nichts anderes passieren, als dass das ohnehin überlastete Familienbudget noch weiter umstrukturiert werden muss. Die durchschnittliche Familie besitze nur ein bestimmtes Einkommen, um ihre Bedürfnisse zu decken. Die zusätzlichen Ausgaben der Teenager und der jungen Erwachsenen würden dadurch ausgeglichen, dass die Eltern für ihre eigenen Bedürfnisse weniger ausgeben. Das gesamte Wirtschaftsaufkommen werde das gleiche sein. Das einzige, was passieren werde, sei eine weitere Verlagerung der Ausgaben, und aufgrund von mehr zu stopfenden Mäulern würden das Pro-Kopf-Einkommen und der Lebensstandard sinken.

Welche dieser beiden Einschätzungen wird sich als zutreffend erweisen? In der heutigen amerikanischen Volkswirtschaft wahrscheinlich keine von beiden. Viele Eltern haben festgestellt, dass die größeren normalen Bedürfnisse heranwachsender Kinder Probleme im

Familienbudget erzeugen, die in erheblichem Maße dadurch gelöst werden, dass das Familieneinkommen für andere Dinge ausgegeben wird als zuvor und dass die Eltern weniger für sich selbst ausgeben. Bis dahin haben die Pessimisten recht, und eine Zunahme der Mittel für die Bezahlung dieser Dinge wird sicherlich dem nationalen Wohlstand keinen größeren Schub verleihen.

Allerdings ist das noch nicht ganz das Gesamtbild. Anders als Ägypten, China und wahrscheinlich auch ein Großteil von Indien bietet unsere Volkswirtschaft einen beträchtlichen Spielraum, der es Einzelpersonen und besonders Familien ermöglicht, ihr Vermögen (und das ihrer Gemeinschaft) zu steigern, wenn dies dringend genug ist. Ehefrauen, die andernfalls nicht arbeiten würden, finden eine brauchbare Stelle und werden zur zweiten Quelle des Familieneinkommens. Angespornt durch den größeren Bedarf der Familie arbeiten Ehemänner härter, strengen sich an, finanziell voranzukommen, und wechseln in bedeutendere, produktivere Jobs. Wenn die Teenager älter werden, kommen auch sie zu den Erwerbstätigen hinzu. Daher gibt es zumindest eine gewisse Erhöhung des produzierten Gesamtvermögens, um die gewachsenen Ansprüche der Familie mit ihren älteren Kindern zu erfüllen. Bis zu einem gewissen Grad wächst das Gesamtvolumen des Geschäftsaufkommens tatsächlich.

Kurz gesagt wird der Einfluss des Bevölkerungswachstums auf die gesamte Wirtschaftsaktivität wohl etwas hinter dem viel besprochenen garantierten Aufschwung der Goldenen Sechziger zurückbleiben, wenn auch nicht so sehr wie von denjenigen behauptet, die als einzigen Effekt einen drastischen Rückgang des Lebensstandards sehen. Doch vom Standpunkt des Aktienbesitzers ist die Zunahme der gesamten Wirtschaftstätigkeit, die durch dieses Bevölkerungswachstum wohl hervorgerufen wird, viel weniger deutlich, als es auf den ersten Blick scheinen mag. Das liegt daran, dass der Anleger keine Aktien der Volkswirtschaft hält, sondern Aktien einzelner Unternehmen. Zwar wird der potenzielle Absatzmarkt für die Produkte dieser Unternehmen mit der wachsenden Erwerbsbevölkerung wachsen, aber auch der Wettbewerb wird zunehmen. In vielen Branchen wird sich der Markt schlicht auf mehr Einheiten aufteilen.

Indes wird in vielen Familien zum Teil die Notwendigkeit bestehen, am Familienbudget Änderungen vorzunehmen. Manche werden größere Umstellungen vornehmen müssen. Das heißt, dass es in der Gesamtnachfrage viele Verlagerungen von einem Produkt zu einem anderen geben wird. Manche werden zulegen, andere werden gegen einen rückläufigen Trend ankämpfen. Warum nicht versuchen, vorherzusagen, welche Unternehmen am meisten gewinnen werden, und seine Investments dementsprechend planen? Außer in äußerst seltenen Fällen halte ich das für keine kluge Vorgehensweise. Grund dafür ist die extreme Komplexität des Versuchs, zu beurteilen, wie sich die Entscheidungen der Familien unter dem Druck der zunehmenden Beanspruchung des Budgets von einem Produkt zu einem anderen verschieben werden. Das ist nicht etwa so einfach wie die Frage, ob die Familie auf den Neuanstrich des Hauses verzichten wird, um einen Zweitwagen zu kaufen. Es kann sein, dass sie auf preisgünstigere Automodelle umsteigt oder nur noch Gebrauchtwagen kauft, nachdem sie vorher nur Neuwagen gekauft hatte. Es kann sein, dass es öfter Spaghetti und seltener Fleisch gibt. Es gibt zahllose andere Möglichkeiten, die Ausgaben wieder und wieder zu verlagern. Vielleicht werden ihnen sogar die notwendigen Einsparungen durch einen technischen Fortschritt so gut wie geschenkt, der zur Folge hat, dass ein gewünschtes Produkt viel kostengünstiger hergestellt wird als bisher. Angesichts der großen Zahl von Familien in diesem Land und der vielen Wahlmöglichkeiten, die sie haben, kann man wohl nicht viel mehr tun, als zu beobachten, was geschieht, und dann vernünftig zu beurteilen, ob sich dieser Trend fortsetzen wird. Wahrscheinlich gibt es nur in seltenen Fällen eine ausreichende Signifikanz, um Anlass für viele Anlageentscheidungen zu geben. Kurz gesagt wird die Bevölkerungsfrage überstrapaziert.

Da der Einfluss des Bevölkerungswachstums eine der Hauptsäulen ist, auf denen das Konzept der „Goldenen Sechziger" mit ihrem fast garantierten eingebauten Wohlstand ruht, ist diese ganze Idee kaum mehr als eine Illusion? Vielleicht nicht. Das stetig zunehmende Tempo der Technologie und der Erfindungen könnte durchaus einen Strom an neuen Industrien erzeugen und alte Industrien auffrischen, die einen wachsenden und prosperierenden Hintergrund liefern werden, wie ihn die Welt noch nicht gesehen hat. Ob dies der Fall sein wird oder nicht, hängt weitgehend davon ab, ob unkluge oder restriktive politische Maßnahmen in den Bereichen Steuern, Kreditvergabe, Arbeit und anderen weitgehend staatlich regulierten Bereichen die Vorteile dieses Stroms eindämmen werden. Diese Dinge kann man erst im weiteren Verlauf des Jahrzehnts beurteilen. Einstweilen sollte man bedenken, dass die riesigen Kurszuwächse sehr vieler Aktien gegen Ende der 1950er-Jahre wahrscheinlich einen großen Teil dieser Aussichten bereits in beträchtlichem Maße berücksichtigt haben. Anders gesagt werden die spektakulären Kurszuwächse von Aktien in den 1960er-Jahren fast mit Sicherheit noch selektiver sein als die in den 1950er-Jahren. Eine so grundlegende und öffentlich bekannte Angelegenheit wie die steigende Bevölkerungskurve wird von sehr seltenen Ausnahmen abgesehen kaum in Beziehung zu diesen Kursgewinnen stehen.

E. Abgang der Volkswirte – Auftritt der Psychologen

Ich habe bereits etwas zu der merkwürdigen Tendenz der angeblich vorausschauenden Finanzkreise gesagt, eine veränderte Kombination von Umständen sehr oft erst dann zu erkennen, wenn der neue Einfluss bereits seit vielen Jahren besteht. Ich glaube, dass Menschen, die versuchten, den allgemeinen Verlauf der Wirtschaft vorherzusagen, deshalb während der 1940er- und eines Großteils der 1950er-Jahre als derart wichtiger Faktor für Investmententscheidungen galten. Noch heute ist eine überraschend große Zahl von Anlegern und professionellen Investoren überzeugt, dass der Kern einer klugen Anlagepolitik darin besteht, sich die beste Konjunkturprognose zu verschaffen, die man bekommen kann. Wenn die Aussicht auf eine wachsende Wirtschaft besteht, kaufen sie. Wenn die Aussicht auf einen Rückgang besteht, verkaufen sie.

Vor vielen Jahren war ein solches Vorgehen wahrscheinlich deutlich sinnvoller, als es heute denkbar ist. Die Bankenstruktur war damals schwächer. Es war nicht gesichert, dass die Banken im Falle echter Probleme vom Staat gestützt würden – ein Prozess, der meist eine große Portion Inflation hervorruft. Es gab noch kein Steuersystem, das fast zwangsläufig jedes Mal stark inflationäre Ausgaben hervorruft, wenn die Konjunktur (und daher die Steuereinnahmen des Bundes) ungewöhnlich schwach ist. Es hatte sich noch keine öffentliche Meinung herauskristallisiert, die dafür sorgt, dass der Staat jedes Mal, wenn die Konjunktur scharf einbricht, starke Gegenmaßnahmen trifft, um sich der Flut entgegenzustemmen. Und schließlich war die industrielle Basis viel schmaler. Die große Anzahl von Branchen in der heutigen komplexen Volkswirtschaft, die hinsichtlich ihrer grundlegenden Eigenschaften wenig miteinander zu tun haben, gewährleistet wahrscheinlich, dass eine Rezession auch ohne staatliche Maßnahmen nicht ganz so schwer ausfällt wie in früheren Zeiten. Manche Branchen profitieren von ungewöhnlichen Bedingungen, die ihnen eine Expansion ermöglichen, während die meisten anderen einen Rückgang durchmachen. Dies stabilisiert in gewissem Maße die Volkswirtschaft als Ganzes.

All das bedeutet, dass eine Depression heute für den Anleger von geringerer Bedeutung ist als vor vielen Jahren. Es bedeutet nicht, dass es keine sehr nützliche Information wäre, zu wissen, wie die Wirtschaft läuft. Doch solche Informationen sind nicht unerlässlich, um mit Aktienanlagen glänzende Ergebnisse zu erzielen. Eine einfache Rechnung soll dies zeigen: Wenn ein Rückgang der Börse mit einer recht großen Konjunkturflaute einhergeht, wie es 1937/1938 oder 1957/1958 der Fall war, fallen die meisten Aktien um 35 bis 50 Prozent. Die besseren erholen sich nach der Flaute wieder und steigen auf neue Hochs. Selbst bei der schwersten Flaute aller Zeiten ging nur ein kleiner Teil aller Unternehmen bankrott und fiel somit um 100 Prozent. Die meisten dieser Unternehmen hatten abstrus hohe Schulden und sie hatten gegenüber Stammaktien vorrangige Wertpapiere platziert. Nach einem der wildesten spekulativen Booms aller Zeiten, der zu einem großen Teil mit geliehenem Geld finanziert wurde, fiel die durchschnittliche Aktie um 80 oder 90 Prozent. Wenn hingegen die Aktien über mehrere Jahre steigen, weist selbst die oberflächlichste Studie der Börsengeschichte Zahlen auf, die einer weit höheren Größenordnung angehören. Verglichen mit den vorübergehenden Rückgängen von üblicherweise 35 bis 50 Prozent, die häufig mit Depressionen einhergehen, steigen die herausragenden Aktien (von außergewöhnlich gut geführten Unternehmen, die sich in Wachstumsbereiche manövriert haben) um mehrere Hundert Prozent, bleiben auf diesem Niveau und steigen dann noch weiter. Es gibt viele Aktien, deren prozentuale Entwicklung über zehn Jahre eher im Tausender- als im Hunderterbereich liegt.

Das ist ein Glück, denn wie ich mich in „Common Stocks and Uncommon Profits“ zu zeigen bemüht habe, gibt es definitive Regeln, nach denen man die ungewöhnlichen Unternehmensleitungen, die diese ebenso ungewöhnlichen wie hochprofitablen Aktien hervorbringen, mit einem zumindest praktikablen Grad an Genauigkeit auswählen kann. Andererseits geht meines Erachtens aus den Aufzeichnungen hervor, dass die Volkswirtschaftslehre bei ihrem derzeitigen Stand der Entwicklung noch nicht den Punkt erreicht hat, an dem man Depressionsprognosen als zuverlässiges Anlagewerkzeug verwenden könnte. In unserer heutigen hochkomplexen Wirtschaft gibt es zu viele Faktoren, die sich auf solche Prognosen auswirken können. Die verwickelten Zusammenhänge zwischen der ständig wachsenden Zahl unterschiedlicher Einflüsse werden noch nicht ausreichend verstanden. Ich glaube, daran liegt es, dass so viele Volkswirte unterschiedliche Meinungen vertreten und sich so viele von ihnen so spektakulär irren.

Hinsichtlich der erzielten Ergebnisse habe ich festgestellt, dass Anleger, die bei ihren Anlageentscheidungen großen Wert auf Wirtschaftsprognosen legen, in der Regel einer von zwei Hauptgruppen angehören. Diejenigen, die von Natur aus zur Vorsicht neigen, können fast immer eine beeindruckend klingende Vorhersage finden, dass es aus sehr plausiblen und überzeugenden Gründen so scheint, als stünden den Unternehmen erhebliche konjunkturelle Probleme bevor. Deshalb ziehen sie aus Gelegenheiten, wenn sie sich bieten, selten einen Vorteil, und insgesamt bedeuten diese entgangenen Chancen, dass ihnen die Wirtschaftsprognosen beträchtlich geschadet haben. Die andere Gruppe besteht aus den ewigen Optimisten, die immer eine günstige Prognose finden, die sie befriedigt. Da sie immer beschließen, die Maßnahme durchzuziehen, die sie sich gerade überlegen, ist es schwer vorstellbar, dass all die Zeit, die sie für Geschäftsprognosen aufwenden, etwas bringt. Immer mehr Anleger gelangen zu der Erkenntnis, wie klug es ist, ihre Entscheidungen über Aktien anhand geradliniger geschäftlicher Faktoren wie der Einschätzung der Qualität der Unternehmensleitung und des Wachstumspotenzials der Produktlinie des betreffenden Unternehmens zu treffen. Diese beiden Faktoren können mit einem angemessenen Grad an Genauigkeit gemessen werden und haben einen weitaus größeren Einfluss auf die Qualität einer langfristigen Anlage. Bis zu dem Zeitpunkt, zu dem die Methoden für die Vorhersage des Konjunkturzyklus sehr viel wissenschaftlicher sein werden, als sie es heute sind, wird die Rolle der Volkswirte in Anlegerkreisen meines Erachtens weiterhin schrumpfen. Ich glaube, die Volkswirte selbst, von denen viele sehr intelligente Menschen sind, erkennen zunehmend, dass ihr Fachgebiet noch nicht reif für die Rolle der Konjunkturprognosen ist, in die so viele Menschen innerhalb und außerhalb dieses Fachgebiets sie so eilig gedrängt haben.

So hieß es beispielsweise in Presseberichten über die erste Jahrestagung der National Association of Business Economists, die im Herbst 1959 stattfand, unter diesen Beratern der Privatwirtschaft herrsche das wachsende, wenn auch nicht einstimmige Gefühl, dass sie ihre Prognosetätigkeit aufgeben sollten. Es herrschte die Auffassung vor, dass sie ihren Auftraggebern gute Dienste leisten könnten, indem sie beispielsweise die Unternehmensleitung über die „Aussichten für das gesellschaftliche, politische und wirtschaftliche Umfeld, in dem das Unternehmen tätig ist", informierten, oder indem sie einen breiteren Blick auf kartellrechtliche Fragen bieten könnten als die Rechtsabteilung. Ein Redner soll gesagt haben, er sei aus dem Prognosegeschäft ausgestiegen, weil er das Vertrauen in Zahlen verloren habe, die irgendwo in der Zukunft gesetzt werden. Hier handelte es sich zwar um Volkswirte im Auftrag der Privatwirtschaft (vor allem von Unternehmen im verarbeitenden Gewerbe, im Handel und im Transportwesen), aber ich glaube, das Gleiche gilt mindestens im gleichen Maße für Ökonomen, die sich mit der Börse befassen.

Ich glaube, man kann davon ausgehen, dass Trendprognosen der allgemeinen Konjunktur aus diesen Gründen im Laufe der 1960er-Jahre eine immer geringere Rolle spielen werden. Aber gibt es einen anderen Bereich außerhalb der bereits anerkannten Einflüsse Unternehmensleitung, Zinsänderungen und gesetzliche Änderungen, zum Beispiel bei den Steuern, auf die Anleger verstärkt achten werden? Ich glaube, den gibt es. Mangels eines besseren Begriffs werde ich von den psychologischen Faktoren sprechen, die sich auf Wertpapierpreise auswirken.

Um dies zu verstehen, werfen wir einen Blick auf ein paar Grundlagen der Geldanlage. Warum wird eine Aktie zu einem bestimmten Zeitpunkt zu einem bestimmten Preis verkauft? Es liegt nicht daran, was sie tut, getan hat oder tun wird. Es liegt daran, was die Mehrheit der Anleger, die tatsächlich oder potenziell an der Aktie interessiert sind, *glaubt*, was sie tun wird. Und wenn wir davon sprechen, welche

Meinung Menschen zu einem bestimmten Zeitpunkt über eine Aktie haben, dann reden wir nicht vom eigentlichen Charakter der Aktie, sondern von einem psychologischen Faktor.

Es stimmt natürlich, dass dieser psychologische Faktor nur ein kurzfristiges Merkmal ist. Es kann sein, dass sich die Mehrheit der Finanz-Community von einer Überschätzung der Attraktivität einer bestimmten Aktie oder einer ganzen Branche mitreißen lässt. Es kann sein, dass sie daher ein Jahr lang oder mehrere Jahre lang für diese Aktie (oder für die meisten Aktien der Branche) einen Aufschlag bezahlt, der weit über das hinausgeht, was die Aktie für sich genommen wert ist. Doch früher oder später, wenn die Aktie oder die Branche den glühenden Erwartungen nicht gerecht wird, setzt eine Phase der Desillusionierung ein. Dann sinkt das Kurs-Gewinn-Verhältnis der Aktien so weit, dass der Aktienkurs näher am inneren Wert liegt. Häufig schießt diese Reaktion über das Ziel hinaus, sodass die Aktien für eine Weile unterhalb dessen gehandelt werden, was ich in Ermangelung eines besseren Begriffs als „inneren" Wert bezeichne.

Das bedeutet, dass man sich den Preis eines bestimmten Wertpapiers wie einen Fesselballon vorstellen kann, der nicht am Boden, sondern an einer langen, durch den Himmel fliegenden Leine befestigt ist. Diese Leine stellt den inneren Wert dar. Wenn sich die Ertragskraft und die tatsächlichen Aussichten einer Aktie im Laufe der Zeit verbessern, verläuft die Leine immer weiter aufwärts. Wenn sich die genannten oder andere Grundzutaten des inneren Wertes verschlechtern, sackt die Leine entsprechend ab. Zu einem gegebenen Zeitpunkt bewirken die psychologischen Einflüsse (also wie die Finanzkreise die eher grundlegenden Fragen des inneren Wertes würdigen), dass der Preis deutlich über oder unter dieser Leine beziehungsweise Linie liegt. Doch auch wenn eine momentane Massenbegeisterung oder unbegründeter Pessimismus den Aktienkurs weit über oder unter den inneren Wert treiben kann, so kann er sich ebenso wie der Fesselballon nie vollständig von der Leine des wahren Wertes lösen und wird früher oder später stets wieder zu dieser Leine beziehungsweise Linie zurückgezogen.

Noch schwieriger wird die Frage der Aktienbewertung dadurch, dass niemand den inneren Wert auf einen exakten Preis festnageln kann. Deshalb beschreibe ich den inneren Wert in dem Vergleich mit dem Fesselballon als lange Leine und habe das Wort „inneren" zunächst in Anführungszeichen gesetzt. Über eine Gruppe von Aktien, die teils der gleichen Branche angehören und teils vergleichbare Wachstumsraten haben, auch wenn sie zu verschiedenen Branchen gehören, kann man genug wissen, um grundsätzliche Näherungen für den inneren Wert zu berechnen. So kann man beispielsweise aufgrund eines Vergleichs und nach Berücksichtigung relevanter Faktoren wie der Qualität der Unternehmensleitung, der Wachstumsrate, der Anfälligkeit für Depressionen und so weiter sagen, dass die Aktie von Unternehmen XYZ derzeit einen inneren Wert von 25 bis 30 Dollar hat. Ich bezweifle, dass man sich genauer festlegen kann. Bei extrem schnell wachsenden Unternehmen, die zu Recht hohe Kurs-Gewinn-Verhältnisse haben, bezweifle ich, dass man ihn annähernd so genau angeben kann. Nicht die derzeitige Wachstumsrate, sondern die Frage, wie lange die abnorme Wachstumsrate künftig anhalten wird, ist einfach ein zu großer Faktor.

Je weiter man in die Zukunft geht, desto größer wird die Wahrscheinlichkeit, dass man das Geschehen falsch beurteilt. Und je größer der Spielraum für Fehleinschätzungen ist, desto schwieriger wird es, den wahren Wert zu ermitteln. Auf jeden Fall sind so viele Faktoren im Spiel, dass es nie klug ist, zu versuchen, den inneren Wert auf einen Achtelpunkt genau oder auch nur auf einen Punkt genau zu schätzen. Wenn die Zukunft einer Aktie attraktiv genug ist (sodass die Linie ihres wahren Wertes steigen wird) und man sie in einem Preisbereich kaufen kann, der nicht mehr als 25 oder 30 Prozent über die Schätzung des inneren Wertes hinausgeht, dann dürfte das mehr als ausreichend sein, damit sich glänzende Gewinnchancen bieten.

Die Gefahr liegt darin, dass man sich von übertriebener Begeisterung so sehr mitreißen lässt, dass man zu Kursen kauft, die einem Mehrfachen des Wertes entsprechen.

Ob eine Aktie ein niedriges oder ein hohes Kurs-Gewinn-Verhältnis hat, hat kurz gesagt an sich überhaupt nichts damit zu tun, ob die Aktie günstig oder überteuert ist. Die enormen Unterschiede zwischen der Qualität und den Aussichten verschiedener Unternehmen rechtfertigen solche Differenzen vollständig. Es kommt darauf an, ob die Fakten das hohe beziehungsweise niedrige Kurs-Gewinn-Verhältnis rechtfertigen. Hat die Meinung der Masse die reizvollen Faktoren einer grundsätzlich guten Aktie derart überbetont, dass diese Anlage, die normalerweise gut wäre, zum aktuellen Preis alles andere als reizvoll ist? Oder findet gerade das Gegenteil statt, was ebenfalls häufig vorkommt? Ist ein so großer Teil der Anlegerkreise derart vom hohen Kurs-Gewinn-Verhältnis verschreckt, zu dem das grundsätzlich attraktive Unternehmen gehandelt wird, dass es selbst auf diesem Niveau noch nicht so weit in die Höhe getrieben wurde, wie es seine Zukunft eigentlich rechtfertigen würde? Anders gefragt: Befindet sich der aktuelle psychologische Ausblick der Finanzkreise bezüglich einer bestimmten Aktie wesentlich oberhalb oder unterhalb eines Punktes, der in unmittelbarer Nähe ihres tatsächlichen Wertes liegt?

Hierbei muss man die wahre Rolle dieser Art von Untersuchung beim richtigen Umgang mit Investments verstehen, und sei es auch nur, um ihre Bedeutung nicht zu überschätzen. Die aktuelle Psyche der Finanz-Community sollte überhaupt nichts damit zu tun haben, welche Aktien letztlich als Anlagen gekauft werden. Dies sollte man ausschließlich anhand fundamentaler Fakten ermitteln, die sich auf die Unternehmen selbst auswirken. Wenn man unter den herrschenden Bedingungen ausreichend gute Unternehmen auswählt und sich genug Zeit lässt, wird man dafür stattlich belohnt. Dies hat sich in der gesamten Wirtschaftsgeschichte des 20. Jahrhunderts immer wieder gezeigt. Die Fundamentaldaten – ohne Berücksichtigung der augenblicklichen

Psychologie – bringen einem einen ordentlichen Profit ein, wenn man genug Geduld hat. Allerdings erfordert dies unter Umständen ein erhebliches Maß an Geduld (und Kompetenz im Umgang mit Fundamentaldaten) und bringt wahrscheinlich nicht die Gewinne, die sich erzielen lassen, wenn man den Zeitpunkt des Kaufs ansonsten gut ausgewählter Aktien von den psychologischen Launen der aktuellen Anleger beeinflussen lässt. Anders ausgedrückt kann ein Psychologe bei der Frage, wann man kaufen sollte, hilfreicher sein als ein Volkswirt. Er kann bei der bedeutenden Entscheidung, wenn zwei oder mehr Aktien aufgrund fundamentaler Angelegenheiten vom Standpunkt des langfristigen Wachstums her höchst wünschenswert erscheinen, allerdings nur im sekundären Sinne von Nutzen sein. Dann kann er dabei helfen, herauszufinden, welche von ihnen zu den derzeitigen Kursen am attraktivsten oder unattraktivsten ist. Hinsichtlich der grundsätzlichen Frage, ob eine dieser Aktien überhaupt eine Investition lohnt, kann er nichts tun.

Wenn wir dies als psychologische Methode bezeichnen, dann bedeutet es, dass wir untersuchen, wie die Anlegergemeinschaft bestimmte Aktien in Bezug auf ihren inneren Wert und darauf bezogen einschätzt, ob sie in Zukunft ähnlich bewertet sein könnten. Daher hätte beispielsweise ein Psychologe, obwohl die Mehrzahl der Anleger die Aktien der Hersteller von Raketentreibstoff vor der überraschenden Lancierung des Sputniks durch die Sowjetunion überbewertete, mit ziemlicher Gewissheit zu dem Schluss gelangen können, dass dieses Ereignis dem amerikanischen Volk einen derartigen Schock versetzte, dass die Überbewertung noch ein ganzes Stück weitergehen würde.

Eine noch einfachere und weitaus bedeutendere psychologische Schlussfolgerung war im Frühjahr 1958 sonnenklar. Die Wall Street war fast einmütig der Ansicht, die scharfen Rückgänge der Ertragskraft von Großunternehmen, die infolge der wirtschaftlichen Depression stattgefunden hatten, die ein paar Monate zuvor begonnen hatte, hätten in dem Einbruch der Börse, der am 15. November 1957 seinen Tiefpunkt erreicht hatte, keinen ausreichenden Niederschlag gefunden. Ich erinnere mich, dass ein Vertreter der großen Brokerfirmen nach dem anderen sagte, er rechne mit noch viel tieferen Kursen und werde unter den herrschenden Bedingungen nichts kaufen. Selten habe ich die Anleger-Community so einmütig erlebt. Anscheinend bedachten nur wenige, dass man ja den Wert einer guten Farm nicht bloß deshalb halbieren würde, weil schlechte Witterungsbedingungen in einem bestimmten Jahr eine Missernte bewirkt haben – und dass Aktien eher auf der Grundlage dessen gehandelt werden sollten, was sie in den nächsten Jahren voraussichtlich an Gewinn erzielen werden, als anhand eines Vielfachen ihres Gewinns in einem Zeitraum, der alle ökonomischen Merkmale dafür aufweist, dass er von recht kurzer Dauer sein dürfte. Ähnlich wenige schienen der für Anlagen zur Verfügung stehenden Geldmenge Gewicht beizumessen, die sich auf die Börse richten würde, weil Aktien wegen ihres mutmaßlichen Inflationsschutzes psychologisch reizvoll waren. Dieser psychologische Hintergrund war fast ideal, um quasi beliebige Aktien zu kaufen, die grundsätzlich gute langfristige Anlagen waren. Hätte sich die Depression fortgesetzt, wäre es aufgrund der fast einhelligen Bärenstimmung wahrscheinlich gewesen, dass ein Großteil der Verkäufe bereits erfolgt wäre und die guten Aktien nur noch moderat weiter gefallen wären. Als die konjunkturelle Gezeitenwende stattfand, strömten die enormen Geldsummen, die aus Aktien abgezogen worden waren und als Barreserven vorlagen, um „sich auf niedrigeren Niveaus wieder einzukaufen", stürmisch in den Aktienmarkt und bewirkten einen Anstieg, der sich als spektakulär erwies. Das war ein fast perfektes Beispiel dafür, dass ständiges Achten darauf, ob die aktuelle Massenpsychologie vielleicht aus dem fundamentalen Tritt geraten sein könnte und ob sich der betreffende Trend fortsetzen könnte, enorm hilfreich sein kann, um zu entscheiden, wann man ein herausragendes Unternehmen kaufen sollte. Häufig zeigt uns das, wann es besser ist, auf eine bessere

Gelegenheit zu warten, und wann es besser ist, nach einer vergleichbaren Gelegenheit in einer anderen Branche Ausschau zu halten, die im Moment weniger populär ist.

Es gibt aber noch eine ganz andere Art und Weise, inwiefern die psychologische Untersuchung des menschlichen Verhaltens bezüglich des Umgangs mit Aktien für Anleger noch nützlicher sein kann. Ich glaube, dass auf diesem Gebiet im bevorstehenden Zeitraum beträchtliche Entwicklungen stattfinden werden. Seit Jahren ist bekannt, dass nur wenige Betätigungsfelder so von Grund auf trügerisch sind wie die Verwaltung von Aktienanlagen. Was offenkundig das Richtige zu sein scheint, ist immer wieder exakt das Falsche. Erfahrene Börsenmakler berichten, dass nicht nur ein paar von ihren Kunden, sondern die große Mehrzahl von ihnen immer und immer wieder die gleichen Fehler begeht.

Ich halte das nicht für Zufall. Die Kunst der Aktienanlage hat sich in den vergangenen 50 Jahren in vielfacher Hinsicht radikal verändert. Aber die Natur der Menschenmassen bezüglich des Versuchs, durch den Kauf von Kapitalanlagen Gewinn zu erzielen, ändert sich kein bisschen. Aus den verfügbaren Zahlen geht hervor, dass ein Preisdiagramm für Tulpenzwiebeln während des großen Spekulationsfiebers, das bei dieser exotischen Ware in Holland vor einigen Jahrhunderten stattfand, erstaunlich parallel zu einem Kurschart des Aufstiegs und Falls führender Aktien in unserer hektischen Periode kurz vor und nach 1929 verlaufen würde. Noch erhellender ist eine Untersuchung dessen, was geschah, als im 18. Jahrhundert der Optimismus hinsichtlich der Gewinnmöglichkeiten der British East India Company dazu führte, dass eine große Welle des Verlangens nach Aktien über die britischen Inseln schwappte. Die Parallelen, was das unterschiedliche Verhalten von führenden und zweitrangigen Aktien angeht, zwischen den damaligen und den heutigen Märkten sind erstaunlich. Ebenso die Ähnlichkeiten hinsichtlich Größe und Dauer der diversen Dellen und Erholungen, die auf dem Weg nach oben beziehungsweise nach unten entgegen dem allgemeinen Preistrend auftraten. Diese Parallelen sind zwar anschaulich, aber sie bestätigen lediglich, was die meisten scharfsinnigen Beobachter bereits erkannt haben, nachdem sie genug Erfahrung mit der Anlegeröffentlichkeit gesammelt haben: Als Masse reagieren Menschen auf die gleichen Investmentreize immer ziemlich gleich.

Und wie können nun psychologische Untersuchungen aus diesem konstanten Faktor Nutzen ziehen und dem informierten Anleger größere Gewinnmöglichkeiten eröffnen? Lassen Sie mich ein Beispiel aus einem Bereich anführen, über den heute nichts bekannt ist, in dem jedoch geeignete Untersuchungen Antworten liefern könnten, die bares Geld wert sind. Für dieses Beispiel nehme ich etwas, das in unserer technisch schnelllebigen Zeit nicht nur gelegentlich, sondern immer wieder geschieht.

Die Forschungsabteilung einer Aktiengesellschaft entwickelt ein neues Verfahren, das den Gesamtgewinn des Unternehmens wahrscheinlich um rund 50 Prozent steigern wird, wenn es seine vollständige kommerzielle Verwertung erreicht. Der Vorstand legt die Angelegenheit dem Verwaltungsrat zwecks Genehmigung der erforderlichen Investitionen vor. Sie werden genehmigt. Der Bau der neuen Fabriken beginnt und es ist geplant, sie in 18 Monaten in Betrieb zu nehmen. Tatsächlich dauert es jedoch 24 Monate. Sechs Monate nach dem Start wird das neue Verfahren erstmals profitabel, nach drei Jahren wird das Ziel einer Steigerung des Gesamtgewinns um 50 Prozent vollständig erreicht.

Natürlich ruft eine solche Entwicklung einen signifikanten Preisanstieg der betreffenden Aktie hervor. Aber wann geschieht das? Ich habe den Eindruck (soweit ich weiß, hat noch nie jemand derartige Dinge ausreichend untersucht, um sicher sein zu können), dass die Vorlage der Angelegenheit im Verwaltungsrat ein entscheidendes Datum ist. Dessen Mitglieder können normalerweise eine echte Investitionschance erkennen. Vielleicht besitzen sie selbst genug Vermögen, um so viele Aktien zu kaufen, dass sich der Kurs signifikant ändert. Noch wahrscheinlicher ist, dass sie Freunde oder Kollegen haben, die dazu imstande sind. Jedenfalls habe ich den Verdacht – denn noch habe ich keine Zahlen, die meinen allgemeinen Eindruck stützen würden –, dass der Aktienkurs ab diesem Zeitpunkt U-förmig verläuft. In den Wochen danach steigt er in erstaunlichem Maße, weil die Begeisterung der Wall Street über das neue Verfahren wächst. Monate später – der Gewinn aus dem neuen Verfahren liegt immer noch in weiter Ferne – verlieren manche eifrigen Frühkäufer ihre Begeisterung und die Aktie sackt ab. Wie weit sie absackt, mag von der Zeitspanne abhängen, die vergehen muss, bis das neue Verfahren schwarze Zahlen schreibt. Wenn die erwarteten Gewinne dann endlich erzielt werden, findet ein weiterer Anstieg statt, der – sofern in der Zwischenzeit keine neuen günstigen Entwicklungen stattgefunden haben – merkwürdigerweise ein ebenso hohes Hoch wie in der ersten Begeisterung erreichen kann oder nicht.

Das ist nur meine Einschätzung – die ganz falsch sein kann –, wie sich eine typische gute Aktie in Bezug auf eine Situation verhält, die immer wieder auftritt. Bemerkenswert daran ist, dass trotz der geballten Arbeitskraft, die in Finanzkreisen für den Versuch aufgebracht wird, für gegenwärtige oder voraussichtliche Kunden Gewinnchancen zu finden und damit ein Geschäft zu machen, noch keine Studien solcher Dinge (natürlich bereinigt um den Einfluss etwaiger bedeutender Veränderungen des Gesamtmarktniveaus, die im Laufe dieser Ereignisse stattgefunden haben) durchgeführt wurden. Das liegt vielleicht daran, dass der größte Teil der Finanz-Community dem psychologischen Aspekt – also der Frage, was die Menschen über ein Ereignis denken – so wenig Aufmerksamkeit schenkt und sich auf das Ereignis an sich konzentriert. Außerdem benötigt man für ein solches Vorhaben eine genaue Kenntnis der internen Angelegenheiten aller untersuchten Unternehmen. Wann der Aufsichtsrat die Bedeutung eines neuen Produkts erkennt, erfährt man nur von jemandem, der einem seiner Mitglieder nahe genug steht, damit er die Fakten aus der Quelle erfährt. Ein Forscher, der lediglich Jahresberichte liest, kann so etwas nicht erfahren.

Das Beispiel, das ich für den Typ von psychologischer Untersuchung angeführt habe, der die Performance informierter Anleger künftig immens verbessern wird, bringt uns auf ein noch grundlegenderes psychologisches Börsenproblem. Vor allem in Zeiten der allgemeinen Begeisterung preisen Aktien solche vorteilhaften Entwicklungen bereits eine gewisse Zeit im Voraus ein. Manche dieser guten Dinge werden fast mit Sicherheit geschehen, aber erst nach mehreren Jahren. Wie weit im Voraus können solche Entwicklungen gefahrlos eingepreist werden, ohne dass die Aktionäre des Wartens müde werden, bevor sich die günstige Entwicklung auf den Unternehmensgewinn auswirkt, ihre Aktien verkaufen und dadurch den Aktienkurs steil sinken lassen? Unterscheidet sich dieses zeitliche Element signifikant zwischen Zeiten des allgemeinen Optimismus und des allgemeinen Pessimismus unter den Anlegern? Und wenn ja, besteht da irgendeine grob messbare Beziehung? In unserem Zeitalter, in dem es derart komplexe Technologien gibt, dass zwischen der ingenieurtechnischen Fertigstellung eines Produkts und seiner rentablen Produktion immer längere Vorlaufzeiten erforderlich sind, wirken sich solche Angelegenheiten auf die Aktien von immer mehr herausragenden Unternehmen aus. Da Menschenmassen auf Reize wie Hoffnung, Zuversicht, Angst und Ungeduld nicht nur Jahr für Jahr, sondern Jahrhundert für Jahrhundert exakt gleich reagieren, sind das lauter Angelegenheiten, die eine geeignete finanzpsychologische Studie lösen können sollte. Ich bin überzeugt, dass solchen Untersuchungen im Laufe der 1960er-Jahre zunehmende Aufmerksamkeit gewidmet wird.

Gibt es eine Methode, einige dieser im Wesentlichen psychologischen Probleme anders zu lösen, als durch eine zutreffende Einschätzung, wie bestimmte Nachrichtenmeldungen zu einem bestimmten Zeitpunkt in einer ausreichenden Zahl von Fällen gesehen werden, um daraus allgemeine Schlüsse ziehen zu können? Die scheint es zu geben. Im Jahr 1950 führte O.K. Burrell, Finanzprofessor an der School of Business Administration der University of Oregon, ein Experiment durch. Zwar wurde darüber hinterher im *Commercial and Financial Chronicle* berichtet, aber ich glaube nicht, dass ihm die Finanz-Community die verdiente Aufmerksamkeit schenkte. Das war der erste Versuch einer Methode, die noch viel weiter ausgeführt werden könnte, um zu erfahren, wie der durchschnittliche Anleger auf eine bestimmte Art von Einfluss reagiert. Durch die Aufdeckung gängiger Anlagefehler kann eine solche Methode unschätzbar wertvoll sein, um Anleger in die Lage zu versetzen, sich vor Handlungen zu hüten, die sich als sehr kostspielig erweisen können.

Professor Burrell sagte einem aus 40 Studenten bestehenden Kurs, sie hätten eine theoretische Kaufkraft von 20.000 Dollar, die sie sofort in sechs Aktien investieren müssten, die mit Buchstaben von A bis F benannt wurden. Die einzigen Informationen, die sie über diese imaginären Aktien hatten, waren ihre von Professor Burrell willkürlich festgelegten Kurse, letztjährigen Gewinne, Dividenden und Ex-Dividende-Kurse. Den Studenten stand es vollkommen frei, zu wählen, wie sie ihre Mittel auf diese sechs Aktien aufteilten, wobei keine Diversifizierung verlangt war.

Die Preise der sechs Aktien wurden in regelmäßigen Abständen willkürlich geändert, um die Kursänderungen zu simulieren, die an der Börse stattfinden. Den Studenten wurde gesagt, sie könnten ihre Positionen beliebig umschichten, wenn sie meinten, dadurch ihren Profit zu steigern. Nach jeder Kursänderung wurde sorgfältig Buch über die einzelnen Aktienpositionen sowie über die Gewinne und Verluste jedes Studenten über den gesamten Zeitraum geführt. Da Professor Burrell überprüfen wollte, ob der durchschnittliche Aktienkäufer in einem gewissen Zeitraum Verlust machen würde, wenn manche Aktien stiegen und andere gleichzeitig fielen, wurde von den Studenten verlangt, jederzeit vollständig investiert zu bleiben. Am

Ende des simulierten 3-Jahres-Zeitraums waren die Gewinne und Verluste exakt ausgeglichen, obwohl manche Aktien gestiegen und andere gefallen waren.

Einige Aspekte, die sich aus diesem Experiment ergaben, waren von großem Interesse. Zunächst einmal deutete es auf die starke Neigung aller Aktienkäufer hin, im Geiste den Preis, den sie für eine Aktie bezahlt haben, mit ihrem tatsächlichen Wert in Verbindung zu bringen. Professor Burrell führt dies auf die Tendenz zurück, die Durchschnittskostenmethode anzuwenden, also zu glauben, dass eine Aktie, für die man 40 bezahlt hat, noch attraktiver sein muss, wenn sie jetzt nur noch 28 kostet. Die Studenten ließen nicht nur ihre Verluste laufen, sondern er stellte auch die Tendenz der (in diesem Spiel) am wenigsten erfolgreichen Studenten fest, Gewinne schnell mitzunehmen, und die Tendenz der erfolgreicheren, ihre Gewinne etwas länger laufen zu lassen. Eine weitere interessante Beobachtung, die diejenigen verwirren könnte, die sich stets für ein „Splitting" der hochpreisigen Aktien aussprechen, um den Markt zu verbreitern, war die sehr geringe Bevorzugung der billigeren Aktien gegenüber den teureren. Dieser Punkt wurde bewusst durch den Verkauf zum gleichen Kurs-Gewinn-Verhältnis und auf der gleichen Renditebasis überprüft.

Doch womöglich viel bedeutsamer als das, was dieses Experiment vielleicht gezeigt hat, ist die dadurch erstmals angedeutete Chance, eine Methode zu entwickeln, mit der man die öffentliche Reaktion auf einen bestimmten Investment-Einfluss isoliert von allen anderen Einflüssen überprüfen kann, die unter realen Marktbedingungen ständig an den Ängsten und Hoffnungen der Anleger zerren. Man hätte beispielsweise sechs echte Aktien auswählen und ihre Identität verschweigen können, um den Vorteil der Rückschau auszuschalten. Das hätten sechs Aktien sein können, die sich im betreffenden 3-Jahres-Zeitraum beträchtlich unterschiedlich entwickelt haben. Anstelle von Studenten hätte man erfahrene Anleger teilnehmen lassen können. Wie im richtigen Leben hätte man von den Teilnehmern nicht verlangen müssen, dass sie jederzeit vollständig investiert sein müssen, sondern einen festen Anfangsbetrag festlegen können, den sie nach Belieben anlegen oder in bar liegen lassen könnten. Die einzige Motivation, zu kaufen beziehungsweise zu verkaufen, wären Preisänderungen, denn es wären keine anderen Daten verfügbar, die bei der Entscheidung helfen würden. Heute wissen wir, dass Kursänderungen an sich für einen großen Teil der Käufe und Verkäufe verantwortlich sind, aber viel mehr wissen wir darüber nicht. Ein solches Experiment würde bei sorgfältiger Durchführung unser Wissen darüber, wie sich Investoren verhalten (und wahrscheinlich auch warum), erheblich erweitern. Wenn sich konsistente Muster bei der Minderheit der Teilnehmer, die sehr erfolgreich sind, und bei der Mehrheit der Teilnehmer, die weniger erfolgreich sind, entwickeln würden (was wahrscheinlich der Fall sein würde), könnten daraus noch nützlichere Informationen darüber gewonnen werden, wie man sich als Anleger verhalten sollte oder nicht.

Man braucht nicht viel Fantasie, um zu sehen, wie man Professor Burrells experimentelle Methode so abwandeln könnte, dass sie Licht auf die (möglicherweise auch nicht vorhandene) Signifikanz vieler anderer Anlagefragen außer dem Aktiensplit und der Reaktion von Anlegern auf Preisänderungen werfen würde. Da die Beziehung zwischen all diesen wichtigen psychologischen Aspekten und dem richtigen Anlageverhalten so wenig erforscht ist, bin ich nicht in der Lage, dogmatische Aussagen darüber zu machen, auf welche Weise diese Methoden den Anlegern helfen könnten, ihre Performance zu verbessern. Es lässt sich nur sagen, dass sich die 1960er-Jahre anstelle eines Teils der Aufmerksamkeit, die in den 1940er- und 1950er-Jahren der Vorhersage der Konjunkturzyklen gewidmet wurde, durchaus solchen vollständig anderen Verhaltensformen widmen könnten. Dafür wird wahrscheinlich das Tempo des Wettbewerbs sorgen. Denn auch wenn derartige Studien nicht viel über die grundlegendste Problemstellung des Anlegers aussagen, nämlich über die Auswahl der konkreten

Aktie, die gekauft oder verkauft werden soll, so können sie doch viel über die zweitwichtigste Problemstellung aussagen, nämlich wann man sie kaufen beziehungsweise verkaufen sollte.

2
TEIL

Wie die größten Wertsteigerungen VON AKTIEN zustande kommen

TEIL II

Wie die größten Wertsteigerungen von Aktien zustande kommen

Die meisten größeren Brokerhäuser führen Akten über die wichtigsten „Wertpapieranalysen", die von ihnen und von vielen ihrer Konkurrenten herausgegeben wurden. Auch wenn sie sich als „Analysen" des Anlagecharakters bestimmter Aktien ausgeben, sind viele von ihnen im Wesentlichen Kaufempfehlungen der besprochenen Aktien. Diese Berichte unterscheiden sich hinsichtlich ihrer Länge und ihres Umfangs gewaltig voneinander. Doch unabhängig von der Größe betonen sie meistens die Gründe, aus denen sich ein bestimmtes Wertpapier wahrscheinlich für seinen Besitzer als profitabel erweist. Verhältnismäßig wenige derartige Berichte nehmen einen bearishen oder neutralen Standpunkt ein.

Gehen Sie einmal zu Ihrem Broker und sehen Sie eine ordentliche Menge solchen Materials durch. Beachten Sie dabei die Vielfalt der vorgebrachten Gründe, weshalb die eine oder die andere Aktie steigen sollte. Hier eine bei Weitem nicht vollständige Liste möglicher Gründe:

(1) Hinter jeder Aktie steht eine ungewöhnliche Menge an Vermögensgegenständen.
(2) Die Dividendenrendite ist ungewöhnlich hoch.
(3) Eine Erhöhung der Bardividende steht bevor.
(4) Eine Aktiendividende oder ein Aktiensplit steht bevor.
(5) Die Aktie ist im Verhältnis zum Unternehmensgewinn ungewöhnlich günstig.
(6) Der Gewinn wurde Jahr für Jahr gesteigert.
(7) Der Gewinn steht im Begriff, zu steigen.
(8) Der Umsatz steht im Begriff, zu steigen.
(9) Ein reizvolles neues Produkt steht vor der Markteinführung.
(10) Das Unternehmen gibt ungewöhnlich viel für Forschung aus.
(11) Gelegentlich (leider nur sehr gelegentlich) weil im Management dadurch Veränderungen stattfinden, dass eine oder mehrere Personen von ungewöhnlicher geschäftlicher Kompetenz auf den Plan treten.

Leider sind wir in vielen Aspekten unseres ausgefüllten Lebens so sehr damit beschäftigt, dies oder jenes zu tun, dass wir uns nie Zeit nehmen, zu überlegen, ob dieses oder jenes zu erledigen die beste Art oder überhaupt eine gute Art ist, diejenige Sache herbeizuführen, deretwegen wir dies oder jenes überhaupt tun. Anstatt eine Menge Zeit damit zu verbringen, etwas über das riesige Vermögen und die hohe Dividendenrendite der Aktien von Hooligan and Van Astor Brickyards zu lesen, könnte es viel gewinnbringender sein, sich zuerst Gedanken über ein paar recht einfache Dinge zu machen. Sind die verschiedenen Gründe, aus denen uns andere Leute drängen, diese oder jene Aktie zu kaufen, von gleicher Bedeutung? Sind einige von ihnen überhaupt von Bedeutung? Was bewirkt den gelegentlichen, wirklich großen, spektakulären Anstieg einer Aktie, der ihre glücklichen Besitzer reich macht? Und was das Wichtigste ist: Treten solche atemberaubenden Wertzuwächse (mehrere Tausend Prozent in fünf bis zehn Jahren) aufgrund allgemein kaum verstandener Einflüsse auf, auf die in den meisten Wertpapierbesprechungen nur selten überhaupt hingewiesen wird?

Das harte Wettbewerbstempo der 1960er-Jahre wird das allgemeine Verständnis solcher Angelegenheiten fraglos wirklich voranbringen. Zum Glück wurden bereits so viele Fortschritte gemacht, dass sich ein Teil des Plunders problemlos wegräumen lässt. Und gerade jetzt beginnen wir zu sehen, dass sich Finanztheorien herauskristallisieren.

In einem anderen Abschnitt dieses Buches habe ich bereits erwähnt, wie leicht man erkennen kann, dass der Wert der hinter einer Aktie stehenden Vermögensgegenstände nur wenig mit ihrem Marktwert zu tun hat – außer wenn ein Unternehmen vor der Liquidierung steht und die Erlöse aus dem Verkauf den Aktionären übergeben werden. Auch wenn dies heute allgemein anerkannt ist, handelt es sich dabei doch um einen verhältnismäßig jungen Fortschritt im Verständnis von Geldanlagen. Vor dem Ersten Weltkrieg hielten die meisten Investoren bei ihren Einschätzungen die Vermögensgegenstände für genauso wichtig wie den Gewinn. Nach und nach haben sie jedoch aus dem Verhalten des Marktes selbst gelernt. Im Laufe der Zeit werden Kaufempfehlungen, die auf Überlegungen zum Betriebsvermögen beruhen, immer seltener.

Aufgeweckte Unternehmensleitung

Doch bevor der Anleger die Frage nach dem Buchwert vollständig abschreibt, täte er gut daran, zu bedenken, dass er im negativen Sinne eine gewisse Signifikanz besitzt. Allein die Tatsache, dass viele wertvolle Vermögensgegenstände hinter einer Aktie stehen, wird – sofern keine Aussicht besteht, dass das Unternehmen liquidiert oder an jemand anderen verkauft wird – eine Aktie niemals steigen lassen. Aber unter gewissen Umständen kann das Fehlen von Vermögensgegenständen eine Aktie sinken lassen. Eine aufgeweckte Unternehmensleitung sucht nach Orten, an denen sie mit zusätzlichen Investitionen eine ungewöhnlich hohe Kapitalrendite erzielen kann. Wenn eine solche Unternehmensleitung sieht, dass ein anderes Unternehmen mit einem relativ geringen Vermögen eine solche Rendite erzielt, kann sie versucht sein, zu schauen, ob sie nicht in dieses Geschäft einsteigen und an den üppigen Gewinnen teilhaben kann. Gewöhnlich gibt es gute Gründe, weshalb das nicht möglich ist. Dazu kann Produktions-Know-how des Herstellers mit hohem Gewinn und kleinem Vermögen gehören, Patentschutz, Kundentreue gegenüber einem etablierten Markennamen oder Dutzende anderer Faktoren. Wenn es allerdings Neulingen verhältnismäßig leichtfällt, in einen Geschäftszweig einzusteigen, der sich einer ungewöhnlich hohen Rendite auf geringes Kapital erfreut, kann man damit rechnen, dass genug andere dieses Feld betreten, sodass schon bald der Wettbewerb die bisherige Gewinnrate senkt. Das heißt, wenn ein Anleger eine solche Situation mit wenig Buchwert und hoher Ertragskraft findet, sollte er sie so betrachten, wie sie der Manager eines außenstehenden Unternehmens betrachten würde, der sich überlegt, in diesen Bereich einzutreten. Fehlen gute geschäftliche Gründe, die andere am Eintritt in dieses Feld hindern, sollte er den geringen Buchwert lieber als Warnsignal betrachten und sich heraushalten. Doch wird er meistens gute Gründe dafür finden, dass die auf dem betreffenden Gebiet etablierten Firmen gegenüber denjenigen, die eintreten wollen, einen großen Vorsprung haben. Wäre dem nicht so, hätten die anderen wahrscheinlich längst begonnen, mit ihnen zu konkurrieren. In einem solchen Fall kann er den Buchwert im Zusammenhang mit dem künftigen Kurstrend der Aktie vollständig ignorieren.

Erst seit noch kürzerer Zeit beginnen Anleger zu erkennen, dass sich Dividenden viel weniger auf den Verlauf von Aktienkursen auswirken als bislang gedacht. Wie ich schon in „Common Stocks and Uncommon Profits“ detaillierter dargelegt habe, fordert die Einkommensteuer von den Dividendeneingängen vieler Aktionäre einen riesigen Tribut. Dann sind da noch die Probleme und Risiken der Reinvestition überschüssiger Dividendeneinnahmen, wogegen es verhältnismäßig problem- und gefahrlos ist, wenn eine herausragende Unternehmensleitung den gleichen Überschuss in diejenige Art von Expansion investiert, die sie für ihre Aktionäre bereits so profitabel gemacht hat. Aus diesem Grund gibt es neben Anlegern, die Aktien mit hohen Dividenden mögen und jede Dividendenerhöhung begrüßen, auch solche, die Aktien bevorzugen, die keine Dividenden ausschütten, und andere, die Aktien mit sehr niedrigen Dividenden bevorzugen. Das bedeutet, dass eine Erhöhung der regelmäßigen Dividende gewisse Auswirkungen auf den Wert einer Aktie hat, weil eine Klasse von Aktionären sie reizvoll findet. Es bedeutet aber auch, dass der Einfluss solcher Anhebungen viel geringer ist als früher angenommen und dass sie überhaupt nichts mit den großen Kursgewinnen von vielen Hundert Prozent zu tun haben, die der Maßstab für herausragend erfolgreiche Investments sind. Der gewaltige Börsenerfolg von schnell wachsenden Unternehmen wie Texas Instruments und Ampex, die weder Dividenden zahlen noch auf absehbare Zeit eine Aussicht darauf bieten, macht nun endlich vielen Anlegern klar, dass Dividendenerhöhungen zwar einen relativ kleinen Bewertungsschub bewirken können, dass jedoch Dividendenzahlungen überhaupt nichts mit größeren Kapitalerträgen zu tun haben. Die vielen Jahre der astronomischen Marktentwicklung traditioneller Anhänger niedriger Dividenden wie International Business Machines, Dow Chemical, Minnesota Mining & Manufacturing und Eastman Kodak, um nur zufällige Beispiele aus breit gestreuten Branchen anzuführen, verdeutlichen diesen Punkt ebenfalls.

Während Bardividenden eine weitaus geringere Bedeutung für die Steigerung des Marktwerts haben als früher angenommen, scheint eine wachsende Menge sehr beeindruckender Daten nun zu belegen, dass Aktiendividenden und Aktiensplits (außer in dem Maße, in dem sie die Bardividende erhöhen) so gut wie keinen Einfluss haben. Eine Reihe ausgezeichneter Studien* hat gezeigt, dass ein durchgeführter Aktiensplit keinerlei Auswirkungen auf die künftige Preiskurve der Aktien hat. Zwar scheinen solche Aktien in dem Zeitraum unmittelbar vor der Ankündigung eines Splits etwas besser gelaufen zu sein als der Markt, doch es scheint sehr fraglich zu sein, ob eine solche Wertsteigerung (die selten größere Ausmaße hat) dem Split geschuldet ist oder ob die Split-Maßnahme vom Verwaltungsrat gewöhnlich nicht zu Zeiten getroffen wird, in denen das Unternehmen besonders gut läuft und seine Aktien wahrscheinlich ohnehin gestiegen wären. Auf jeden Fall ist die Gesamtwirkung von Aktiensplits und Dividenden in Bezug auf große Wertänderungen eher klein. Man kann argumentieren, dass manche Anleger gern Aktien kaufen, die beispielsweise weniger als 50 Dollar kosten, damit sie für ihr Geld mehr Stücke bekommen, und dass dies die Nachfrage nach niedrigpreisigen Aktien steigert. Man kann aber auch argumentieren, dass die meisten Anleger, die sich bei der bevorzugten Auswahl einer Aktie gegenüber einer anderen von einer derart oberflächlichen Angelegenheit beeinflussen lassen, wahrscheinlich zu wenig von der Geldanlage verstehen, um einschätzen zu können, was eine gute Anlage ist, und um langfristige Anleger zu werden. Deshalb mag ein Aktiensplit den Umsatz und die Zahl der wenig nachgefragten Aktien erhöhen, ohne sich jedoch langfristig auf den Wert auszuwirken. Die glänzende Marktentwicklung einiger teurerer Papiere lässt sich kaum bestreiten.

Der Zusammenhang zwischen Umsatzwachstum, der Einführung neuer Produkte und so weiter und einem erhofften Gewinnwachstum ist recht offensichtlich. Deshalb kommen wir nun zum Unternehmensgewinn als nächstem Faktor, der zu berücksichtigen ist, wenn man beurteilen will, was bei Aktien größere Wertänderungen hervorruft.

* Vgl. May, A. Wilfred (31. Januar 1957). Split Stocks Before and After. *Commercial & Financial Chronicle*. Oder: May, A. Wilfred (18. Februar 1956). Stock Split Results Can Vary Too. *Business Week*.

Die Korrelation zwischen dem Wachstum des Gewinns pro Aktie und größeren Kurssteigerungen von Aktien ist derart eng und lässt sich derart leicht nachweisen, dass ich keinen Sinn darin sehe, viel Platz darauf zu verwenden, etwas zu diskutieren, was jeder weiß und worauf jeder Anleger vertrauen kann. Es kommt selten vor, dass der Gewinn pro Aktie steigt und weiter zu steigen verspricht, jedoch das fragliche Wertpapier nicht besser läuft als der Gesamtmarkt. Aber gibt es noch einen weiteren Faktor – einen nicht so allgemein verstandenen –, der neben Änderungen des Gewinns bewirkt, dass eine bestimmte Aktie stärker steigt beziehungsweise fällt als der Gesamtmarkt?

Ich glaube, den gibt es. Ich glaube, ein Anleger, der seinen Einfluss versteht, kann sich dadurch in die Position bringen, dass er davon im Laufe der Jahre – wenn er korrekt einschätzen kann, was er sieht – enorm profitiert. Da jedoch dieses Konzept für viele neu sein wird, dürfte es ein bisschen schwerer zu begreifen sein. Da ich es für so wichtig halte und da ich sichergehen will, dass es vollständig verstanden wird, habe ich vor, seine Erklärung auf eine gewissermaßen indirekte Weise und auf einem Umweg zu beginnen.

Ein neues Konzept

Dr. Smith ist ein brillanter Chirurg. Er gilt in seiner Gegend als der fähigste Arzt. Seine hohen Honorare werden gern bezahlt. Seine Betriebsausgaben bestehen hauptsächlich aus der Miete für seine Praxis und aus dem Gehalt für eine Arzthelferin. Nach Abzug aller Kosten außer der Einkommensteuer verdient er im Jahr 60.000 Dollar.

Und jetzt, im Alter von 61 Jahren, sieht er eine glänzende Anlagechance, wenn er bloß schnell etwas Kapital beschaffen könnte. Aber aufgrund seines teuren Geschmacks und zweier ehemaliger Ehefrauen sowie einer aktuellen Ehefrau, die noch teurer sind, hat er nie Geld angespart. Er stürzt sich auf eine seines Erachtens glänzende Idee. Der beste Freund des Arztes hat von seinem Vater eine große Blechfabrik geerbt. Er hat gegen eine ordentliche Geldsumme Anteile daran verkauft. Warum nicht ein Medizinunternehmen gründen? Der Arzt hat eine jährliche Ertragskraft von 60.000 Dollar, die es tragen könnte. Davon will er 20 Prozent behalten und Anteile verkaufen, die ihren Besitzern Anspruch auf 80 Prozent der 60.000 Dollar geben, also auf 48.000 Dollar. Wie viel wären die Menschen wohl bereit, für Aktien mit einer jährlichen Ertragskraft von 48.000 Dollar zu bezahlen?

Er hat einen Investmentbanker angerufen. Und erfahren, dass sie derart wenig dafür bezahlen würden, dass sich eine solche Aktion auf keinen Fall lohnen würde. Ich vermute, die meisten Gründe dafür kennen Sie bereits. Doch wie ich bereits erklärt habe, halte ich es für lohnenswert, das Anlagekonzept, das vorzustellen ich im Begriff stehe, Schritt für Schritt aufzubauen, und deshalb möchte ich diese Gründe trotzdem erklären. Unser Arzt könnte krank oder bei einem Unfall verletzt werden, sodass seine Ertragskraft, die ja ausschließlich auf seinen außergewöhnlichen Fähigkeiten beruht, jederzeit enden könnte. Mit jedem Jahr, das er älter wird, steigt zudem die Wahrscheinlichkeit, dass dieses Ende kommt. Und irgendwann muss es kommen. Er hat niemanden dafür ausgebildet, seinen Platz einzunehmen. Doch auch wenn er dies getan hätte, gäbe es nicht die geringste Garantie, dass sein Assistenzarzt noch lange für das Unternehmen arbeiten würde. In einem Beruf wie diesem wäre er wahrscheinlich besser dran, wenn er auf eigene Faust arbeiten würde. Da der Arzt bereits so viel arbeitet, wie ein Mann nur kann, ist es außerdem kaum möglich, dass die Ertragskraft zunehmen könnte. Im Gegenteil, es ist durchaus wahrscheinlich, dass sie abnimmt, da der Arzt mit seiner Praxis nur noch etwa 15 Prozent dessen verdient, was er vorher verdient hat (20 Prozent von 60.000 Dollar abzüglich der Einkommensteuer), und da er jetzt mutmaßlich durch seine anderen Investitionen reich wird, hat er wenig Anreiz, so hart zu arbeiten wie früher. Wenn sich ein solches Ein-Mann-Unternehmen überhaupt verkaufen ließe, dann brächte es höchstens das Doppelte bis Dreifache seines Gewinns ein. Es gibt schlicht zu viele Risiken und zu wenige geschäftliche Aussichten. Wenden wir uns nun dem Freund von Dr. Smith zu, der eine 45-prozentige Beteiligung an der Blechfabrik verkauft hat. In Wirklichkeit hat der Fabrikbesitzer Jones seine Anteile für einen gar nicht so tollen Preis verkauft. Der angeblich hohe Preis kam nur daher, dass Jones der geborene Lügner ist. Da es sich um eine private Transaktion gehandelt hatte, zu der keine öffentlich zugänglichen Aufzeichnungen vorliegen, hat Jones den Preis, den er angeblich bekommen hat, stark übertrieben. Robinson hat für seine Anteile nicht ganz das Vierfache des Gewinns bezahlt.

Warum sollte er auch mehr bezahlen? Ein fundamental weniger attraktives Unternehmen ließ sich wohl kaum finden. Für den Betrieb dieser Art von Blechfabrik reichten sehr günstige Anlagen und es war kaum spezielles Know-how nötig. Jedermann konnte problemlos in dieses Geschäft einsteigen und viele Menschen hatten das auch getan. Es gab derart viele Kleinbetriebe, die um die relativ einfachen Aufträge konkurrierten, welche die einzigen waren, die die Fabrik von Jones bewältigen konnte, dass er immer günstige Angebote schreiben und eine derart geringe Gewinnspanne in Kauf nehmen musste, dass sie kaum ihren Namen verdiente. Die einzige Möglichkeit, zu überleben, bestand darin, so niedrige Löhne zu zahlen, wie sie eine feindselige Gewerkschaft gerade noch tolerierte, den Angestellten nichts zu geben, was sie nicht erzwangen, und derart billige oder schlampige Arbeit abzuliefern, wie es der jeweilige Vertrag zuließ. Falls Jones von irgendjemandem, mit dem er Geschäfte machte, Wohlwollen oder Loyalität entgegengebracht wurde, dann konnte Robinson jedenfalls keine Spur davon finden.

Robinsons Freunde hatten ihn vor dem Kauf gewarnt. Er besaß nur eine Minderheitsbeteiligung. Die Geschäfte wurden von einem Mann ohne moralische Skrupel geführt. Falls wie durch ein Wunder irgendwann ein echter Gewinn erwirtschaftet werden konnte, gab es nichts, was

Jones daran gehindert hätte, sich das meiste davon zu schnappen, indem er sein eigenes Gehalt oder sein Spesenkonto erhöhte.

All das wusste der junge Robinson. Aber er wusste auch noch etwas anderes. Jones war ein kranker Mann, und zwei Jahre, nachdem Robinson das Geschäft gründlich erlernt hatte, starb Jones. Robinson kaufte aus dem Nachlass von Jones die restlichen 55 Prozent der Anteile für das Fünffache des darauf entfallenden Gewinns. Da es sich um eine Kontrollbeteiligung handelte, versuchten die Erben zwar einen höheren Preis zu bekommen, doch das Unternehmen hatte einen derart schlechten Ruf, dass es keine weiteren Bieter gab.

Und nun machte Robinson einen Schachzug, den er schon seit einiger Zeit erwogen hatte. Er wusste, dass nur manche der komplexesten Stahllegierungen und einige exotische neue Metalle intensiver Hitze standhalten. Und er wusste, dass im Flugzeug- und Raketenbau, in chemischen Fabriken und Erdölraffinerien sowie in Atomreaktoren künftig die Nachfrage nach solchen Produkten steigen würde. Auch wusste er, dass alle diese Werkstoffe so schwierig zu verarbeiten sind, dass weder er noch sonst jemand in seinem Teil des Landes sie profitabel produzieren konnte. Er bot einem brillanten jungen Metallurgen namens Brown von einer der Universitäten eine Kaufoption auf noch nicht ausgegebene Aktien seiner Gesellschaft (deren Namen er in Pioneer Metals Corporation geändert hatte) an, falls er einsteigen würde.

Robinson und Brown nahmen kleinere Herstellungsaufträge mit diesen neueren Metallen und Legierungen an. Mit beidem machten sie Verlust, lernten jedoch dadurch, welche Teile ihrer bestehenden Anlagen für diese neuen Materialien genutzt werden konnten und wie die neuen speziellen Anlagen zu konstruieren waren, die sie brauchten, aber noch nicht hatten. Der Erwerb dieser Dinge brauchte das Vermögen und die Kreditfähigkeit des Unternehmens fast vollständig auf, aber irgendwie beschafften sie sie.

Im Jahr danach verdienten sie sehr wenig Geld. Aber sie erwarben immer mehr Kenntnisse über die Verarbeitung der schwierigen Metalle – ein sehr problembeladenes Gebiet, das fast alle um sie her offenbar gern unangetastet ließen. Doch als ihr Wissen wuchs, wuchs auch das Volumen der Auftragseingänge, und es zeigten sich die ersten bescheidenen Gewinne.

Nun kam die Episode, die den Wendepunkt ihres Unternehmens markierte. Sie nahmen von einem der größten Herstellungsbetriebe der Region einen Auftrag an. Obwohl die daran beteiligten Metalle für diesen erfahrenen Hersteller zu knifflig waren, als dass er sie selbst hätte herstellen wollen, versprach Robinson ihm mündlich, sie innerhalb von acht Wochen zu liefern. Darauf verließ sich der große Hersteller und verpflichtete sich gegenüber seinem größten Kunden vertraglich, einen großen Ausrüstungsgegenstand rechtzeitig zum saisonalen Höhepunkt von dessen Geschäftsgang zu liefern. Eine verspätete Lieferung wäre sehr kostspielig. Robinson fühlte sich fast schon körperlich krank, als seine Leute vier Wochen vor dem versprochenen Liefertermin etwas falsch beurteilten und die ganze bis dahin geleistete Arbeit ruinierten.

Robinson war nicht vertraglich zur fristgerechten Lieferung verpflichtet. Doch er hatte sein Wort gegeben. Obwohl seine finanziellen Ressourcen schon arg strapaziert waren, gewährte er Überstunden und Dreischichtbetrieb bei doppeltem Lohn. Er stellte sogar zusätzliche Hilfskräfte ein, um den gesamten 8-Wochen-Auftrag in den verbleibenden vier Wochen zu schaffen. Er beharrte darauf, dass sein Unternehmen für die Schwierigkeiten verantwortlich war, und verlangte vom Käufer keine zusätzliche Vergütung. Als er die Lieferung genau wie versprochen ausgeführt hatte, verglich er seine liquiden Mittel mit den fälligen Rechnungen und rechnete reumütig aus, dass seine Unternehmerkarriere wohl zu Ende sei.

Doch er war nicht am Ende, sondern stand an der Schwelle zu seiner ersten echten Kostprobe des Wohlstands. Der Vorstandsvorsitzende des Großunternehmens, das er wie versprochen beliefert hatte, lud ihn zum Essen ein. Dieser sagte ihm, sein kleines Unternehmen sei exakt die Art von zuverlässigem Zulieferer, den das Großunternehmen schon lange gesucht hatte. Auch wurde ihm gesagt, selbst wenn er keine zusätzliche Bezahlung annehmen würde, um seine Verluste aus diesem Auftrag zu decken, so werde man Pioneer leihen, was nötig wäre, damit Robinson im Geschäft bleiben konnte. Genauso wichtig: Wie es so oft der Fall ist, sprach sich in Unternehmerkreisen und unter vielen weiteren potenziellen Kunden herum, was geschehen war. Ein Unternehmen nach dem anderen – nicht nur aus einer Branche, sondern aus vielen – beschloss, dass es einen Zulieferer haben wollte, auf den es sich wirklich verlassen konnte. Die Aufträge begannen hereinzuströmen. Außerdem unterbot die Konkurrenz einander nun nicht mehr wie in den alten Tagen von Jones Sheet Metal mit den erschreckend geringen Gewinnspannen. Die Pioneer Metal Corporation besaß ein Wissen und eine Zuverlässigkeit, die einzigartig waren, und florierende Unternehmen sahen es in ihrem besten Interesse, dafür zu bezahlen. Die Ertragsmargen waren solide. Obwohl viele zusätzliche Anlagen gekauft wurden, wurden alle Darlehen pünktlich abgezahlt.

Indes wies die Beziehung von Pioneer zu seinen Angestellten im Vergleich zu den alten Tagen von Jones Sheet Metal genauso große Kontraste auf wie seine Kundenbeziehungen. Selbst in den harten Zeiten, in denen er es sich eigentlich nicht leisten konnte, versuchte Robinson in den Grenzen seiner finanziellen Kapazitäten, seine Mitarbeiter als Menschen zu behandeln und ihnen möglichst viele Pausen zu gönnen. Sie spürten das bald und die Produktivität stieg. Und als dann die prosperierenden Tage kamen, geschah eine weitere Episode – ebenso dramatisch, aber weitaus tragischer als diejenige, die Robinson die Achtung seiner Kunden eingebracht hatte. Er schickte einen seiner Mitarbeiter in einem Firmenwagen zu einer Besorgung für das Unternehmen los. Auf freier Strecke geriet ein entgegenkommendes Fahrzeug außer Kontrolle. Es kam zu einem Frontalzusammenstoß. Zwar konnte Pioneer nichts dafür, aber ein Mitarbeiter war ums Leben gekommen.

Robinson konnte sich zwar nichts vorstellen, worauf er weniger Lust hatte, aber er fand, er müsse sich sofort bei der Witwe melden. Sie hatte drei Kinder, die noch in den Kindergarten gingen. Rechtlich gesehen hatte er keine finanzielle Verpflichtung. Trotzdem sagte er ihr, das Unternehmen fühle sich für die Kinder verantwortlich und es würden sofort Treuhandfonds eingerichtet, damit sie auf Kosten des Unternehmens nicht nur die Highschool, sondern auch Colleges würden besuchen können.

Das sprach sich in den Fabrikhallen so schnell herum, wie das bei solchen Dingen üblich ist. Es sprang von Familie zu Familie über. Unter den Pioneer-Mitarbeitern und unter anderen wuchs das Gefühl, dies wäre der richtige Ort, an dem man arbeiten müsste – ein Ort, an dem man stets ordentlich behandelt wird und der einem im Notfall beisteht. Von diesem Tag an blieb die Kündigungsquote bei Pioneer weit hinter dem Durchschnitt der Region zurück. Da das Unternehmen expandierte, war es nicht mehr notwendig, jede verfügbare Kraft einzustellen. Aufgrund seiner Politik, stets Leute zu suchen, die aufsteigen konnten, und dank einer ausreichend schnellen Wachstumsrate, die für viele Aufstiegschancen sorgte, hatte das Unternehmen für jede freie Stelle derart viele Bewerber, dass es kein Problem war, den richtigen zu finden. Nur die vielversprechendsten Talente wurden in die Gehaltsliste aufgenommen.

Das mag vielleicht der lohnenswerteste von Robinsons Management-Schachzügen gewesen sein. Erst zeigte ein Mitarbeiter, dann ein zweiter und dann drei weitere ein herausragendes Managementtalent – Männer, die Robinsons Ziele und Vorgehensweisen verstanden, die denken konnten wie er und gegebenenfalls etwas für ihn umsetzen konnten. Anstatt einer Ein-Mann-Geschäftsführung entstand ein echtes Führungsteam. Ebenso wie die wichtigsten Forschungsangestellten wurden diese Manager durch attraktive Bezugsrechte auf noch nicht ausgegebene Aktien des Unternehmens eingebunden.

So mancher Geschäftsmann hätte sich an diesem Punkt auf seinen Lorbeeren ausgeruht, aber Robinson war aus anderem Holz geschnitzt. Er forderte seine Leute auf, nach einem weiteren Wachstumsfeld zu suchen, auf dem die speziellen Kompetenzen des Unternehmens Möglichkeiten eröffnen könnten, die für die meisten Konkurrenten zu schwierig waren, um sie anzupacken. Es stellte sich heraus, dass man aus manchen der exotischen Metalle, mit denen das Unternehmen bereits vertraut war, eine bestimmte Art von Lagern herstellen konnte – nicht irgendeine Art, sondern eine mit speziellen Vorteilen, die auf keine andere Weise zu erzielen waren. Auch stellte sich heraus, dass einige Konstrukteure von speziellen Anlagen, die bereits bei Pioneer arbeiteten, das Wissen und die Vorstellungskraft besaßen, um die erforderlichen Produktionsanlagen zu entwerfen. Die neue Produktlinie war fast von Anfang an ein Erfolg. Und nun zeichnete sich ab, dass für das Unternehmen, sofern es das Geld beschaffen konnte, um mehrere ähnliche Fabriken im ganzen Land zu finanzieren, beste Aussichten bestanden, dass es auf dem neuen, aber schnell wachsenden Gebiet dieser speziellen Art von Lagern landesweit führend werden konnte.

Allerdings kam es darauf an, dass das schnell geschehen würde, bevor jemand anders zu der Technik von Pioneer aufschließen und sich vor ihm als Hauptzulieferer etablieren konnte.

Mehr als nur einen Teil dieses Geldes zu leihen, hätte das Unternehmen übermäßig mit Schulden belastet. Robinson beschloss daher, für den Rest der benötigten Mittel an der Börse Aktien auszugeben.

In den zehn Jahren, seit er Jones ausgezahlt hatte, hatte er den Gewinn pro Aktie verzehnfacht. Doch nun kommen wir zu etwas noch Wichtigerem, sogar so wichtig, dass es meine einzige Entschuldigung dafür ist, so viel von Ihrer Zeit für ein vorwiegend (aber nicht vollständig) fiktives Beispiel in Anspruch genommen zu haben. Ich bezeichne es als nicht vollständig fiktiv, weil einige der Dinge, die ich bei Pioneer beschrieben habe, tatsächlich so wie beschrieben passiert sind, wenn auch nicht alle im gleichen Unternehmen.

Robinson sprach mit Investmentbankern über den Preis, der angemessen wäre, wenn Pioneer zusätzliche Aktien verkaufen würde. Er stellte fest, dass sich aus Investorensicht die Dinge im Vergleich zu den alten Tagen von Jones Sheet Metal dramatisch verändert hatten, und zwar hauptsächlich aus drei Gründen:

(1) Anstatt eines eher schwachen Geschäftsführers, für den kein Nachfolger bereitstand, hatte das Unternehmen nun ein Team aus mehreren herausragenden Geschäftsleuten, von denen jeder das Unternehmen leiten und die bisherige Politik fortführen konnte. Zudem gewährleistete die gleiche Methode des Umgangs mit Menschen, die es diesen Männern ermöglicht hatte, von niederen Rängen aus aufzusteigen und sich für Führungsaufgaben zu qualifizieren, dass andere ebenfalls aufsteigen und ihre Plätze einnehmen würden, wenn sie selbst älter würden.

(2) Die Gewinnspannen waren nicht mehr so gering, dass das kleinste Missgeschick zu einer Katastrophe hätte führen können, sondern der große technische Vorsprung, den sich das Unternehmen erarbeitet hatte (und der auf vielen kleinen Erfahrungen beruhte, nicht auf einem einzigen großen Geheimnis), und die Neigung der Kunden, einen Lieferanten zu bevorzugen, von dem sie wussten, dass sie sich auf ihn verlassen konnten, machten jeden vernünftigen Preis akzeptabel, sodass die Gewinnspannen hoch waren.

(3) Die Produktlinien, mit denen das Unternehmen bereits Fuß gefasst hatte, versprachen ein beträchtliches Wachstum, und gleichzeitig versprachen dieselben technischen Teams, die in der Vergangenheit ganz neue Möglichkeiten entdeckt hatten, in der Zukunft noch weitere zu entdecken.

Aus diesen Gründen wurde Robinson gesagt, Pioneer könne die verlangte Aktienmenge für das 18-Fache des derzeitigen Gewinns pro Aktie verkaufen – das Vierfache des Kurs-Gewinn-Verhältnisses, zu dem Robinson seine Anteile zehn und zwölf Jahre zuvor gekauft hatte.

Diese Änderung des Kurs-Gewinn-Verhältnisses ist der maßgebliche Punkt, der so oft übersehen wird, denn hier lässt sich das größte Segment an Börsengewinnen erzielen. Sehen wir uns einmal anhand einer einfachen Rechnung an, wie wichtig dieser Faktor ist. Nehmen wir einmal an, Robinson hätte seine hundertprozentige Beteiligung an Jones Sheet Metal Works für insgesamt 30.000 Dollar erworben. Als er seinen ersten Börsengang plante, hatte er den Gewinn pro Aktie verzehnfacht, sodass seine Position bei gleich gebliebenem Kurs-Gewinn-Verhältnis auf einen Wert von 300.000 Dollar gestiegen wäre. Da sich jedoch das Kurs-Gewinn-Verhältnis vervierfacht hatte, war der Preis, den andere für seine Anteile zahlen würden (jetzt, da ein brillantes Managementteam im Spiel war), viermal so hoch, nämlich 1,2 Millionen Dollar. Mit anderen Worten: 900.000 Dollar des fantastischen Gewinns, der ihm nach zwölf Jahren brillanter Arbeit zur Verfügung stand (zusätzlich zu seinem bescheidenen, aber in dieser Zeit voll zu versteuernden Gehalt), stammten aus der Veränderung des Kurs-Gewinn-Verhältnisses, zu dem er seine Position an der Börse verkaufen konnte. Hätte sich das Kurs-Gewinn-Verhältnis nicht geändert, hätten sich aus der prächtigen Gewinnsteigerung nur 300.000 Dollar ergeben.

Manchmal ergibt sich eine recht beträchtliche, aber rein vorübergehende Zunahme des Kurs-Gewinn-Verhältnisses aus einer Laune des Aktienmarkts. Das passiert, wenn sich Anleger massenweise eine übertriebene Vorstellung von den Aussichten einer glamourösen Branche machen und deren Aktien für eine gewisse Zeit in unrealistische Höhen treiben. Auch sind die Anleger zu manchen Zeiten allzu sehr (oder allzu wenig) von Aktien im Allgemeinen begeistert. Ein oder zwei Jahre lang hat der Gesamtmarkt gefährlich hohe (oder verlockend niedrige) Kurs-Gewinn-Verhältnisse. Aber die größten Veränderungen von Kurs-Gewinn-Verhältnissen – solche, die über Jahre hinweg anhalten und die sich unabhängig vom restlichen Markt ergeben – resultieren nur aus einer ganz bestimmten Ursache. Sie geschehen, weil im Unternehmen grundlegende Veränderungen vor sich gehen. Diese Veränderungen machen die betreffenden Aktien viel sicherer und für Anleger reizvoller als zuvor. Ich hoffe, dass die Ausführlichkeit, mit der ich auf das Beispiel von Pioneer Metal eingegangen bin, dazu beiträgt, deutlich zu machen, dass Managementangelegenheiten der beschriebenen Art keine theoretischen Belange von rein abstraktem Interesse sind. Vielmehr steigern oder senken sie in großem Stil den wahren Wert, den der aktuelle Unternehmensgewinn für Anleger hat.

Da dem so ist, wäre es von einem Anleger klug, die Aktie von Pioneer Metal zu kaufen, nachdem sie gegenüber Robinsons ursprünglichem Kaufpreis bereits um 4.000 Prozent gestiegen ist? Angenommen, Pioneer hält sein Versprechen weiteren Gewinnwachstums, macht es nicht gerade dieser Punkt der Bedeutung von Kurs-Gewinn-Verhältnissen unklug für den weitsichtigen Anleger, eine Aktie zu kaufen, nachdem ihr Kurs-Gewinn-Verhältnis so stark gestiegen ist – auch wenn ein weiteres hübsches Gewinnwachstum wahrscheinlich ist? Um die Antwort auf diese Frage zu verstehen, sehen wir uns (wenn auch nicht ganz so detailliert wie oben) an, was in den nächsten zehn Jahren der Geschichte von Pioneer passierte – im zweiten Jahrzehnt unter Robinsons Führung.

Das Projekt mit den speziellen Lagern war gut gelaufen, und mit der Zeit wurde das Unternehmen auf diesem Gebiet auch zum Marktführer. Doch im Zuge dessen war noch etwas Wichtigeres passiert. Das Managementteam hatte gelernt, wie man neue Bereiche an der vordersten technologischen Front finden konnte, in denen ein großes Geschäftswachstum zu erwarten war und in denen das Unternehmen über besondere Vorteile verfügte, mit denen es sich in diesen Bereichen auszeichnen konnte. Weitere Projekte dieser Art wurden in Angriff genommen. Nicht alle florierten, die meisten aber schon. Da die anfänglichen Investitionen bei allen diesen Projekten gering waren, übertrafen die erfolgreichen, in die viel Kapital gesteckt wurde, sobald sie profitabel wurden, die geringen Kosten der wenigen Fehlschläge bei Weitem. Um diese lohnenswerten neuen Vorhaben zu finanzieren, mussten noch mehrmals zusätzliche Aktien emittiert werden. Das geschah allerdings nur dann, wenn die zusätzlichen Gewinne so groß ausfallen würden, dass der Gewinn je Aktie nach der Finanzierung trotz der größeren Zahl der umlaufenden Aktien gesteigert und nicht verwässert wurde. Das hatte zur Folge, dass der Gewinn pro Aktie von Pioneer zehn Jahre nach seiner ersten Börsenfinanzierung um weitere 300 Prozent gestiegen war. Der absolute Gewinn war natürlich noch mehr gestiegen, aber dieses Wachstum war für die Aktionäre unter Ertragsgesichtspunkten bedeutungslos, denn für ihren Ertrag zählt, um wie viel ihr individueller Anteil an der Ertragskraft gestiegen ist.

Die Rolle institutioneller Käufe

Zwischenzeitlich war aber noch etwas anderes geschehen. Als das Unternehmen hinsichtlich der Größe und der Vielfalt wuchs, begannen sich die großen Finanzinstitute des Landes für die Entwicklung von Pioneer zu interessieren. Inzwischen hatte es sich so sehr bewährt, dass Investmentgesellschaften, Pensionsfonds und sogar die am schwierigsten zufriedenzustellende, jedoch auch wünschenswerteste Klasse von Aktionären – die Treuhandabteilungen von Banken – bereit waren, einen Teil ihrer Mittel diesen Aktien anzuvertrauen. Zum einen gab es jetzt genug umlaufende Aktien und somit einen breiten Markt, sodass die Institutionen das Gefühl hatten, es gebe einen liquiden Markt, an dem sie Aktienblöcke der Größe kaufen und verkaufen konnten, mit der sie normalerweise handelten. Diese Bedingung war bei der Erstemission von Pioneer noch nicht gegeben gewesen. Zum anderen eignete sich die Aktie dank Pioneers Fähigkeit, sich weiterhin in zusätzliche Wachstumslinien zu verzweigen, die für die gewöhnliche Konkurrenz zu komplex waren, besonders gut für die Bedürfnisse vieler dieser Organisationen.

An anderer Stelle in diesem Buch bespreche ich den Einfluss der institutionellen Käufer auf den Markt. Ich weise darauf hin, wieso die verhältnismäßig geringe Anzahl der Aktien, auf die sich diese Art der Kauftätigkeit konzentrieren muss, tendenziell dazu führt, dass die so ausgewählten vergleichsweise wenigen Aktien (meist zu Recht) zu höheren Kurs-Gewinn-Verhältnissen gehandelt werden als nicht dafür ausgewählte Aktien. Nun, da sich Pioneer vollständig für diese Gruppe qualifiziert hatte, betrug sein Kurs-Gewinn-Verhältnis 36.

Somit kam zur Verdreifachung der Pioneer-Aktie innerhalb eines Jahrzehnts aufgrund ihres Gewinns noch eine Verdopplung dieses Anstiegs aufgrund des weiter gestiegenen Kurs-Gewinn-Verhältnisses hinzu. Kurz gesagt konnten sich diejenigen, die Pioneer beim Börsengang gekauft hatten, über einen Gewinn von 600 Prozent in zehn Jahren freuen. Wenige Anleger würden über eine solche Rendite die Nase rümpfen, sofern sie bei relativ geringem Risiko erzielt werden kann – und auf diese Frage komme ich nun zu sprechen. Andererseits war diese Rendite mager im Vergleich zu den Gewinnen, die Robinson (oder seine Geldgeber) erzielt hätten, wenn andere einen Teil von Jones' Anteilen gekauft hätten, damit Robinson die Kontrolle bekäme. Sie hätten die ursprüngliche Investition von 30.000 Dollar vor 20 bis 22 Jahren auf 1,2 Millionen Dollar vor zehn Jahren und jetzt auf das Sechsfache beziehungsweise 7,2 Millionen Dollar vermehrt – über den gesamten Zeitraum ein Wertzuwachs von 12.000 Prozent.

Ob die Zahlen in diesem zugegebenermaßen fiktiven Beispiel übertrieben sind? Nein, in Wirklichkeit sind sie klein im Vergleich zu dem, was Dutzende und Aberdutzende von herausragenden Unternehmensleitungen in allen industrialisierten Bereichen der Nation erreicht haben. 30 Meilen südlich von meinem Büro in San Francisco gründeten zwei brillante Ingenieure und Geschäftsleute Anfang der 1930er-Jahre in einer winzigen Werkstatt ein Unternehmen. Sie hießen William R. Hewlett und David Packard, und gemeinsam waren sie Eigentümer der Hewlett-Packard Company, eines Herstellers elektronischer Laborausrüstung. Ohne dass sie Aktien des Unternehmens an die Börse gebracht haben (erst in den letzten Jahren haben sie eine Minderheitsbeteiligung verkauft, um sich persönlich zu diversifizieren und aus Erbschaftssteuergründen eine liquidere Anlage zu haben), beträgt der aktuelle Marktwert der Aktien dieses Unternehmens deutlich über 150 Millionen Dollar. Der größte Teil davon gehört nach wie vor diesen beiden Männern. Sie haben das etwa in der gleichen Zeitspanne geschafft wie unser fiktives Unternehmen Pioneer Metals. Etwa sechs Meilen nördlich der Fabrik von Hewlett-Packard befindet sich der Hauptstandort der Ampex Corporation. Ende der 1940er-Jahre übernahmen vier Personen die Leitung des damals noch winzigen Unternehmens. Ihre Gesamtinvestition belief sich auf rund 400.000 US-Dollar, einschließlich Darlehen und Vorschüsse an das Unternehmen. Hätten diese vier Geschäftsleute alle Aktien, die sie im Rahmen dieser Transaktion erhielten, behalten, dann hätten sie, während ich dies schreibe, einen Marktwert von mehr als 40 Millionen Dollar! Ihre derzeitigen Positionen, die in der jüngsten Stimmrechtsvollmacht angegeben sind, betragen circa 80 Prozent davon beziehungsweise rund 32 Millionen Dollar. Auch kann man die restlichen 20 Prozent, die verkauft wurden, als die Aktie stieg, nicht als belanglos betrachten. Als die Eigentümer ein bisschen diversifizierten, muss ihnen das mehrere zusätzliche Millionen in bar eingebracht haben.

Diese beiden Beispiele sind nicht einmal in der kleinen Umgebung von San Francisco einzigartig. Einer der fähigsten Finanziers der Stadt riskierte in den allerersten Tagen der International Rectifier Company 10.000 Dollar. Heute, 15 Jahre später, ist seine Beteiligung an diesem südkalifornischen Hersteller mehr als drei Millionen Dollar wert. Derselbe Mann sagte mir kürzlich, eine nicht viel größere Investition als diese, die er vor weniger als fünf Jahren bei einem anderen jungen Unternehmen in der Gegend der Bucht von San Francisco platziert hat, habe heute einen Marktwert von mehr als 1,5 Millionen Dollar. Weiter im Norden, in der Nähe von Portland, wird wahrscheinlich bald eine noch größere Quelle an privatem Reichtum enthüllt, wenn wie erwartet die Aktie von Tectronics an die Börse gebracht wird.

An anderer Stelle in diesem Buch bespreche ich Unternehmen wie A.C. Nielsen aus Chicago und Texas Instruments aus Dallas. Ein Blick in die neuesten Stimmrechtsvollmachten dieser Unternehmen ist sehr aufschlussreich. Nielsen wurde zwar erst in den 1920er-Jahren gegründet und begann erst vor zwölf Jahren zu florieren, als die derzeitige Taktik eingeführt wurde, doch die Beteiligung seines fähigen Gründers ist heute um die 12,5 Millionen Dollar wert. Die Story von Texas Instruments ist sogar noch spektakulärer. Das Unternehmen wurde nur ein paar Jahre früher als Nielsen gegründet. Keiner seiner Hauptaktionäre und keine seiner gehobenen Führungskräfte, die etwas später die Bühne betraten, waren wohlhabende Männer. Doch die derzeitige Beteiligung eines dieser vier Männer wird mit fast 80 Millionen Dollar bewertet, zwei weitere Beteiligungen liegen im Bereich von 60 Millionen Dollar – und auch die Beteiligung eines verhältnismäßigen Neulings beläuft sich noch auf bescheidene 25 Millionen Dollar!

Ich könnte problemlos lange Listen mit weiteren Unternehmen erstellen, die in der jüngeren Vergangenheit weitaus größere Vermögen geschaffen haben als mein Beispiel Pioneer Metals. Ich tue dies mit einem gewissen Widerwillen, denn in vielen Fällen kenne ich den Hintergrund der Unternehmen nicht gut genug, um völlig sicher zu sein, dass der enorme Anstieg im Wesentlichen auf fundamentale Steigerungen des inneren Wertes eines jeden Dollars Gewinn pro Aktie zusammen mit der Gewinnsteigerung zurückzuführen ist, zu der die Wertsteigerung durch die Unternehmensleitung beigetragen hat. Doch um nur ein paar weitere Unternehmen von der Pazifikküste zu erwähnen – das fabelhaft erfolgreiche Unternehmen Litton Industries und die nur etwas ältere Friden Calculating Machine Company: Man hätte sie Mitte der 1930er-Jahre mit allem Drum und Dran für ein paar Hunderttausend Dollar kaufen können (deutlich nach den Jahren 1932 und 1933, als alles zu Schleuderpreisen zu haben war), und heute werden sie am freien Markt für 85 Millionen Dollar gehandelt. Statham Instruments und Electro Instruments sind zwei weitere Unternehmen an der Westküste (trotz ihrer recht ähnlichen Namen in ganz unterschiedlichen Branchen), die in der jüngeren Vergangenheit ihren fähigen Managern und ihren Großaktionären ein ähnliches Vermögen beschert haben.

Wenn man keine jüngeren Unternehmen nimmt, sondern solche betrachtet, die vor 50 oder 60 Jahren gegründet wurden, schwillt die Zahl solcher Fälle um Hunderte an. Die sensationelle Anzahl von Millionären, die die General Motors Corporation und die viel kleinere Dow Chemical Company, die einst schwer zu kämpfen hatte, hervorgebracht haben, ist inzwischen Wirtschaftsgeschichte. Vielen Menschen ist nicht klar, welch erstaunliche Zahl solcher Unternehmen Jahrzehnt für Jahrzehnt herangewachsen ist, seit in unserem Land die Industrialisierung begonnen hat.

Ein weiterer interessanter Punkt ist die Zahl derjenigen Unternehmen, die, als sie den Geschäftsbetrieb aufnahmen, in nicht besonders attraktiven Bereichen anfingen. Wie unser Beispiel Jones Sheet Metal Works erhielten auch viele von ihnen ihren großen Schub hin zum Erfolg dadurch, dass sie attraktive verwandte Bereiche fanden, in die sie sich begeben konnten und in denen sie aufgrund ihres ursprünglichen Geschäfts einen gewissen Vorteil haben würden (etwa als sich Texas Instruments auf Transistoren verlegte). Andere, beispielsweise die spektakulär erfolgreichen Chemiefirmen, fanden schon bald heraus, dass der Schlüssel zum Erfolg auf ihrem Gebiet darin lag, dass sie immer die richtigen Entscheidungen trafen (oder zumindest eine hohe Trefferquote hatten), wenn es darum ging, in welche Unterbereiche ihres Feldes sie eintreten und welche sie sein lassen sollten.

Wenn Sie nun vollständig überzeugt sind, dass die in meinem Pioneer-Beispiel angeführten Ergebnisse keine Übertreibungen, sondern Untertreibungen dessen sind, was in der wirklichen Geschäftswelt vor sich geht, kommen wir auf eine eher grundsätzliche Überlegung zurück. Kommen wir noch einmal zu einer grundlegenden Frage, die ich aufgeworfen, aber noch nicht beantwortet habe: Warum – um bei unserem Pioneer-Beispiel zu bleiben – sollte ein kluger Anleger die Aktie zu einem Kurs-Gewinn-Verhältnis von 18 kaufen und sich mit nur 600

Prozent in zehn Jahren zufriedengeben (so gut das auch schon ist), wenn er sich auch umschauen und eine Situation wie bei Pioneer vor zehn Jahren finden könnte, die ihm 4.000 Prozent eingebracht hätte?

Die Antwort liegt natürlich in dem Maß an Risiko, das im Spiel ist. Der Maßstab, nach dem man jedes Investment beurteilen sollte, besteht nicht einfach darin, wie viel man daran verdienen kann, wenn alles klappt. Vielmehr liegt er darin, wie viel man damit *im Verhältnis zum beteiligten Risiko* verdienen kann. In unserem Pioneer-Beispiel stand es im Anfangsstadium, als man noch ein niedriges Kurs-Gewinn-Verhältnis bekommen hätte, auf Messers Schneide, ob das Unternehmen überhaupt überleben würde. Dabei können sowohl Glück als auch ein gutes Urteilsvermögen mitspielen. Nehmen wir einmal an, Robinson wäre in den entscheidenden Anfangstagen, als er noch keinen geschäftstüchtigen Kopf auf der Gehaltsliste hatte, der hätte weitermachen können, schwer erkrankt. Nehmen wir an, eine brillante technische Entdeckung eines Tausende Meilen entfernten Forscherteams hätte nachgewiesen, dass andere ökonomisch neue Metalle oder Legierungen denjenigen weit überlegen sind, in deren Herstellung sich Pioneer gerade erst eine Reputation aufzubauen begann. Nehmen wir an, der Vorstandsvorsitzende des großen Herstellers, der über Pioneers Leistung dermaßen erfreut war, dass er Darlehen vorschoss, um den Finanzkollaps abzuwenden, hätte gerade Urlaub in Europa gemacht, und sein Assistent hätte, auch wenn er die Vorgehensweise von Pioneer ebenfalls bewunderte, gedacht, er solle sich nicht so weit aus dem Fenster lehnen, für diesen Zweck Firmengelder locker zu machen. Eines dieser absolut möglichen Ereignisse und viele andere hätten dazu geführt, dass die Geschichte von Robinsons Investition ganz anders geendet hätte.

Im Gegensatz dazu war zum Zeitpunkt des Börsengangs, als das Kurs-Gewinn-Verhältnis 18 betrug, die Wahrscheinlichkeit, dass irgendetwas ein weiteres signifikantes Wachstum verhindern würde, sehr viel geringer. Selbst die Entdeckung besserer wettbewerbsfähiger Metalle und Legierungen wäre nicht allzu schwerwiegend gewesen. Bis zu diesem Zeitpunkt hatte das Unternehmen das technische Know-how, um in der Lage zu sein, eine Umstellung auf neue Materialien zu bewältigen, und – was ebenso wichtig war – die Finanzkraft, um die kostspielige Lernphase durchzuhalten. Außerdem war Pioneer gerade zu dieser Zeit dank seines neuen Lagerprojekts ausreichend diversifiziert, sodass Teile des Unternehmens während der teuren Übergangsperiode profitabel geblieben wären. Kurz gesagt waren 600 Prozent bei recht geringem Risiko womöglich eine beträchtlich attraktivere Investition als 4.000 Prozent mit den gewaltigen Gefahren, die im Spiel waren.

Doch wie sieht es mit dem dritten Jahrzehnt aus? Die Aktie hat jetzt ein Kurs-Gewinn-Verhältnis von 36. Sie hat fast oder ganz den Investmentstatus der allerhöchsten Anlageklasse erreicht. Unter diesen Umständen dürfte das Kurs-Gewinn-Verhältnis in normalen Jahren nicht mehr steigen. Wäre es unter diesen Bedingungen nicht ziemlich dumm, die Pioneer-Aktie zu kaufen? Die einzige Wertsteigerung kann jetzt nur noch aus steigenden Gewinnen stammen. Und die Steigerung der Ertragskraft kann sich auf keinen Fall so stark auf den Börsenkurs auswirken, wie wenn man sie mit einem verdientermaßen gestiegenen Kurs-Gewinn-Verhältnis multiplizieren könnte.

Eine meist übersehene Belohnung

Die Investmentmerkmale institutioneller Aktien habe ich im ersten Teil dieses Buches bereits besprochen. Diese Bemerkungen brauche ich hier also nicht zu wiederholen. Doch auf Folgendes sollte noch hingewiesen werden: Eine herausragende Unternehmensleitung beschert dem Aktionär nicht nur eine Belohnung, sondern zwei. Die enorme Belohnung durch das ungleichmäßige, aber stetige Ansteigen des Kurs-Gewinn-Verhältnisses, bis die betreffende Aktie die „institutionelle Obergrenze“ erreicht (die unser Pioneer-Beispiel nun erreicht hat), scheint den Anlegern weitgehend unbekannt zu sein. Wegen seiner enormen Bedeutung habe ich ihm daher das gesamte vorliegende Kapitel gewidmet.

Aber eine herausragende Unternehmensleitung bringt Anlegern noch eine zweite, ähnlich bedeutsame Belohnung ein. Denn jenseits der vorübergehenden Anstiege oder Rückschläge aufgrund der aktuellen Phase des Konjunkturzyklus werden die Gewinnanteile der Aktionäre weiterhin Jahrzehnt für Jahrzehnt überdurchschnittlich schnell wachsen. Wenn die Pioneer-Aktie ihr Kurs-Gewinn-Verhältnis *legitim verdient*, dann bedeutet dies, dass das Management so gut und die Wachstumsposition des Unternehmens derart gefestigt ist, dass man mit einer weiteren Verdreifachung des Gewinns in den nächsten zehn Jahren (oder eben mit der gleichen Wachstumsrate wie in den vergangenen zehn Jahren) sozusagen fest rechnen kann. Und noch einmal: Wenn sich das Unternehmen bis an einen Punkt entwickelt hat, an dem der Wahrscheinlichkeit, seinen Wert innerhalb der nächsten zehn Jahre zu verdreifachen, nur ein halb so hohes Risiko gegenübersteht, dass es nicht so schnell wachsen wird wie in den zehn Jahren davor, dann kann die Aktie heute immer noch eine genauso attraktive Anlage sein (bezogen auf das Verhältnis von dem, was man damit verdienen kann, zu dem Risiko, dass es nicht klappt), wie sie es war, als sie vor zehn Jahren bei einem etwas höheren Risiko die Chance eines doppelt so großen Wertzuwachses bot.

Ein ausgefuchster Anleger würde daraus den Schluss ziehen, dass auf Grundlage abstrakter Prinzipien und sofern die Wahrscheinlichkeiten zutreffen, die ich bezüglich Pioneer angegeben habe, Pioneer vor 20 Jahren, vor zehn Jahren und heute eine gleichermaßen attraktive Investition sein könnte. Allerdings würde ihn diese allgemeine Schlussfolgerung kein bisschen interessieren. Vielmehr würde ihn interessieren, welches Investment für ihn mit seinen speziellen Anlagebedürfnissen und Zielen am attraktivsten ist, die sich möglicherweise von denen eines anderen Anlegers, der über diese Frage nachdenkt, stark unterscheiden.

Ich persönlich bin überzeugt, dass die gesamten Mittel, die einem Anleger zur Verfügung stehen, ein beträchtlicher Faktor sein können, wenn er herausfinden will, welche Anlageklasse für ihn am attraktivsten ist. Wenn er nur ein paar Tausend Dollar und keine Aussicht darauf hat, mehr zu bekommen, sollte er eine ehrliche und realistische Entscheidung treffen. Er muss begreifen, dass es bei der wahrscheinlichen Wachstumsrate der meisten risikoarmen Anlagen sehr unwahrscheinlich ist, dass aus den paar Tausend Dollar im Laufe seines Lebens jemals so viel wird, dass es seinen Lebensstandard merklich verändert. Deshalb sollte er sich für eines von zwei Dingen entscheiden. Will er dieses Geld als eine Art inflationsgeschützten Sparstrumpf haben, der ihn oder seine Familie gegen einen unerwarteten künftigen Notfall absichert? Wenn ja, dann sollte er seine Käufe auf die besten risikoarmen institutionellen Aktien beschränken, die mit Pioneer bei einem Kurs-Gewinn-Verhältnis von 36 vergleichbar sind. Oder merkt er, dass das sowieso „überschüssiges" Geld ist und er noch genügend sonstige Mittel besitzt, um sich gegen Notlagen zu schützen? Dann kann er sich, vor allem wenn er noch jung ist, durchaus dafür entscheiden, dass er dann, wenn ihm herausragende Geschäftsleute mit einem vielversprechenden Vorhaben über den Weg laufen, das beträchtliche Risiko eingehen sollte, das mit dem fast schon unglaublichen Gewinn verbunden ist, der kommen kann und kommen wird, wenn die Anerkennung einer bislang unbekannten Unternehmensleitung durch die Finanzkreise dazu führt, dass eine große Gewinnsteigerung mit einem dramatisch gestiegenen Kurs-Gewinn-Verhältnis multipliziert wird.

Dem größeren Anleger fällt die Wahl viel leichter. Er hat bereits so viel Vermögen, dass es seinen Lebensstandard schon jetzt wesentlich beeinflusst. Somit befindet er sich in einer begünstigten Position, die jedoch durch massive Anlageverluste gefährdet sein könnte. Daher sollte er seine Anlagen überwiegend auf eine Mischung aus Aktien beschränken, die Pioneer vor zehn Jahren und Pioneer, wie es heute ist, ähneln. In Abhängigkeit von einer Reihe von Variablen, wie beispielsweise der Höhe seines Vermögens (also wie viel er verlieren könnte, ohne dass dies seinen Lebensstandard wesentlich beeinträchtigen würde) und seiner Entschlossenheit, sein Vermögen weiter spektakulär zu vermehren (also Faktoren wie sein Alter, der Wunsch, erhebliche Ersparnisse für seine Kinder anzulegen und so weiter), könnte er sich jedoch durchaus dafür entscheiden, einen kleineren Teil seines Vermögens in Aktien von Unternehmen zu investieren, die sich in einer vergleichbaren Situation wie Pioneer in der Anfangsphase befinden. Auf jeden Fall kann ein Anleger unabhängig davon, wie er persönlich vorgeht, seine konkreten Entscheidungen auf klügere Art treffen, wenn er die beteiligten Faktoren versteht. Wenn er die allgemein übersehene, aber grundlegende Tatsache versteht, dass die Veränderung des Kurs-Gewinn-Verhältnisses eine Anlagekraft ist, deren Signifikanz für größere Veränderungen des Aktienwerts mit der von Veränderungen des Gewinns vergleichbar ist, wird er viel besser in der Lage sein, sowohl die Chancen einer bestimmten Situation als auch die Eignung dieser Situation für seine Bedürfnisse zu beurteilen.

Dies bringt mich wieder zurück zu dem Ausgangspunkt, an dem ich mit diesen Bemerkungen begonnen habe. Es ist erstaunlich, wie überaus selten unter all den Gründen, die man in einem typischen Kommentar von der Wall Street dafür findet, weshalb man diese oder jene Aktie kaufen sollte, der wichtigste von allen auftaucht: „Wir haben hier eine Unternehmensleitung, die gerade zu beweisen beginnt, dass sie in der Lage ist, die Art von Wachstumsunternehmen zu entwickeln, die irgendwann institutionelle Akzeptanz gewinnt, jedoch deutet das Kurs-Gewinn-Verhältnis bislang noch nicht darauf hin, dass sich die Finanz-Community der Qualität des Managements bewusst ist." Wenn die Fakten, die hinter einer solchen Aussage stehen, stimmen, dann wird die Unternehmensleitung irgendwann die grundlegende Formel für den größten aller Anlageerfolge freischalten – eine bedeutende Gewinnsteigerung, die durch eine bedeutende Steigerung des Preises, mit dem jeder Dollar an Gewinnsteigerung vom Markt bewertet wird, noch enorm angereichert wird.

Um diese Schatzkiste der Bewertung aufzuschließen, muss eine solche Aussage allerdings hinsichtlich der Fakten und der allgemeinen Theorie zutreffen. Wie ich an anderer Stelle in diesem Buch erklärt habe, ist ein niedriges Kurs-Gewinn-Verhältnis, das nicht mit einer Unternehmensleitung einhergeht, die in der Lage ist, ein hohes Kurs-Gewinn-Verhältnis herbeizuführen, gewöhnlich keine Goldgrube, sondern eine Anlegerfalle. Das Management muss wirklich herausragend sein. Dass es als herausragend bezeichnet wird, reicht für sich genommen nicht aus. Gewisse hochrangige Vertreter einer großen Bostoner Investmentgesellschaft – und in Boston sind Investmentgesellschaften eine bedeutende Branche – haben einmal gesagt, dass bei der Bewertung von Aktien das Management 90 Prozent, die Branche neun Prozent und alle anderen Faktoren ein Prozent ausmachen. Diese Aussage war und ist nicht dazu gedacht, mathematisch auf Bruchteile von Prozenten beweisbar zu sein, aber sie fasst den Ansatz zusammen, dass der Schlüssel dazu, wie die größten Wertsteigerungen bei Aktien erzielt werden, in der Nutzung der in diesem Abschnitt besprochenen Themen liegt.

3
TEIL

Sie und der Weg, den Ihre INVESTMENTS gehen müssen

TEIL III

Sie und der Weg, den Ihre Investments gehen müssen

Eine völlig unerwartete Nebenwirkung der Veröffentlichung von „Common Stocks and Uncommon Profits" war meine Erkenntnis, welche Dinge den Anlegern in den letzten zwei Jahren die meisten Sorgen bereitet haben. Das liegt daran, dass ich fast vom Tag des Erscheinens an Besuche, Telefonanrufe und vor allem Briefe von Menschen erhielt, die mir bis dahin unbekannt waren. Die meisten von ihnen hatten Fragen der einen oder anderen Art, die sie stellen wollten. Diese Fragen waren sehr unterschiedlich. Aber die Bemerkung und Frage, die mir ungefähr so oft gestellt wurde wie alle anderen zusammen, lautete: „Ich suche schon lange nach jemandem, dem ich vertrauen kann. Ich finde niemanden, der über die Aktien, die er empfiehlt, wirklich etwas zu wissen scheint. Ich will für diese Dienstleistung auch etwas bezahlen. Können Sie mir sagen, zu wem ich gehen soll?"

Auch wenn mir diese Frage aus allen Teilen des Landes immer wieder gestellt wird, möchte ich damit nicht sagen, die Anlagebranche in ihrer derzeitigen Verfassung befriedige nicht die Bedürfnisse vieler Anleger. Manche von ihnen mögen in einer Traumwelt leben, doch in dem einen oder anderen Teil der Investmentbranche mögen viele andere zweifellos fähige Menschen gefunden haben, die sich angemessen um sie kümmern. Aber die erstaunliche Zahl von Menschen, die nicht in der Lage zu sein scheinen, das zu finden, was sie als geeignete Anleitung bei der Geldanlage betrachten, deutet meiner Überzeugung nach darauf hin, dass es möglich wäre, die grundlegenden Methoden des Investmentgeschäfts radikal zu verbessern.

Zunächst zögerte ich, ob eine Analyse dessen, was in diesem Geschäft – so, wie es derzeit betrieben wird – falsch läuft, und eine Diskussion, wie dem wahrscheinlich abgeholfen werden wird, wirklich in ein Buch gehören, das sich in erster Linie an Anleger richtet. Ich habe entschieden, dass dem so ist. Wenn, wie ich glaube, ein erheblicher Teil der Anleger das Gefühl hat, dass sie nicht in der Lage sind, die Hilfe zu finden, die sie suchen und für die sie zu zahlen bereit sind, dann haben sie wahrscheinlich ein gewisses Interesse daran, zu verstehen, warum ihr Problem entstanden ist. Überdies sind diese Dinge, wenn die Anleger sie gründlich verstehen und daher besser selbst beurteilen können, welche Art der derzeit verfügbaren Anlagedienstleistungen der Erfüllung ihrer Wünsche am nächsten kommt, von noch viel größerem Interesse.

Ich bin ziemlich sicher, dass sich die in anderen Teilen des Buches behandelten Themen in den 1960er-Jahren auf die Anleger auswirken werden. Auch die Veränderungen, die ich nun porträtieren werde, könnten in diesem Zeitraum stattfinden. Doch auch wenn ich überzeugt bin, dass diese Veränderungen der Finanzbranche irgendwann kommen werden, so kann ich doch nicht präzise angeben, wann das sein wird. Der Grund dafür liegt darin, dass die Investmentbranche in ihrer derzeitigen Verfassung grundsätzlich floriert. Ich glaube, der seit vielen Jahren herrschende allgemeine Aufwärtstrend der Aktienkurse verschleiert zum Teil, dass viele, die beruflich andere bei ihren Anlagen anleiten, viel schlampige Arbeit abliefern. Auch ermöglicht es dieser

Aufwärtstrend vielen Angehörigen der Branche, die gute Arbeit leisten – und wahrscheinlich auch vielen, die mittelmäßige Arbeit leisten –, Jahr für Jahr viel Geld zu verdienen. Solange das Geschäft derart floriert, besteht kein Anreiz, radikale Verbesserungen anzustreben. Es herrscht eine starke Tendenz zu der Auffassung: „Solange alles floriert, warum Wellen machen, nur weil man mit ganz anderen Methoden noch mehr Gewinn erzielen könnte?"

Das heißt nicht, dass es nur dann zu einer großen Verbesserung kommen kann, wenn eine langwierige Baisse etwas an der allgemeinen Prosperität ändert. Führende Persönlichkeiten der Finanzwelt können jederzeit ihre Findigkeit einsetzen, um die Methoden zu entwickeln, die irgendwann bei der Entdeckung künftiger Investment-Goldgruben dominieren werden. Und das bedeutet, dass ich zwar darauf hinweisen kann, wohin die Investmentbranche gehen muss, aber nicht einschätzen kann, ob sie das in zwei oder in zwölf Jahren tun wird.

Der erste Schritt, um diese ganze Angelegenheit zu verstehen, ist die klare Erkenntnis, was fast alle Anleger von den Vertretern der Investmentbranche wollen. Eine äußerst kleine Minderheit unter den Aktienkäufern (abgesehen von professionellen Investoren) fühlt sich kompetent, ihre Geschäfte selbst zu verwalten, und möchte lediglich Maklerdienstleistungen. Doch die überwältigende Mehrheit ist fast ausschließlich an nur einer einzigen Sache interessiert. Sie wollen Geschäfte mit jemandem machen, der so viel über die Wertpapiere weiß, die er empfiehlt, dass sie sich innerhalb angemessener Zeit ungefähr so entwickeln werden, wie sie es nach den Behauptungen des Beraters tun werden.

Es ist überraschend, wie vernünftig oder besser gesagt raffiniert heutzutage die meisten Anleger in dieser Beziehung sind. Doch es gibt immer noch einige Menschen, die wollen, dass ihnen ihr Anlageberater sagt, welche Aktie diese Woche um drei Punkte steigen wird, oder die meinen, die Hauptaufgabe eines Anlageberaters sei es, ihnen zu sagen, was „der Markt" tun wird. Zum Glück scheint die Zahl solcher Menschen stetig zu sinken. Die meisten Anleger wollen jemanden, der gründliches Wissen über die Aktien besitzt, die er empfiehlt, sodass dann, wenn er sagt, eine Dividende sei sicher, diese wirklich sicher ist, oder dass dann, wenn er sagt, eine Aktie dürfte innerhalb angemessener Zeit steigen, diese Aktie beträchtlich stärker steigt als der Markt, nicht weniger. Diese grundsätzliche Frage, ob er mit der Mehrzahl seiner Empfehlungen richtig liegt, ist fast das einzige, was diejenigen interessiert, die Aktien auf den Rat von anderen hin kaufen, egal, mit welchem Segment der Finanzindustrie es der Aktienkäufer zu tun hat – Anlageberatung, Brokerhaus oder Investmentbank. Das Gleiche gilt für diejenigen, die ihr Vermögen bei einer Investmentgesellschaft oder bei der Treuhandabteilung einer Bank anlegen. In solchen Fällen wünscht der Kunde hauptsächlich, dass diejenigen, die die Aktivitäten der betreffenden Institutionen erledigen, gut genug wissen, was sie tun, sodass sich die Aktien, die sie kaufen, insgesamt so entwickeln, wie sie es bei ihrem Kauf erwartet hatten.

Für den Anlageverwalter ist diese Frage der Performance fast so wichtig wie für seine Kunden. Jemand, der im Anlagegeschäft tätig ist, kann die Manieren eines Trampels und den Charakter eines Trottels haben, doch wenn er Aktien auswählen kann, die herausragend performen, und dies mit einer ordentlichen Beständigkeit, dann bringt ein Kunde den nächsten mit, dieser bringt ein paar weitere, und nach einer Weile hat er mehr zu tun, als er bewältigen kann. Im Gegenzug wird der netteste, freundlichste und fleißigste Gentleman der Welt ständig am schäbigen Rand der Zahlungsfähigkeit stehen, wenn er von der Anlageberatung lebt und sich mit den Aktien, die er auswählt, fast immer irrt. Aus der Sicht eines jeden, dessen Beruf es ist, über Aktien zu beraten oder Aktienanlagen zu verkaufen, ist die Bilanz der Erfolge und Misserfolge früherer Empfehlungen wahrscheinlich wichtiger für den heutigen Erfolg als alle anderen Faktoren zusammen.

Da es sowohl für den Vermögensverwalter als auch für seine Kunden so überwältigend wichtig ist, richtig zu liegen, überrascht es, wie viele

Menschen und Investmentfirmen offenbar so wenig von ihrer Zeit dafür aufbringen, die Solidität der von ihnen empfohlenen Käufe doppelt zu überprüfen, und wie viel Zeit sie für den Versuch aufbringen, ihren Kunden diese unzureichend recherchierten Wertpapiere zu verkaufen. Noch weniger Zeit bringen sie dafür auf, die Methode zu perfektionieren, die am besten dafür geeignet ist, so weit wie möglich sicherzustellen, dass eine Kaufempfehlung attraktiv ist. Jedoch kann der Unterschied zwischen einem besseren Mittel für die Auswahl herausragender Anlagen und einer schlechteren Herangehensweise an das gleiche Ziel schon in der kurzen Zeit von nur zehn Jahren sowohl für den Anlageberater als auch für den von ihm angeleiteten Anleger den Unterschied zwischen einem Vermögen und einer Pleite bedeuten.

Bewertungsmethoden für Geldanlagen

Diesen gängigen Fehler wollen wir nicht begehen. Lassen Sie uns im allgemeinen Sinne die aufeinanderfolgenden Schritte untersuchen, die über die Jahre entwickelt wurden, um die Anlageergebnisse zu verbessern. Auf diese Weise beginnen wir, die Stärken und Schwächen der derzeit verfügbaren Methoden zu verstehen. Wenn wir die Schwächen verstehen, wissen wir, wovor wir uns hüten müssen und wie die Verbesserungen beschaffen sein werden, die die Zukunft bringen wird.

Noch vor 30 Jahren bestand die anerkannte Methode für die Beurteilung von Aktien darin, die veröffentlichten Bilanzen und Gewinn- und Verlustrechnungen genau zu studieren. Entscheidungen wurden damals ausschließlich aufgrund solcher buchhalterischen Erkenntnisse und aufgrund allgemeiner Vorstellungen vom Charakter des Unternehmens getroffen, die sich auch der Mann auf der Straße anhand seiner Produktlinie machen konnte. Zu versuchen, eine herausragende Geldanlage auf diese Art auszuwählen, ist ungefähr so klug (und besitzt ungefähr die gleiche Erfolgswahrscheinlichkeit) wie der Versuch, einen lebenslangen Ehepartner zu finden, ohne über den künftigen Gatten oder die künftige Gattin mehr zu wissen als den Namen und ohne mehr von ihnen zu kennen als ein paar gestellte Fotografien. Mit sehr viel Glück kann man auf diese Weise zu einer glücklichen Ehe oder zu einer brillanten langfristigen Geldanlage kommen. Da aber so viele grundlegende Züge des lebenslangen Partners und der Aktie vollkommen unbekannt sind, ist die Gefahr eines entsetzlichen Fehlers ziemlich hoch. Zwar haben auch mehrere andere Faktoren zum Holocaust beigetragen, doch die atemberaubenden Verluste der großen Baisse 1929 bis 1932 legen beredtes Zeugnis davon ab, was denjenigen geschehen kann, die sich bei der Aktienauswahl ausschließlich auf diese Methode verlassen. Diese Zeit lehrte einen bedeutenden Teil der Finanzwelt, dass viel mehr Arbeit geleistet werden musste, wenn sie die Anlage in Aktien erfolgreich betreiben wollte.

Aus den Wirren der Großen Depression resultierte der nächste Schritt in der Kunst der erfolgreichen Beurteilung von Aktien. Das war die Kontaktaufnahme zu höchsten Unternehmensvertretern, um ihnen Fragen zu Dingen zu stellen, die sich auf den Anlagestatus der Aktien ihres Unternehmens auswirken konnten. In den 1930er-Jahren entstanden auch die ersten Vereinigungen von Wertpapieranalysten. Damit begann die Zeit der Fabrikbesuche. Es begann auch die Zeit der Gegenbesuche von Managern in den Finanzzentren, um Gruppen oder Vereinigungen von Finanzleuten über die Eigenschaften der von ihnen geleiteten Unternehmen zu informieren.

All das war hilfreich. Es verschaffte denjenigen, die sich die Mühe machten, Kontakt mit Unternehmensleitungen aufzunehmen, ein besseres Bild als bisher von den verschiedenen Stärken und Schwächen bestimmter Unternehmen. Allerdings wurde Ende des Zweiten Weltkriegs so langsam deutlich, dass auch das nicht ausreichte. Wenn ausreichend viele der mittelmäßigen und schlechten Investments konsequent beseitigt werden sollten und ein hoher Prozentsatz bedeutender Gewinner ausgewählt werden sollte, wurde noch etwas anderes gebraucht.

Damit wurde ein weiterer wichtiger Schritt zur Verbesserung der Anlagemethoden eingeleitet. Mangels eines besseren Begriffs bezeichnete ich das in meinem Buch „Common Stocks and Uncommon Profits" als „Buschfunkmethode". Sie zieht Vorteil aus der riesigen Masse an Informationen über ein bestimmtes Unternehmen, die fast immer Menschen bekannt sind, die zwar nicht dem Unternehmen angehören, die aber mit ihm zu tun haben oder mit ihm zu tun hatten. Kunden, Zulieferer, Konkurrenten und Forscher, die beim Staat oder in Universitäten beschäftigt sind, wissen ebenso wie ehemalige Mitarbeiter erstaunlich viel über die Stärken der Unternehmen, mit denen sie zu tun haben oder hatten. Noch wichtiger ist das, was sie über die Schwächen der Unternehmen wissen. Das, was ein oder zwei derartige Informanten zu sagen haben, kann sehr voreingenommen und irreführend sein. Wenn jedoch jemand, der eine gewisse Übung darin hat, Informationen auf diese Weise zu sammeln, genug solcher Informationsquellen kontaktiert und jeder erklärt, was er wissen will und warum, dann ergibt sich ein überraschend klares Bild des Unternehmens, über das er etwas zu erfahren versucht.

Warum ist es so wichtig, sich Informationen auf diese scheinbar so umständliche Weise zu beschaffen? Weil jemand, der nicht mit der Organisation eines Unternehmens verbunden ist, nur auf diese Weise ein umfangreiches Bild gewinnen und wissen kann, nach welchen Informationen er suchen sollte, wenn er sich schließlich an die Leitung des Unternehmens wendet, das als Anlage infrage kommt. Das Führungsteam mag aufrichtig sein und alle Fragen vollkommen ehrlich beantworten. Aber von welchem hochrangigen Manager kann man schon verlangen, dass er ungefragt und aus freien Stücken wichtige Informationen über die Schwachpunkte seines Unternehmens preisgibt? Würde beispielsweise der Schatzmeister eines Unternehmens im Gespräch mit einem Anlagefachmann ungefragt offenbaren, dass die großen Geldsummen, die das Unternehmen ausgegeben hat, um brillante Forscher zu halten, weitgehend vergeudet waren, weil das persönliche Verhältnis zwischen dem Leiter der Forschungsabteilung und dem Vertriebsvorstand so schlecht war, dass diese kostspieligen Aktivitäten der Produktentwicklung zwar vor allem darauf ausgerichtet waren, recht ausgeklügelte Produkte zu produzieren – aber mit derart kleinen potenziellen Absatzmärkten, dass sie den Aktionären nie viel würden einbringen können? Natürlich würde man derartige bedeutende Informationen niemals unaufgefordert bekommen. Zum einen würde der Schatzmeister nicht das Risiko eingehen, mit einem seiner Vorstandskollegen über Kreuz zu geraten. Zum anderen könnte sich der Schatzmeister, wenn er merken würde, dass der Investmentfachmann schon etwas über die Situation weiß, recht zurückhaltend äußern, aber wahrscheinlich doch einen recht zutreffenden Eindruck davon vermitteln, ob der Bericht wahr ist. Er könnte auch die Antwort auf noch wichtigere Fragen in dieser Sache liefern, und zwar folgende: „Werden Schritte unternommen, um diese Situation zu beheben? Und wenn ja, welche?"

Aber nicht nur dadurch, dass man höchst vertrauliche Informationen von größerer Bedeutung für die Geldanlage wie diese erhält, ist der Buschfunk vor der Kontaktaufnahme mit einer Unternehmensleitung von so grundlegender Bedeutung. Wenn man etwas über die langfristigen Aussichten eines Unternehmens erfahren will, zählt nichts so sehr wie die Gesamteffizienz des Führungsteams. Bei den meisten Unternehmen, die groß genug sind, um für die Geldanlage interessant zu sein, kann das eine Gruppe von bis zu fünf oder sechs Männern sein. Nur wenige Vertreter der Investmentbranche, die noch keine finanziellen Beteiligungen an einem Unternehmen haben, sondern sich nur über ihre Möglichkeiten erkundigen, dürften bei der Unternehmensleitung genug Prestige genießen, damit ein Treffen mit allen diesen führenden Männern oder auch nur einer Mehrzahl von ihnen arrangiert wird. Die ein oder zwei, mit denen der Vertreter sich trifft, können deutlich über oder unter dem durchschnittlichen Kaliber des Teams liegen. Wenn er sich nicht bereits durch ausreichend Buschfunk über alle Mitglieder des Teams informiert hat, kann er kaum anders, als die Effizienz und den Status der gesamten Unternehmensleitung anhand seines Eindrucks von den ein oder zwei Vorständen zu beurteilen, mit denen er sich trifft. Derartige Fehlkalkulationen können äußerst kostspielig sein, wenn man versucht, eine glänzende Investition von einer von der Stange zu unterscheiden. Wenn ein Anlagefachmann hingegen ausreichend durch den Buschfunk vorbereitet ist und schon viele Bemerkungen darüber gehört hat, dass eine bestimmte Führungskraft des Unternehmens ungewöhnlich fähig oder verhältnismäßig inkompetent ist, kann er speziell darum bitten, mit ihr zusammenzutreffen. Wenn er das tut, hat er den gewaltigen Vorteil, genau zu wissen, was er zu bestätigen oder zu widerlegen versucht.

Aus Gründen wie diesen liefert die Methode, zuerst möglichst viele Informationen aus denjenigen herauszuholen, die mit dem Unternehmen zu tun haben oder zu tun hatten, und sich erst dann an die Spitzenmanager des Unternehmens zu wenden, insgesamt enorm viel bessere Ergebnisse. Die meisten Anlageexperten sind auf andere Weise nicht in der Lage, die tatsächlichen Schwächen vieler scheinbar starker Unternehmen herauszufinden. Zugegebenermaßen erfordert das alles Zeit. Allerdings sind die Vorteile für diejenigen, die in der Lage sind, einen bedeutenden Teil der von ihnen verwalteten Gelder in Unternehmen zu investieren, deren Aktien enorm viel schneller steigen als der Gesamtmarkt, so groß, dass es auf der Hand liegen dürfte, dass die finanzielle Belohnung für Zeit, die auf diese Weise effizient verwendet wurde, ungewöhnlich reichhaltig ist.

Wenn also die Buschfunk-Methode so viel leistet, ist sie dann die ultimative Methode, um unter den heutigen wirtschaftlichen Bedingungen erfolgreich Geld zu investieren? Ich glaube, dass sie eine bedeutende Schwäche aufweist. Irgendwann (ich weiß nicht, wie lange es dauern wird) wird dem durch eine noch fortgeschrittenere Methode abgeholfen werden. Diese Methode wird die Anlagebranche revolutionieren. Sie wird die Probleme vieler Anleger lösen, die derzeit offenbar nicht in der Lage sind, herauszufinden, wo sie Hilfe bei der Geldanlage suchen sollen.

Was ist falsch an der Buschfunkmethode und wird irgendwann etwas Besseres an ihre Stelle treten? Sie ist viel zu langsam. Jemand, der allein arbeitet, kann Monate brauchen, bis er das Mindestmaß an Hintergrundinformationen bekommen hat, das er haben sollte. Es ist keine einfache Angelegenheit, diejenigen Personen außerhalb eines Unternehmens aufzustöbern, die am meisten über die Stärken und Schwächen des Unternehmens wissen. Genauso schwierig ist es manchmal, gute Quellen zu finden, die einen mit all diesen Menschen bekannt machen, damit sie sich für einen Vermögensverwalter Zeit nehmen und seinen Nachfragen freundlich gegenüberstehen. Ein weiteres Problem ist die Geografie. Viele der besten potenziellen Informanten befinden sich vielleicht nicht in der Gegend des Anlagefachmanns. Es kann sich als schwierig erweisen, im Laufe der Ermittlungen einzelne Informationen mit weit entfernten Personen abzugleichen. Auch trifft es im Allgemeinen zu, dass es mit wachsender Entfernung umso schwieriger wird, gute Kontakte zu finden, die einen mit den gewünschten Informanten bekannt machen.

Leider warten die Ereignisse angesichts der atemberaubenden Schnelligkeit der heutigen technischen und finanziellen Entwicklungen häufig nicht auf diesen allmählichen Gang der Recherchen. Allzu oft haben andere, während man die notwendige Arbeit leistet, bereits die Möglichkeiten des voraussichtlichen Investments erkannt. Daher kann die untersuchte Aktie bis zu einem Punkt gestiegen sein, wo sie sehr viel weniger attraktiv ist, als sie es zu Beginn der Untersuchung war. Außerdem kann sich der Anlagefachmann in einer Zeit, in der so viele der größten Anlagemöglichkeiten an derart hochkomplexe wissenschaftliche Fortschritte gebunden sind, in einem Tumult hochtechnischer Behauptungen und Gegenbehauptungen verirren. Womöglich stellt er fest, dass ihm der Bildungshintergrund für intelligente Entscheidungen fehlt.

Die komplexen Technologien, die in den Forschungslabors unserer herausragenden Industriekonzerne mühselig, aber doch erfolgreich entwickelt wurden, weisen den Weg zu dem, was im Laufe der Zeit bei der Entwicklung besserer Methoden für die Auswahl herausragender Aktien passieren wird. Bedeutende Erfindungen und neue Produkte entspringen nicht mehr einem einzelnen, allein arbeitenden Genie. Vielmehr kommen sie durch die Teamarbeit einer Gruppe von Menschen zustande, von denen jeder eine andere wissenschaftliche Disziplin und einen anderen Hintergrund hat. Beispielsweise entwickelt sich in der modernen Industrie ein bedeutendes neues Produkt oder ein entsprechender Prozess mit größerer Wahrscheinlichkeit aus der gemeinsamen Arbeit von mehreren Menschen als aus der Arbeit von einem. Vielleicht arbeiten ein Chemiker, ein Physiker, ein reiner Mathematiker, ein Betriebsingenieur und ein Biologe oder ein Vertreter der Vertriebsabteilung zusammen. Die gegenseitige Befruchtung der Ideen der Einzelnen – die Möglichkeit der Gruppe, auf die Fachkenntnisse aller zurückzugreifen – ist das einzige, was in einer Welt, in der viele der weniger komplexen Fortschritte bereits gemacht wurden, noch Fortschritte ermöglicht.

Man sollte aber nicht vergessen, dass eine derartige Kooperation nicht so einfach zustande kommt. Die Temperamente von Menschen mit solch unterschiedlichen Hintergründen lassen sich wahrscheinlich nicht vollständig miteinander vereinbaren. Sogar noch unwahrscheinlicher ist es, dass sie ähnliche Aussichten und Ziele haben. Infolgedessen ist Teamwork im wahrsten Sinne des Wortes nicht leicht zu schaffen und wird auch nicht immer vollbracht. Nur auf die harte Tour, nach wiederholtem Versuch und Irrtum, lernt die Industrie, Führungsstärke hervorzubringen, die unterschiedliche Temperamente und Bildungshintergründe zu Teams kombinieren kann, die bedeutende praktische Leistungen hervorbringen.

Kommen wir nun auf die Finanzbranche zurück. Heute beschäftigen manche der größten und erfolgreichsten Investmentbanken,

Brokerhäuser und Anlageberatungen echte oder angebliche Anlagefachleute, die sich jeweils auf eine bestimmte Branche oder Branchengruppe spezialisiert haben. Diese Männer befinden sich fast immer in einer Großstadt, gewöhnlich am Hauptsitz des Unternehmens, für das sie arbeiten, dessen Teilhaber oder dessen Führungskraft sie sind. Je nach ihren charakteristischen Fähigkeiten und je nachdem, wie sie Varianten des Buschfunks einsetzen, bringen sie Investmentergebnisse hervor, die sich von einem zum anderen enorm unterscheiden. Leider wandern manche dieser „Experten" nach wie vor von einem Management zum anderen und verlassen sich bezüglich ihrer Informationen auf nicht viel mehr als auf das, was die Unternehmen über ihre Geschäftstätigkeit freiwillig mitteilen. Indes werden alle, die Aktien begutachten, vom Fähigsten bis zum Unfähigsten, insofern in ihrer Arbeit gebremst, als sie nicht die ganze Zeit reisen können. Außerdem müssen sie den größten Teil der Arbeit auf ihrem Fachgebiet machen, ohne Hilfe von anderen sowie ohne Kontrolle durch andere.

Irgendwann wird ein gewandtes Management bei der „Anlageforschung" – Investment-Research – ein Teamwork schaffen, das mit dem vergleichbar ist, was in der industriellen Forschung bereits gemacht wird. Es wird ein anderes, unglaublich viel effizienteres System entstehen. Es wird nicht mehr so sein, dass es in der New Yorker Zentrale einen Elektronikspezialisten gibt, der zweimal im Jahr „durchs Land reist". Stattdessen wird es einen solchen Mann in New York geben, der für ein Gebiet zuständig ist, das sich vielleicht vom Bundesstaat New York aus ins westliche Pennsylvania und bis ins nördliche Virginia erstreckt. Seine Aufgabe wird sich nicht darauf beschränken, Informationen über die Elektronikunternehmen zu beschaffen, die ihren Sitz in dieser Region haben. Stattdessen wird er alle in diesem Gebiet verfügbaren Informationen über alle Elektronikunternehmen sammeln, die gerade untersucht werden sollen, unabhängig davon, wo sie ihren Sitz haben (wozu notwendigerweise auch einiges Wissen über die Stärken und Schwächen von Konkurrenzunternehmen gehört). In Neuengland, in Kalifornien und in den anderen Zentren der Elektronikindustrie, etwa in der Region Chicago-Milwaukee-Minneapolis, wird es weitere Mitglieder des gleichen Teams geben. Besitzen diese Menschen das rechte Format, hat jeder von ihnen in seiner Heimat so viele Freunde, Kollegen und Ansprechpartner gewonnen, dass er mithilfe bereits bestehender Kontakte eine enorme Menge an Hintergrundinformationen und Meinungen beschaffen kann. Auch gibt es keinen Grund, weshalb sich Angehörige einer solchen Gruppe bei ihrer Arbeit auf nur eine Branche beschränken müssten. Die Zeit, die jeder dadurch spart, dass er keine ausgedehnten Besuche außerhalb seines geografischen Gebiets machen muss, würde es diesen Leuten ermöglichen, innerhalb ihrer Region ein beträchtlich breiteres Feld an Branchen zu betreuen, als es heute viele derartige Experten tun.

Die Vorteile eines solchen Systems würden weit über den offensichtlichen Vorteil hinausgehen, dass in Tagen das geleistet werden könnte, was heute die gleiche Zahl an Monaten dauert. Ein solches System würde Abgleiche mit Kunden, Konkurrenten und Zulieferern beinhalten, die weit über das hinausgehen, was heute durch den Buschfunk möglich ist. Da mehrere Personen beteiligt wären, wäre die Wahrscheinlichkeit geringer, dass die einzelnen persönlichen Vorurteile falsche Antworten hervorbringen. Anders gesagt würde es nicht nur schnellere und mehr Antworten hervorbringen, sondern – was noch wichtiger ist – auch einen größeren Anteil an richtigen Antworten. Im Anlagegeschäft zahlt sich nur die richtige Antwort aus. Alle anderen zehren an den Gewinnen, die die richtigen Antworten hervorbringen.

Doch auch wenn eine solche Methode ein gewaltiges theoretisches Potenzial besitzt, so stellen sich in der Praxis, daraus lohnenswerte Ergebnisse zu gewinnen, doch große Probleme. Die Zahl der hochkompetenten Leute auf diesem Gebiet ist nicht groß. Es dürfte schwierig sein, genug von ihnen zusammenzubekommen, um eine ausgewogene Organisation einzurichten. Nur Versuch und Irrtum würden alle Fallstricke enthüllen, die dann auftauchen würden. Es könnte beispielsweise sein, dass ein Mitglied der Gruppe so viel Prestige besitzt und von seinen Kollegen so sehr geachtet wird, dass seine Ansichten meistens dominieren, obwohl das nicht geplant war. Jedoch könnte es sein, dass seine Urteile in einem solchen System nicht annähernd so gut wären wie bei den heutigen Methoden. Das liegt daran, dass es nicht mehr mit allen Unternehmensleitungen, die es beurteilt, persönlichen Kontakt hätte. Viele Unternehmen befänden sich außerhalb seines Gebiets. Ich glaube, dass diese Probleme mit der Zeit gelöst werden und dass die Investmentbranche eine Methode entwickeln wird, um ihren Kunden die richtigen Empfehlungen für den Kauf, das Halten und den Verkauf von Aktien mit einer Effizienz zu geben, von der wir heute noch nicht einmal träumen können. In der Anfangsphase einer solchen Entwicklung muss jedoch so viel über die richtige Koordination gelernt werden, dass ein solches System höchstwahrscheinlich nicht nur in Bezug auf die Gehaltskosten viel teurer sein wird als die heutigen Methoden, sondern auch in der Vorbereitungsphase eher enttäuschende Ergebnisse hervorbringen wird.

Derzeit sind die Parallelen zwischen dem, was im Anlagegeschäft vor uns liegt, und dem, was auf dem Gebiet der industriellen Forschung bereits geschehen ist, sehr eng. Moderne Forschungslabors sind für die finanzierenden Unternehmen enorm viel kostspieliger als die ältere Methode, bei der brillante Einzelinvestoren für sich selbst arbeiteten. Zudem sichert es noch nicht den späteren finanziellen Erfolg, einfach nur aus Forschern mit sehr unterschiedlichen Fähigkeiten bestehende Expertenteams zusammenzustellen. Dies sichert lediglich massive Anfangskosten. Doch die Geschichte vieler unserer erfolgreichsten Großunternehmen zeigt, dass diese gewaltig hohen modernen Forschungsauslagen unter geschickter Führung eine Maschine sein können, die einen stets wachsenden Strom an Gewinnen produziert, der über die wildesten Träume einer früheren Generation von Einzelinvestoren hinausgeht. Dieser Wandel ist nicht über Nacht gekommen. Anfangs arbeiteten nur zwei oder sehr wenige Menschen mit unterschiedlichen

Fähigkeiten und Ausbildungen zusammen, bis sich nach und nach die Methode der modernen industriellen Forschung entwickelte. Ebenso wird die Anlagebranche nicht zu einem bestimmten Zeitpunkt von den heutigen einsamen Streifzügen auf Teams umstellen – jeweils mit Freunden, Ansprechpartnern und bedeutenden Informationsquellen in jedem geografischen Gebiet. Einige fähige Menschen, die in verschiedenen Gebieten an der gleichen Problemstellung arbeiten (und sich nicht bloß nach ihrer einzeln getanen Arbeit austauschen), werden erstmals so viel schneller die richtigen Antworten und so viel mehr richtige Antworten finden als diejenigen, die die bestehenden Methoden anwenden, dass auch die Konkurrenz im Laufe der Zeit die derzeitigen Wege, zu Anlageentscheidungen zu gelangen, durch die neuen ersetzt.

Das, was mit der Zeit im Anlagegeschäft geschehen wird, wird eng vergleichbar mit dem sein, was derzeit im Luftfrachtgeschäft geschieht und weiterhin geschehen wird. Die Frachtjets, die wohl in der Zeit von 1962 bis 1964 üblich werden, sind in der Anschaffung viel teurer und werden pro Stunde, die sie in der Luft sein werden, viel mehr kosten als die alten DC-4. Allerdings werden sie auch viel mehr Fracht transportieren können. Aufgrund ihrer höheren Geschwindigkeit werden sie jede Woche mehr Hin- und Rückflüge absolvieren. Daher werden sie jedes Pfund Fracht enorm viel kostengünstiger bewegen als eine DC-4. Dies wiederum wird es ermöglichen, dass enorme Frachtmengen durch die Luft transportiert werden, die bei der Kostenstruktur der DC-4 niemals als Luftfracht befördert worden wären. Dies wird denjenigen, die über die enormen Kapitalmengen und die komplexe Organisation für den Betrieb dieser neuen Jets verfügen, große Quellen für Wachstum und Neugeschäft eröffnen. Auch wird die Bereitstellung eines angemessenen Kundenservice nach den Methoden, die sich im Laufe der Zeit entwickeln werden, wahrscheinlich so kostspielig sein, dass nur die größeren derzeit tätigen Unternehmen oder mehrere kleinere, die zusammenarbeiten, das nötige Kapital für den Wettbewerb haben werden. Aber die Aufgaben werden dadurch so viel effizienter erledigt, dass die Kosten pro zufriedenem Kunden so viel niedriger sein werden als bei den heutigen verschwenderischen und ungenauen Methoden, so wie die Kosten für Luftfracht 1964 niedriger sein werden als 1958. Wenn mehr und mehr Menschen merken, dass es relativ einfach ist, Anlageberatung von Menschen zu bekommen, die wirklich genug über die innere Funktionsweise der Unternehmen wissen, deren Aktien sie empfehlen, um sich in ihnen nur selten zu irren, dann werden die Zahl der Anleger und die Geldbeträge, die sie in Aktien investieren, spektakulär wachsen. Angesichts der großen Zahl von Menschen aus allen Teilen des Landes, die mir immer wieder berichten, dass es ihnen nicht gelingt, eine wirklich fundierte Anlageberatung zu erhalten, kann ich zu keinem anderen Schluss kommen.

Man versteht besser, warum es für so viele Anleger heutzutage so schwierig ist, jemanden zu finden, an den sie sich wenden können, um eine adäquate Anlageberatung zu erhalten, wenn man die Vielzahl unlogischer und sich überschneidender Wege betrachtet, auf denen sich die Anlagebranche entwickelt. Noch besser verstehen wir das, wenn wir einen Schritt weiter gehen und durch Überprüfung feststellen, dass viele der hauptsächlichen Zweige dieser Branche in der konkreten Praxis ganz anders handeln, als man es theoretisch von ihnen erwarten sollte. Bei dieser Überprüfung sollten wir gewisse grundlegende Konzepte stets im Kopf behalten:

(1) Das Einzige, was fast alle Anleger von den Zweigen der Investmentbranche wollen, mit denen sie zu tun haben, ist die korrekte Beratung, welche Anlagen sie kaufen, welche sie halten und welche sie verkaufen sollen.

(2) Fast jeder in der Investmentbranche, der überwiegend gute derartige Ratschläge gibt, wird feststellen, dass sein Geschäft wächst und wächst und wächst. Hingegen werden die Geschäfte derjenigen, deren Rat im Allgemeinen schlecht ist, nicht wachsen. Gewöhnlich werden sie ständig am Rande des Bankrotts stehen, weil sie stets gezwungen sind, große Vertriebsanstrengungen zu unternehmen und zu versuchen,

Neukunden zu gewinnen, die diejenigen ersetzen, die immer Verlust machen.

(3) Der einzige sichere Weg, Anlageberatung zu bieten, die meistens vorteilhaft für diejenigen ist, die sie in Anspruch nehmen, besteht darin, alle wichtigen Fakten über alle Aktien zu kennen, die man zum Kaufen oder zum Halten empfiehlt. Noch genauer gesagt: Damit die Ratschläge für diejenigen, die sie befolgen, herausragend profitabel sind, muss man von wichtigen Veränderungen zum Besseren oder Schlechteren wissen, die die jeweiligen Unternehmen betreffen, bevor diese Tatsachen im größten Teil der Finanzwelt allgemein bekannt werden, und auf jeden Fall bevor sie sich in den aktuellen Unternehmensabschlüssen niederschlagen.

Grob lassen sich vier große Zweige dieser sehr wichtigen Branche unterscheiden, die sich um den Teil der Ersparnisse des Landes kümmern, der in Aktien investiert wird. Es handelt sich um die Investmentbanken, die Börsenmakler, auch Broker genannt, die Investmentgesellschaften und die Anlageberater. Wir werden gleich sehen, dass die Grenzen zwischen ihnen alles andere als klar sind. Lassen Sie uns jedoch versuchen, zu sehen, wie die einzelnen Akteure in Bezug auf diese drei grundlegenden Konzepte der Anlageperformance abschneiden, die für die besten Interessen sowohl des anlegenden Kunden als auch der Anlagegesellschaft, mit der er Geschäfte tätigt, so wichtig sind.

Nehmen wir als Erstes die Anlageberatungen. Zumindest in der Theorie sollte sich diese Gruppe eigentlich hinsichtlich der drei grundlegenden Konzepte gut bewähren. Ihre einzige Funktion, auf deren Grundlage sie auch entlohnt werden, besteht darin, im Interesse der Anlegerkunden zu handeln. Sie haben im Gegensatz zur Investmentbank kein geldwertes Interesse daran, den Kauf einiger weniger Wertpapiere zu empfehlen, die sie bereits besitzen. Auch liegen nicht wie bei den Brokerhäusern, die auf die Gebühren angewiesen sind, die gekauften und verkauften Mengen in ihrem Interesse. Warum also gibt es so viele Anleger, denen es offenbar sehr schwerfällt, eine zufriedenstellende Anlageberatung zu finden?

Tatsächlich gibt es über das Land verstreut diverse Anlageberatungen (manche von ihnen sogenannte professionelle Vermögensverwaltungen), die ausgezeichnete Arbeit leisten und den drei grundlegenden Konzepten gerecht werden. Wie bei den anderen großen Gruppen gibt es auch hier einige, die das vor allem aufgrund persönlicher Inkompetenz nicht tun. Das sind Menschen, die sich niemals auf dieses Tätigkeitsfeld hätten begeben dürfen. Ich glaube allerdings, dass es noch die dritte und äußerst bedeutende Gruppe derjenigen gibt, die nicht das leistet, was sie könnte und was zu erwarten meines Erachtens die Anleger das Recht haben sollten, vor allem wegen ihrer Arbeitsmethoden und womöglich wegen ihrer Größe. Viele Anlageberatungen sind relativ kleine Unternehmen. Würde man die Arbeitszeiten ihrer Mitarbeiter (außer den reinen Bürokräften) analysieren, dann wäre das vermutlich sehr aufschlussreich. Dabei könnte man die Wochenarbeitszeit in vier verschiedene Kategorien einordnen. (1) Termine mit Kunden oder voraussichtlichen Kunden, Telefonate mit ihnen, Analyse der Investmentlisten einzelner Kunden; (2) das Lesen öffentlich verfügbarer Unternehmensabschlüsse, von Finanzzeitschriften, Wahrnehmung offizieller Termine bei Analystenverbänden. In allen diesen Fällen stehen nicht nur der gesamten Finanz-Community die gleichen Informationen zur Verfügung, sondern sie lauten außerdem meistens stark zugunsten des Unternehmens, das die Nachrichtenquelle liefert. Unvorteilhafte Aspekte der Angelegenheiten eines Unternehmens werden gewöhnlich abgeschwächt oder ganz ausgelassen; (3) persönliche Gespräche oder Telefonate mit Unternehmensvertretern über die Geschäfte ihrer eigenen Unternehmen; (4) Termine oder Gespräche mit informierten Personen über Dinge, die für die Geldanlage von Bedeutung sind und sich auf Unternehmen beziehen, denen sie nicht angehören, doch mit denen sie vertraut sind.

Nur allzu viele Anlageberater verbringen anscheinend den größten Teil ihrer Zeit mit Angelegenheiten der ersten Kategorie, und die Zeit nimmt von dieser zur zweiten, von dieser zur dritten und von dieser zur vierten kontinuierlich ab. Jedoch haben mich mehr als 30 Jahre Erfahrung in der Investmentbranche immer wieder zu der Überzeugung gebracht, dass allein die Zeit, die man mit der dritten Kategorie – unterstützt durch beträchtliche Zeit mit der vierten (vor allem in den Anfangsphasen der Recherche und des Kaufs eines Unternehmens) – verbringt, einen beeindruckenden Erfolgsdurchschnitt an hochprofitablen Anlageentscheidungen hervorbringen kann. Dadurch, dass Anlageberatungen die Positionen ihrer Kunden in einigen wenigen gut ausgewählten Unternehmen bündeln, sind sie in der einzigartigen und günstigen Position, die Loyalität der Unternehmensleitungen zu gewinnen und dadurch fortan stets gut informiert zu bleiben.

Wenden wir uns nun den größten Segmenten der Investmentbranche zu: den Brokerhäusern und Investmentbanken. Ich fasse diese beiden zusammen, weil sie zwar historisch als völlig unterschiedliche Unternehmen angefangen haben, es aber heute – wenn überhaupt – nur wenige Investmentbanken gibt (zumindest was Stammaktien angeht, die uns hier allein interessieren), die nicht auch Brokerhäuser sind. Es gibt einige Broker, die nie als Investmentbanker agieren, doch die meisten treten als Investmentbanker auf oder beteiligen sich zumindest an Emissionskonsortien, wenn sie darin eine profitable Chance sehen.

Für diejenigen, die mit diesen Begriffen nicht vertraut sind, dürfte dies eine geeignete Stelle sein, um für ein paar Definitionen innezuhalten. Eine Investmentbank handelt mit Aktien, die sie bereits besitzt, ebenso wie eine Bäckerei im Groß- oder Einzelhandel Teigwaren verkauft, die ihr gehören. Vielleicht möchte sich ein Unternehmen durch den Verkauf zusätzlicher Aktien Geld beschaffen oder ein Großaktionär möchte seine Position im Ganzen oder in Teilen als Block veräußern. Die Investmentbank bezahlt dem Unternehmen beziehungsweise der Person für diese Aktien bares Geld und versucht dann, sie im Groß- oder Einzelhandel abzusetzen. Steigt die Aktie währenddessen, wird zusätzlicher Gewinn erzielt. Fällt sie, sinkt der Gewinn oder wird zum Verlust. Auf jeden Fall trägt der Verkäufer wie jeder andere Händler auch das Risiko, dass sich der Wert seiner Vorräte ändert.

Ein Broker oder Börsenmakler handelt im Gegensatz dazu ausschließlich im Auftrag von Käufern und Verkäufern. Er bekommt einen als Order bezeichneten Kauf- oder Verkaufsauftrag. Dann findet er – bei börsennotierten Aktien an einer Börse, bei anderen Aktien im Freiverkehr – zum bestmöglichen Preis jemanden, der die Aktien anbietet, die er kaufen will, beziehungsweise die Aktien kaufen will, die er anbietet. Da er nur als Mittler oder Makler auftritt, entstehen ihm weder die Kosten noch die Risiken der Investmentbank, die ihren eigenen Bestand führt. Zumindest theoretisch muss er keinen Verkäufer bezahlen, der seine Vorräte an den Mann bringt. Darum ist die Brokergebühr oder Kommission im Verhältnis zum Kaufwert ziemlich klein. So beträgt beispielsweise die Gebühr für den Kauf von 100 Aktien zu 50 Dollar an der New York Stock Exchange 44 Dollar, also weniger als 0,9 Prozent der umgesetzten Summe. Dagegen kann ein Investmentbanker bei einer börsennotierten Aktie durchaus das Zweieinhalb- bis Dreifache als „Spread" (wörtlich „Spanne") für die Abwicklung eines Blocks verlangen. Für Aktien eines Unternehmens, das erstmals an die Börse gebracht wird, kann er sogar 5 bis 15 Prozent verlangen. Natürlich müssen bei einer solchen Erstemission die Gebühren die diversen hohen Rechtskosten decken, die für die Registrierung bei der Börsenaufsicht (SEC = Securities and Exchange Commission) anfallen, und ihn für das Risiko entschädigen, dass er für ein bislang unbekanntes Wertpapier vielleicht nicht den erwarteten Preis erzielt.

Ich habe bereits auf den theoretischen Nachteil des Anlegers hingewiesen, wenn er es mit einer Investmentbank oder einem Broker statt mit einer Anlageberatung zu tun hat. Die Investmentbank ist ein Handelshaus, das versucht, seine Ware zu verkaufen, und daher erscheint es nicht logisch, dass sie ebenso uneigennützige oder gute Ratschläge geben könnte wie ein persönlicher Beauftragter des Käufers. Der Makler verdient sein Geld durch „Action", also durch Kauf- und Verkaufstätigkeit. Daher dürfte er ständig Druck ausüben, anzuschaffen und abzustoßen, während der Kern der erfolgreichen Geldanlage darin besteht, viele Jahre lang oder gar lebenslang an einer außergewöhnlichen Aktie festzuhalten. Dadurch, dass Aktionäre herausragende Aktien mit geringem Gewinn verkaufen, anstatt sie 25 Jahre lang zu behalten und beispielsweise 3.000 Prozent Gewinn zu erzielen, geht mehr Geld verloren als durch alle anderen törichten Investmentaktionen zusammen. Aus diesen Gründen sieht es zumindest theoretisch so aus, als sollte sich der Rat, Hilfe oder Verwaltung suchende Anleger von Investmentbanken, Börsenmaklern oder der so häufig vorkommenden Kombination aus beiden in der gleichen Firma fernhalten.

In der Praxis ist dem aber nicht immer so. Das liegt daran, dass viele dieser Firmen – vor allem die größeren – Vorteile besitzen, die diese Nachteile womöglich ausgleichen. Zwischen den meisten Großunternehmen und bestimmten Investmentbanken besteht auf exakt die gleiche Weise eine sehr enge Beziehung, wie sie zwischen diesen Unternehmen und ihren Geschäftsbanken besteht. Das heißt, wenn sie zusätzliches dauerhaftes Kapital benötigen, wenden sie sich an eine ganz bestimmte Investmentbank, die es ihnen durch den Verkauf von Wertpapieren beschafft – ebenso wie sie sich nicht an irgendeine Bank wenden, wenn sie vorübergehendes Kapital als Darlehen benötigen, sondern an die ganz bestimmte Bank, der sie nahestehen und die ihre Geschäfte kennt. Da so viele Großunternehmen enge und anhaltende Beziehungen zu bestimmten Investmentbanken pflegen, besitzen viele der größeren Investmentbanken eine Menge Wissen über eine bestimmte Gruppe von Unternehmen. Häufig sitzt ein Vertreter von ihnen im Verwaltungsrat. Solcherlei Kontakte können Anlageempfehlungen hervorbringen, die wirklich wertvoll sind. In ähnlicher Weise haben viele große Brokerhäuser – vollkommen abgesehen von dem Fall, dass sie als Investmentbanken agieren – so viel Geld von Kunden oder wohlhabenden Teilhabern in bestimmten Unternehmen angelegt, dass auch sie über solches Insiderwissen verfügen. Und auch viele

Brokerhäuser sind in den Verwaltungsräten und Vorständen nennenswert vertreten.

Indes kann diese Frage des handfesten Interesses von Investmentbanken, ihre eigene Ware zu verkaufen, oder des Brokers, um der sofortigen Gebühren willen unnötige Transaktionen zu empfehlen, bei verschiedenen Finanzhäusern sehr unterschiedlich ausfallen. Noch unterschiedlicher ist sie zwischen einzelnen Personen innerhalb der gleichen Firma. Es gibt in der Finanzindustrie viele, die eines der drei grundlegenden Konzepte nicht aus dem Blick verloren haben, mit denen diese Diskussion begonnen hat, nämlich dass ihr Geschäft wächst, wenn sie den Menschen, die sich wegen einer Finanzberatung an sie wenden, gute Leistungen bieten, und andernfalls nicht. Diese Leute – die vielleicht genauso sehr wie ihre kurzsichtigen Kollegen auf die Steigerung ihrer eigenen Profitabilität bedacht sind – legen viel mehr Wert darauf, ob eine bestimmte Aktion offensichtlich im besten Interesse des Kunden ist, als darauf, ob für sie selbst sofortige oder besonders hohe Provisionen herausspringen. Das tun sie nicht etwa, weil sie nicht geldgierig wären, sondern weil sie genug langfristiges Urteilsvermögen besitzen, um zu wissen, dass sie, um selbst möglichst erfolgreich zu sein, denjenigen, die sie beraten, etwas einbringen müssen. Sie wissen, dass nur die Zeit ein Bild von ihrer Arbeit zeichnen wird, das zu einem großen Teil darüber entscheiden wird, wie viel Geschäft sie in einigen Jahren haben werden.

All das bedeutet, dass das Auffinden des richtigen Anlagefachmanns, auf den Verlass ist, vom Standpunkt des Anlegers aus unter den derzeitigen Bedingungen nicht in erster Linie davon abhängt, ob die Firma des Beraters eine Anlageberatung, ein Brokerhaus oder eine Investmentbank ist. Tatsächlich verschwimmen die Grenzen zwischen diesen einst sehr unterschiedlichen Aktivitäten inzwischen so sehr, dass einige der größten Finanzhäuser alle drei Funktionen ausüben. Da einige Investmentbanken, die auch an den größeren Börsen beteiligt sind, wertvolle Kanäle besitzen, über die sie aus ihren älteren Aktivitäten wesentliche Investmentinformationen beziehen, und da sie diese Quellen grundlegender Investmentinformationen noch dadurch gestärkt haben, dass sie eine nennenswerte Gruppe von Wertpapieranalysten aufgebaut haben, um noch mehr Informationen zu beschaffen, haben sie neben ihren sonstigen Aktivitäten eigene Anlageberatungen eingerichtet.

Eine derartige Entwicklung ist vollkommen logisch und weist meiner Überzeugung nach die Richtung, in die die Finanzbranche gehen muss. Das Brokergeschäft hat sich in den letzten 30 bis 40 Jahren von Grund auf gewandelt. Vor dem Ersten Weltkrieg wurden die meisten Aktienkäufe von wohlhabenden Personen zu Spekulationszwecken getätigt, also in Form großer Blöcke, die an jemand anderen verkauft wurden, um einen schnellen Gewinn zu erzielen. In diesen Tagen nahm der Broker in erster Linie Orders entgegen. Sofern er überhaupt eine Beratungsfunktion erfüllte, dann vor allem in Form der Weitergabe von Gerüchten, Tipps und vereinzelter Insiderinformationen, die vielleicht anschaulich genug waren, um bei der betreffenden Aktie eine steile Bewegung auszulösen. Den Hintergrund für die gründlichen Kenntnisse und für die engen Kontakte bereitzustellen, die notwendig sind, um enorm viel größere Gewinne aus bedeutendem langfristigem Wachstum zu beziehen, ging weit über die Funktionen eines Maklers und über die Interessen der meisten Kunden hinaus. In dieser Zeit agierte ein Broker tatsächlich als Makler, und die größte Bedeutung bei der Befriedigung der Kundenbedürfnisse lag in der schnellen und vertraulichen Bearbeitung von Aufträgen und deren zügiger Ausführung.

Heute ist der durchschnittliche Kunde ein langfristig orientierter Anleger mit bescheidenen Mitteln. Er kauft eher in der Größenordnung von einer bis 500 Aktien als zu Zehntausenden. Es kümmert ihn kein bisschen, ob ein Broker seine Order 30 Sekunden früher oder später aufs Parkett bringt als ein anderer. Er will vielmehr jemanden haben, der gut genug weiß, was er tut, damit er zuverlässig raten kann, was man kaufen sollte, wie lange man es halten sollte und wann man es –

wenn überhaupt – verkaufen sollte. Für die wachsende Zahl der Menschen, die dies langfristig und nicht kurzfristig tun wollen, ist dies im Wesentlichen die Funktion eines Anlageberaters. Aus diesem Grund versuchen so viele Börsenmakler, die bewusst oder unbewusst erkannt haben, dass sich der Charakter ihrer Branche verändert hat, in unterschiedlichem Maße auch als Anlageberater aufzutreten. Manche verlangen dafür zusätzliche Gebühren, andere nicht. In beiden Fällen haben sie etwas Grundlegendes erkannt, nämlich dass die meisten Anleger kompetente Beratungsdienstleistungen wollen und dass derjenige, der dieses Geschäft bekommt, diese Dienstleistung am besten erbringen kann, unabhängig davon, wie er sich selbst nennt oder ob er gar ein Verkäufer ist, der mit Aktien aus dem Bestand seiner eigenen Firma hausieren geht. Dabei kommt es darauf an, wie gut die Aktien ausgewählt werden und ob der Berater kompetent genug ist, um sie weiterhin zu beobachten und sich gründlich über sie zu informieren, nachdem sie ausgewählt wurden.

Mag sein, dass viele von Ihnen, die noch keinen zufriedenstellenden Anlageberater gefunden haben (und ich werde ständig daran erinnert, dass Ihre Zahl nicht klein ist), allem, was ich geschrieben habe, zustimmen, aber davon auch völlig frustriert sind. Vielleicht räumen Sie ein, dass es hilfreich sein kann, zu wissen, wohin der Trend der Finanzbranche geht und wie die Probleme von Menschen wie Ihnen vielleicht in ein paar Jahren gelöst werden. Aber Ihre eigentlichen Interessen liegen im Hier und Jetzt. Ihr Problem wartet keinen in unbestimmter Zukunft liegenden Zeitpunkt ab. Vielleicht sagen Sie ja: „Aus diesen vielen Worten habe ich nur eines gelernt, nämlich dass die Frage, ob sich ein Anlagefachmann als Anlegeberater, Börsenmakler oder Investmentbanker bezeichnet, nichts damit zu tun hat, ob er jemand ist, auf dessen solide Anlageberatung Verlass ist. Ich will aber nicht wissen, worauf es nicht aufkommt, sondern worauf es ankommt. Wie hilft mir all das?“

Fünf Schritte zur Auswahl des passenden Anlageberaters

Um dies zu beantworten, werde ich nun fünf konkrete Schritte angeben, die man als Anleger in dem Versuch unternehmen kann, eine kompetente Quelle der Anlageberatung auszuwählen. Doch zunächst habe ich absichtsvoll einen langen Umweg beschritten. Ich glaube, dass der Grund dafür gleich klar werden wird. Zum Beispiel habe ich dadurch, dass ich die drei aufeinanderfolgenden Stadien erklärt habe, die die Methode der Auswahl herausragender Aktienanlagen in der Vergangenheit durchlaufen hat, und dadurch, dass ich das vierte Stadium gezeigt habe, das in der Zukunft kommen wird, versucht, einen Hintergrund zu liefern, der den Anleger in die Lage versetzt, besser zu verstehen, wie er einige dieser Schritte selbst unternehmen kann.

Hier nun die fünf konkreten Schritte, die ein Anleger unternehmen kann, um in der Investmentbranche jemanden zu finden, auf den er sich wirklich verlassen kann:

Schritt 1: Alle Anlagefachleute, die ernsthaft als Quelle der Anlageberatung infrage kommen, in zwei Gruppen einteilen. Einerseits in diejenigen, die von Grund auf mehr daran interessiert sind, dass eine bestimmte Transaktion für Sie von langfristigem Nutzen ist, als an der Gebühr, an der Provision oder an dem Gewinn, den sie aus dieser Transaktion beziehen. Andererseits in diejenigen, für die diese Gebühr im Jetzt das stärkere Motiv ist, das hinter dem konkreten Schachzug steht, den sie vorschlagen. Streichen Sie sofort alle, die nicht eindeutig in die erste Gruppe fallen. Wie lässt sich das herausfinden? Wer eine gute Menschenkenntnis hat, kann das wahrscheinlich recht gut aus Vorgesprächen herauslesen und sicher auch, wenn er nach einigen Transaktionen beobachtet hat, wie und warum sie vorgeschlagen wurden. Andere müssen sich vielleicht auf das verlassen, was sie darüber von Menschen erfahren können, mit denen sie Kontakt aufnehmen können und die bereits die Dienste dieses Beraters in Anspruch nehmen, die ihn vielleicht als Bekannten kennen oder die ihn daher kennen, dass sie ebenfalls in der Investmentbranche tätig sind.

Schritt 2: Fragen Sie jeden potenziellen Finanzberater nach seiner grundsätzlichen Anlagephilosophie, also danach, was er für Sie tun will und wie er dabei vorgeht. Streichen Sie alle, deren langfristige Ziele sich von Ihren unterscheiden. Da mein Buch „Common Stocks and Uncommon Profits" im Wesentlichen kaum mehr ist als eine Zusammenfassung meiner eigenen Philosophie der richtigen Geldanlage, die ich als für die meisten (wenn auch nicht zwingend für alle) Aktienanleger am wünschenswertesten erachte, brauche ich hier nicht alles zu wiederholen. Doch eines, was ich in jenem Buch geschrieben habe, sollte ich hier noch einmal sagen: Ich bin zwar überzeugt, dass dies die wünschenswerteste Art und Weise ist, von Aktien zu profitieren, aber sie ist nicht die einzige Art und Weise, die erfolgreich ist oder sein wird. Es kommt nicht darauf an, dass der von Ihnen gewählte Anlageexperte mit meinen langfristigen Zielen und meinen Methoden, diese zu erreichen, übereinstimmt, sondern darauf, dass er überhaupt Ziele hat, und vor allem, dass diese mit Ihren übereinstimmen.

Schritt 3: Fragen Sie nach spezifischen Details dazu, wie der Berater, den Sie in Betracht ziehen, oder die Organisation, die hinter ihm steht, an die Informationen herankommt, die er als Grundlage für seine Anlageempfehlungen verwendet. Finden Sie heraus, was er oder seine Organisation tut, um darüber auf dem Laufenden zu bleiben, was in den Unternehmen vorgeht, deren Aktien er Ihnen zum Kauf empfiehlt, und zwar nicht nur jetzt, sondern auch nachdem Sie sie gekauft haben und während Sie sie halten. Schauen Sie, wie sorgfältig er oder seine Kollegen den Faktor der Unternehmensleitung beobachten, anstatt sich weitgehend auf veröffentlichte Unternehmensabschlüsse zu verlassen (die keine Ursachen, sondern Ergebnisse sind), die der gesamten Finanzwelt zur Verfügung stehen. Bedenken Sie, dass die Kenntnis von wichtigen Tatsachen, bevor sie der gesamten Finanzwelt bekannt werden, die größte Quelle bedeutender Gewinne oder der Vermeidung bedeutender Verluste ist. Vergessen Sie nie, dass ein brillanter Kopf, der mit mageren und unzureichenden Kenntnissen arbeitet, weit schlechtere Ergebnisse produzieren wird als ein gewöhnlicher, aber leidlich kompetenter Anlagefachmann mit vollständiger Kenntnis der wesentlichen Fakten über ein Unternehmen zu einem Zeitpunkt, zu dem die meisten anderen sie noch nicht haben. Deshalb ist die Art der Informationsquellen so wichtig. Deshalb ist es so wichtig, dass das genutzt wird, was ich als Buschfunk bezeichnet habe, es sei denn, ein Anlageexperte steht der Unternehmensleitung so ungewöhnlich nahe, dass er sich auf ein völlig ausgewogenes Bild der günstigen und ungünstigen Entwicklungen verlassen kann – etwas, das sich normalerweise erst nach Jahren einer engen Verbindung entwickelt. Andernfalls können die Fakten, die ein Anlagefachmann von einer Unternehmensleitung erfährt, zwar an sich alle zutreffend sein, er hat jedoch keine Möglichkeit, herauszufinden, ob es womöglich noch andere Angelegenheiten gibt, die sie kompensieren oder mehr als kompensieren. Deshalb sagte mir ein sehr großer und sehr erfolgreicher Investor kürzlich, er habe einige sogenannte Wertpapieranalysten aufgefordert, ihn nicht mehr anzurufen. Er sagte: „Diese Leute gehen von einem Unternehmen zum anderen und wiederholen mir das, was ihnen die Unternehmensleitungen, denen sie nicht besonders nahestehen, gesagt haben. Ich habe festgestellt, dass solche unausgewogenen Geschichten sehr gefährlich sein können."

Verwechseln Sie bei dieser äußerst wichtigen Frage der Überprüfung der Informationsquellen potenzieller Anlageberater nicht Quantität mit Qualität. Dazu fällt mir ein eher amüsanter Vorfall ein, der in meinem Büro vor etwa einem Jahr stattfand. Ein Vertreter einer recht großen Broker- und Investmentbanking-Firma aus einem anderen Teil des Landes kam zu mir. Er erzählte mir von der unglaublich großen Zahl von Wertpapieranalysten, die seine Firma beschäftigte, und von der Anzahl der äußerst lohnenswerten Sonderberichte, die sie erstellten. Ich versicherte ihm, wenn diese mir brauchbare Ideen verschafften, würde er nicht leer ausgehen, was Brokeraufträge angeht. Er bot mir an, ein paar Berichte dazulassen. Nur einer bezog sich auf ein Unternehmen, über das ich recht gründlich informiert bin. Ich wählte diesen Bericht und noch ein paar andere aus, die jeweils von einem anderen sogenannten Spezialisten verfasst worden waren. Derjenige über das Unternehmen, das ich bereits kannte, beeindruckte mich überhaupt nicht. Er berichtete, was jeder wissen konnte, der ab und zu bei der Unternehmensleitung nachfragte und die Geschäfte des Unternehmens recht oberflächlich kannte. Dann nahm ich einen anderen Bericht, über ein Unternehmen, über das ich wenig wusste, und fragte einen Bekannten in diesem Unternehmen, was er davon halte. Er zeigte ihn mehreren Spitzenmanagern des Unternehmens. Alle stimmten ihm zu, dass er nur ungefähr das Maß an Wissen über das Unternehmen wiedergab, das ein Außenstehender bei einer beiläufigen Untersuchung hätte erlangen können, mehr nicht. Er drang keineswegs unter diese Oberfläche vor. Ich beschloss, dass ich mit jemandem in der Investmentbranche, der eine derart oberflächliche Arbeit ablieferte, nichts zu tun haben wollte. Auf die Gefahr hin, grob zu erscheinen, entschied ich, dass ich am wenigsten Zeit vergeuden würde, wenn ich dies dem Vertreter beim nächsten Termin einfach sagen würde. Da ich aber nicht die Gefühle von jemandem verletzen wollte, den ich für wirklich aufrichtig hielt, hatte ich doch gewisse Bedenken, als der Mann wiederkam. Nachdem ich meine Gedanken so taktvoll geäußert hatte, wie ich konnte, war ich erstaunt, ihn von einem Ohr zum anderen grinsen zu sehen. Er sagte mir, er sei bezüglich der Firma, der er angehörte, zum exakt gleichen Schluss gekommen, er sehe keine Zukunft in der Zusammenarbeit mit Menschen, die ihre Ansprechpartner mit mittelmäßiger Arbeit versorgen, er habe bereits gekündigt und sei nicht zu mir gekommen, um Geschäfte zu machen, sondern um mich nach meiner Meinung über eine hervorragende Investmentgruppe zu fragen, bei der er sich um eine Stelle bewerben könnte!

Also: Wenn Sie mit einem voraussichtlichen Anlagefachmann sprechen, achten Sie auf die Qualität des Materials, das ihm zur Verfügung steht, nicht auf die Quantität. Vielleicht wissen Sie nicht genug über ein Unternehmen, um die Qualität seiner Berichte selbst beurteilen zu können, aber vielleicht haben Sie (wie ich) einen Bekannten in diesem Unternehmen in einer ausreichend hohen Position, um dies für Sie erledigen zu können.

Schritt 4: Wenn Sie bereits eine Reihe von Wertpapieren besitzen, sollten Sie prüfen, ob ein potenzieller Anlageberater zu jedem dieser Wertpapiere eine Meinung hat. Niemand kann Zugang zu einer derart endlosen Menge an echten Hintergrundinformationen haben, dass er ein Experte für alle Aktien ist, die an den diversen Börsen notieren oder im Freiverkehr gehandelt werden. Deshalb steht ein ehrlicher Anlageberater, dem eine Liste von Aktien vorgelegt wird, die nicht auf seine Vorschläge hin gekauft werden, häufig vor einem schwierigen Problem. Er kann seinem neuen Kunden die Aktien lassen, die einen guten Ruf haben, über die er allerdings nicht ausreichend informiert ist. Oder er kann ehrlich zu seinem Kunden sein, ihm sagen, dass er nur für Anlagen die Verantwortung übernehmen kann, die er wirklich kennt, und es dem Kunden überlassen, ob er aus Aktien, über die keiner von beiden ausreichendes Wissen besitzt (und die trotzdem ausgezeichnete Anlagen sein können) in solche umschichten will, die vielleicht nicht besser sind, aber die der Anlagefachmann auf intelligente Weise beobachten kann. Normalerweise besitzt ein Anlageberater, der ganz ehrlich sagt, was er nicht weiß, gründliches Wissen über andere Aktien. Jemand, der auf dem Gebiet der Geldanlage so tut, als wisse er über alle Aktien alles, kann sehr gefährlich sein. Erwarten Sie außerdem von einem Anlagefachmann niemals, dass er qualifiziert wäre, zu allen möglichen Aktienkäufen eine Meinung zu äußern. Schon wenn einem nur ganz beiläufig bewusst ist, wie viel Wissen man braucht, um eine Kaufempfehlung für die Aktie nur eines Unternehmens zu rechtfertigen, sollten die Gründe dafür auf der Hand liegen.

Schritt 5: Informieren Sie sich so gut wie möglich über die Erfolgsbilanz jedes infrage kommenden Anlagefachmanns. Streichen Sie diejenigen, deren Performance im Vergleich zu der allgemeinen Börsenentwicklung im Betrachtungszeitraum offenbar schlecht war. Bedenken Sie dabei jedoch, dass einige der spektakulärsten erfolgreichen Aktieninvestments mehrere Jahre brauchen können, bevor sie beginnen, sich am Markt zu bewähren. Ignorieren Sie darum auf jeden Fall alle Performance-Bilanzen, die über weniger als drei Jahre reichen. Bitten Sie außerdem einen möglichen Kandidaten für die Verwaltung Ihrer Anlagen erst dann um Referenzen in diesem Bereich, wenn Sie ihn bereits recht gut kennen. Unweigerlich wird er für manche Menschen bessere Ergebnisse erzielen als für andere, und es liegt in der Natur des Menschen, dass er Sie an solche verweisen wird, bei denen es besonders gut gelaufen ist. Wenn Sie allerdings Menschen finden, für die er bereits seit mehreren Jahren arbeitet, dann kann das, was sie zu sagen haben, äußerst erhellend sein. Wenn die Bilanz dann nicht gut ist, Sie aber ansonsten sowohl von dem Mann beeindruckt sind, den Sie in Erwägung ziehen, als auch von der Investmentfirma, die hinter ihm steht, gehen Sie der Sache noch ein bisschen weiter nach. Manchmal wirkt die Erfolgsbilanz eines Anlagefachmanns vor allem deshalb schlecht, weil der Kunde seine Ratschläge nicht vollständig, sondern nur teilweise befolgt. So begehen manche Anleger die große finanzielle Torheit, kleinen Gewinnmitnahmen nicht widerstehen zu können. Entgegen allen Ratschlägen raffen sie wenige Punkte Gewinn zusammen und steigen aus einer glänzenden Anlage aus, bevor sie sich verdreifacht oder vervierfacht. Darum haben sie keine großen Gewinne, die die gelegentlichen Verluste weit mehr als wettmachen, die bei jedem Aktienberater unvermeidlich sind. Einen Anlageberater für etwas verantwortlich zu machen, was man gegen seinen Rat getan hat, ist natürlich lächerlich.

Ist es wichtiger, etwas über die Erfolgsbilanz des konkreten Maklers oder Verkäufers zu erfahren, oder etwas über die Firma, mit der er verbunden ist? Das kommt darauf an. Manche Firmen kontrollieren sehr streng, was ihre Leute empfehlen dürfen. Ich glaube, dass im Laufe der Zeit immer mehr Firmen so vorgehen werden. Im Gegensatz dazu sind andere sehr stolz darauf, ihren Leuten alle möglichen Informationen zukommen zu lassen, überlassen es aber jedem Einzelnen, was er mit diesen Informationen anfängt, nachdem er sie bekommen hat. Im ersteren Fall kommt es auf die Bilanz der Firma an, im zweiten auf die der Person. Ich glaube, in den meisten Fällen wird einem auf offene Nachfrage vollkommen ehrlich gesagt, wie die Firma vorgeht.

Zwar habe ich diesen Punkt – die Erfolgsbilanz zu prüfen – als fünften und letzten Schritt bei der Auswahl eines Anlageberaters angeführt, doch vielleicht hätte ich ihn als Schritt 1 anführen sollen. Ich habe das nicht getan, weil ich besonders die sofortige Eliminierung von Leuten betonen wollte, die so kurzsichtig sind, dass sie mehr an den Provisionen interessiert sind, die Sie sofort von Ihnen bekommen, als daran, ob Ihnen das, was sie empfehlen, wesentlich zugutekommt. Indes ist es vollkommen logisch, dass der erste Schritt bei der Wahl eines kompetenten Anlagefachmanns darin besteht, über Freunde herauszufinden, wer oder welche Firma ihnen lange genug gute Dienste geleistet hat, dass es signifikant ist. Diejenigen, die bei einer solchen Untersuchung gut wegkommen, sind logische Kandidaten für die weitere Betrachtung. Vielleicht sollte man in diesem Sinne das, was ich als Schritt 5 angegeben habe, als Schritt 1 betrachten.

Vielleicht könnte man noch einen schwerwiegenderen Einwand gegen die Vorgehensweise erheben, die ich denjenigen empfohlen habe, die nicht wissen, wohin sie sich wenden sollen, um Hilfe bei Investitionen zu erhalten. Unter den führenden Anlageberatungsfirmen, Brokerfirmen und Investmentbanken gibt es viele, die diese Prüfung mit fliegenden Fahnen bestehen. Allerdings verschaffen die Punkte, auf die besonders zu achten ich Ihnen vorschlage, den größeren Anlageberatungsfirmen, den großen Brokerhäusern und den gigantischen Investmentbanken einen deutlichen Vorteil. Sie verfügen mit höherer Wahrscheinlichkeit über das Personal, über die Sitze in entscheidenden

Verwaltungsräten und über die Informationskanäle, die für Anleger von größtem Wert sind. Ist also in dem Investmentbild kein Platz für die kleine lokale Firma mit nur wenigen Mitarbeitern?

Ich persönlich reagiere auf diesen Einwand sehr empfindlich, denn ich halte es für sehr wichtig – und es ist mir sehr ernst damit –, dass unsere Nation die kleinen Unternehmen vor den großen schützt, sofern dies nicht mit unerträglich hohen gesellschaftlichen und wirtschaftlichen Lasten verbunden ist. Ich habe mir vorgenommen, diesen Grundsatz nicht nur philosophisch zu hegen, sondern auch in die Praxis umzusetzen. So betreibe ich beispielsweise normalerweise einen beträchtlichen Aufwand, um bei kleinen unabhängigen Händlern zu kaufen, die mich persönlich kennen und versuchen, sich um mich zu kümmern, wenn ich einmal ihre Dienste benötige, anstatt den gleichen Artikel zum gleichen Preis bei einer gigantischen Supermarkt- oder Kaufhauskette zu kaufen. Jedoch hat diese Angelegenheit auf anderen Gebieten eine Kehrseite. Vor vielen Jahren finanzierte ich einen kleinen Teil der Kosten fürs College dadurch, dass ich in meiner Freizeit für einen Großhändler Lebensmittel an eher kleine, unabhängige Lebensmittelgeschäfte verkaufte. Dass einige dieser recht teuren und ziemlich unhygienischen Läden in ärmeren Gegenden durch saubere, preiswerte Ladenketten ersetzt werden, ist nicht unbedingt schlecht. Ich finde, man muss im Einzelfall beurteilen, ob der Kleine gegenüber dem Großen ein Überlebensrecht hat.

Im Hinblick auf Börsenmakler, Anlageberater und so weiter ist die vorrangige beziehungsweise grundlegendste Überlegung natürlich die folgende: Welches System beschert dem Anleger/Kunden die größten Gewinne und die kleinsten Verluste? Der soziale Schaden und die individuellen Probleme, die auftreten, wenn die Ersparnisse von Privatpersonen durch Inkompetenz oder mangelndes Wissen verloren gehen oder gemindert werden, sind so groß, dass jeder andere einfache Maßstab undenkbar ist. Unter den heutigen Bedingungen hat die größere Investmentfirma, *wenn sie richtig organisiert ist,* wahrscheinlich einen leichten Wettbewerbsvorteil, weil sie sich mehr Spezialisten leisten kann, die Anlagen recherchieren und sie beobachten, weil sie mehr Ansprechpartner bei Spitzenmanagern hat und so weiter. Allerdings sind nach meiner Meinung die Unterschiede hinsichtlich Kompetenz und Effizienz zwischen verschiedenen Organisationen in der Anlagebranche so groß und der derzeitige Vorsprung der großen Firma so klein, dass viele kleine Börsenmakler und Anlegeberatungen nach wie vor viel besser Arbeit leisten als manche ihrer größeren Konkurrenten.

Wenn sich die Kunst der Aktienbeurteilung auf die nächste Stufe beträchtlich höherer Kosten und wesentlich größerer Effizienz der Aktienanalyse entwickelt, wird der Vorsprung gut geführter Großunternehmen natürlich viel größer werden. In allen Teilen der Investmentbranche wird es zu einer erheblichen Anzahl von Fusionen und Übernahmen kommen, ebenso wie die wirtschaftliche Notwendigkeit in so vielen anderen Bereichen dazu geführt hat. Doch auch dann gibt es keinen Grund, weshalb die kleinen Investmentfirmen dem Untergang geweiht sein sollten – vorausgesetzt, sie nutzen Findigkeit und Urteilsvermögen, um sich mit Firmen aus anderen Bereichen zusammenzutun. Damals wie heute hindert eine solche Firma nichts daran, sich eine größere Organisation auszusuchen, die nicht in ihrer Region ansässig ist, und sich mit ihr zu verbinden. Nichts hindert eine Anzahl kleinerer, geografisch verstreuter und unabhängiger Finanzhäuser daran, zu kooperieren, um den Kunden jedes Hauses gute Anlagedienstleistungen zu bieten. Die grundlegende Tatsache, dass bei der Auswahl von Aktien zwei Empfehlungen, die sich später als herausragend erweisen, weitaus wünschenswerter sind als zehn nur ziemlich gute, ist ein weiterer Faktor, der den Vorsprung einschränkt, den die größeren Investmenthäuser normalerweise hätten.

Eher als die kleinen Investmenthäuser werden im Laufe der 1960er-Jahre diejenigen in Schwierigkeiten geraten, deren Angehörige „zu beschäftigt“ sind, um sich die Zeit zu nehmen, die für die Untersuchung der Aktien notwendig ist, die sie empfehlen. Allzu oft hört man die

Bemerkung: „Wir haben einfach nicht die Zeit, ein Unternehmen genauer zu prüfen als durch Nachfrage bei einem seiner führenden Manager." In den 1950er-Jahren, als die Märkte im Allgemeinen stiegen, reichten solche Methoden häufig noch aus, um „durchzukommen". Doch das schiere Ausmaß, in dem die meisten Aktien in den 1950er-Jahren gestiegen sind, macht die 1960er-Jahre zu einem Zeitraum, in dem eine beträchtlich höhere Größenordnung von Sorgfalt und Kompetenz notwendig sein wird, wenn die gleichen erfreulichen Ergebnisse erzielt werden sollen. Anlagefachleute oder Investmenthäuser, die „zu beschäftigt" sind, um alles Notwendige zu tun, um sich angemessen um die Anleger zu kümmern, könnten sich im Investmentklima der 1960er-Jahre durchaus in der gleichen Situation wiederfinden wie ein Farmer, der Jahr für Jahr die gleiche Feldfrucht angebaut hat und „zu beschäftigt" war, um seine Felder zu düngen.

Vielleicht ist Ihnen in diesen Bemerkungen etwas aufgefallen, das so wirken mag, als hätte ich etwas übersehen. Ich habe erwähnt, heute gebe es vier hauptsächliche Zweige der Investmentindustrie, die jeweils versuchen, die Bedürfnisse der Anleger zu erfüllen. Ich habe die Anlageberatungen, die Börsenmakler und die Investmentbanker besprochen. Bis jetzt habe ich noch nichts über diejenige Gruppe gesagt, die in den 1950er-Jahren das mit Abstand größte Wachstum verzeichnete. Das sind natürlich die Investmentgesellschaften.

Meine Bemerkungen zu dieser Gruppe habe ich mir bewusst für den Schluss aufgespart. Das liegt an meiner Überzeugung, dass die Frage, ob ihre Bedeutung für die Geldanlage wachsen oder schrumpfen wird, viel weniger von ihrem eigenen Handeln abhängen wird als davon, in welchem Maße die anderen Zweige der Anlagebranche ihre Leistungsstandards verbessern werden, sich um die Bedürfnisse der Anleger zu kümmern. Da sie so viel Wert auf Diversifizierung legen, haben die meisten Investmentgesellschaften, wie ich bereits in einem anderen Teil dieses Buches geschrieben habe, eine enorm starke eingebaute Tendenz zu durchschnittlichen Ergebnissen. In Zeiten wie den 1950er-Jahren, als die Bemühungen vieler Anleger, die von ihnen gewünschte Anlageberatung über andere Kanäle zu bekommen, enttäuscht wurden, übte diese Diversifizierung mit ihrem scheinbaren Versprechen überdurchschnittlicher Sicherheit einen großen Reiz aus. Wenn in den 1960er-Jahren weiterhin viele Aktienanleger unsicher sind, wo sie Berater finden sollen, die sich mit den von ihnen empfohlenen Aktien gründlich auskennen, wird die Tendenz der Investmentgesellschaften, ein Ergebnis „um den Durchschnitt herum" zu produzieren, weiterhin sehr attraktiv sein. Wenn auf der anderen Seite andere Teile der Investmentindustrie Methoden entwickeln, um die Qualität ihrer Investment-Dienstleistungen zu steigern, wird diese starke Diversifizierung mit ihrer Tendenz, bloß durchschnittliche Ergebnisse zu liefern, viel weniger attraktiv sein. Kurz gesagt glaube ich, dass das große Wachstum der Investmentgesellschaften zum Teil ein Indiz dafür ist, dass es vielen Anlegern an Vertrauen darauf mangelt, andernorts hochwertige Investmentdienstleistungen zu finden. Wenn sich dieses Gefühl ändert, könnte einer der größten Absatzmärkte der Investmentgesellschaften verschwinden.

Ich glaube allerdings, dass es noch einen anderen Grund gibt, aus dem die Investmentgesellschaften in den letzten zehn Jahren so kräftig gewachsen sind. Den Löwenanteil dieses Wachstums verzeichneten die Investmentfonds. Normalerweise verlangen sie von den Käufern ihrer Anteile einen ausreichend über den Liquidationswert hinausgehenden „Spread", damit sie den Verkäufern ausreichend hohe Gebühren bezahlen können, sodass es sich für diese auch noch lohnt, ihre Fondsanteile in recht kleinen Mengen zu verkaufen. Von dieser ökonomischen Möglichkeit angespornt, ihre Anteile an Menschen mit bescheidenen Mitteln zu verkaufen, haben die Vertreter der Investmentgesellschaften beim Marketing Hervorragendes geleistet. Die Vertriebsleute haben sich von der phänomenalen Erfolgsgeschichte der Lebensversicherungsbranche eine Scheibe abgeschnitten und ökonomische Gruppen erreicht, die noch nie zuvor signifikante Aktienkäufer gewesen waren. Wie vor ihnen die Lebensversicherungen haben sie auf diese Weise ein glänzendes Geschäftsvolumen erreicht.

Die anderen Zweige der Investmentbranche könnten aus dieser Verkaufsmethode keinen vergleichbaren Vorteil ziehen. Am nächsten kommen dem noch die Vertriebsleute der Investmentbanken (oder der Freiverkehrs-Wertpapierhäuser, denen die Geld-Brief-Spanne größere Vertriebskommissionen ermöglicht). Jedoch eignen sich die Aktivitäten dieser Gruppe nicht für Transaktionen unter einigen Tausend Dollar, und im Allgemeinen steht ihnen kein Mechanismus zur Verfügung, der es den Kunden ermöglicht, im Rahmen von Sparplänen zu kaufen. Im Gegensatz dazu stellen die Broker mittels Einrichtungen wie dem monatlichen Sparplan der New York Stock Exchange den Kleinanlegern Möglichkeiten zur Verfügung, mit ihren monatlichen Ersparnissen für Aktien zu bezahlen. Doch wie bereits erwähnt, beläuft sich die übliche Brokergebühr auf einen derart winzigen Prozentsatz der investierten Summe, dass die Spanne nicht ausreicht, damit sich die Vertreter der Broker die Zeit nehmen könnten, um wie die Vertreter der Investmentgesellschaften hinauszugehen und den Kleinkunden etwas zu verkaufen. Und schließlich verlangen die meisten Anlageberatungen nur eine jährliche Gebühr von 0,5 bis 1,0 Prozent der betreuten Anlagesumme. Manche stellen fest, dass ein Vermögen von 100.000 Dollar je Depot das absolute Minimum ist, damit sie für ihre Mühen überhaupt entschädigt werden. Daher haben auch sie diesen Massenmarkt nicht ausgiebig angezapft.

Warum sind die Gebühren der Broker und der Anlageberater so niedrig? Ich glaube, hauptsächlich deshalb, weil die geleistete Beratung von so geringer Qualität ist, dass der durchschnittliche Anleger ungern mehr dafür bezahlt. Doch nehmen wir einmal an, der Anleger gelangt zu der Überzeugung, ihre Arbeit sei von wahrer Qualität. Meine eigenen Erfahrungen mögen vielleicht nicht typisch sein, da ich nicht die allgemeine Öffentlichkeit bediene, jedoch habe ich festgestellt, dass der Anleger, sobald er ziemlich sicher ist, dass er Ergebnisse bekommt, überhaupt nichts dagegen hat, viel höhere Gebühren zu bezahlen. Warum auch? Wenn eine Person oder eine Organisation über eine lange Reihe von Jahren hinweg Ergebnisse produziert hat, die beispielsweise 50, 100 oder 150 Prozent über einem anerkannten Börsenindex liegen, warum sollte da irgendein Anleger etwas dagegen haben, eine Gebühr zu bezahlen, die zwar ein Vielfaches der bei Anlageberatern oder Brokern üblichen betragen kann, aber trotzdem nur einen kleinen Bruchteil der erzielten Ergebnisse darstellt?

Wenn ich recht damit habe, dass die Finanzhäuser im Laufe der Jahre zwar weit höhere sofortige Barauslagen haben werden, um die grundlegenden Informationen für den richtigen Umgang mit den Aktienpositionen der Anleger zu beschaffen, dass jedoch die Qualitätsverbesserung der geleisteten Arbeit noch größer sein wird, erscheint es vollkommen logisch, dass die dafür verlangten Gebühren beträchtlich steigen werden. Ich glaube, dass der noch verhältnismäßig neue Trend, dass manche bedeutenden Investmentbanken und Brokerhäuser zusätzlich zu ihren üblichen Brokergebühren noch Beratungsgebühren verlangen, ein Vorbote von etwas ist, das sich in immer größerem Maßstab entwickeln wird. Unter der grundlegenden Voraussetzung, dass die Qualität der Dienstleistung so gut ist, dass die Gebühr gerechtfertigt ist, bin ich überzeugt, dass dieser Trend im Interesse aller Beteiligten ist. Dieser Trend dürfte im Laufe seiner Entwicklung einen Punkt erreichen, an dem die Gebühr so hoch ist, dass es sich dafür lohnt, Vertriebsleute hinauszuschicken, die versuchen, Kleinaktionären anhand der Vorteile ihrer Dienstleistungen Anlagen zu verkaufen. Wenn dies geschieht und die Allgemeinheit wahrhaft vom Wert der Anlagedienstleistung überzeugt ist – etwas, das für lange Zeit unwahrscheinlich bleibt, es sei denn, die Dienstleistungen haben diese Einschätzung von Grund auf verdient –, könnte dies den Investmentgesellschaften auf einem Gebiet große Konkurrenz bescheren, auf dem sie derzeit die Stärksten sind. Es könnte auch der Wertpapierbranche insgesamt ein gewaltiges Umsatzwachstum bescheren. Damit würde es auch die gesamte Nachfrage nach Aktien steigern.

Denjenigen Anleger, der nun wieder das Gefühl hat, ich hätte zu viel Zeit auf das verwendet, was in Zukunft geschehen wird, wo doch sein unmittelbares Interesse in der Gegenwart liegt, möchte ich darauf hinweisen, dass er aus alledem eine Sache lernen kann, die ihn genau jetzt betrifft: Über eine Spanne von beispielsweise fünf Jahren gibt es derart gewaltige Unterschiede zwischen der Kursentwicklung einer Aktie und einer anderen, dass es für einen Anleger, wenn er sicher sein kann, dass er bei seinen Geschäften gut beraten wird, von vergleichsweise geringer Bedeutung ist, ob er für diese Beratung eine geringe Gebühr, eine höhere oder eine noch höhere Gebühr bezahlt. Dies lässt sich durch eine einfache Berechnung beweisen. Doch wie kann sich der Anleger der Qualität der geleisteten Arbeit sicher genug sein? Um in dieser Angelegenheit zu helfen, habe ich die bereits besprochenen fünf Schritte für die Auswahl des richtigen Anlagefachmanns angeführt. Darüber hinaus kann ich nur sagen, dass es in der heutigen spezialisierten Welt einer der entscheidenden Maßstäbe für den Erfolg und manchmal sogar eine Frage des Überlebens ist, ob man schnell in der Lage ist, den richtigen Fachmann für ein Gebiet auszuwählen, auf dem man selbst kein Fachmann ist. Möglicherweise ist für die schiere Existenz eines geliebten Menschen nichts wichtiger als die Wahl des richtigen Arztes. Wie wählt ihn jemand aus, der nicht Medizin studiert hat? Ganz abgesehen vom richtigen Rechtsanwalt, vom richtigen Architekten oder vom richtigen Klempner. Ich fürchte, manche von uns werden stets weniger Sorgfalt aufbringen oder weniger geschickt sein, wenn sie Entscheidungen treffen, die sich als entscheidend erweisen können. Manche werden immer einen sogenannten Spezialisten nehmen, der zufällig ganz in der Nähe verfügbar ist, und sich hinterher fragen, weshalb sie anscheinend immer weniger Glück haben als ihr Nachbar.

Da ich sie schon so oft gehört habe, kenne ich die Reaktion mancher Leser auf solche Gedanken: „Selbstverständlich bin ich bereit, bei der Geldanlage für Spitzenqualität eine höhere Gebühr zu bezahlen. Ich sehe problemlos, dass sich das für mich auszahlt. Aber ich habe einfach nicht die Zeit, mich über viele mögliche Investmentexperten zu erkundigen, um den richtigen auszuwählen."

Tatsächlich sind in der heutigen Welt der Geldanlage (schon in ein paar Jahren kann das ganz anders aussehen) höhere Gebühren oder überhaupt Gebühren für einen Anlageberater keine sichere Gewähr für höhere Qualität der geleisteten Arbeit. Meine Beobachtungen veranlassen mich zu der Vermutung, dass vielerorts eine überraschend geringe Korrelation zwischen den verlangten Gebühren und den dadurch erzielten durchschnittlichen langjährigen Ergebnisse besteht.

Denjenigen, die derzeit keine Verbindungen in der Anlagebranche haben und behaupten, sie hätten keine Zeit, um gründlich nach geeigneten zu suchen, möchte ich Folgendes sagen: Es gibt auf dieser Welt sehr wenige Dinge, für die wir nicht die nötige Zeit finden, wenn wir überzeugt sind, dass diese Dinge wichtig genug für uns sind. Wenn Sie die Bedeutung dieser Angelegenheit bezweifeln, machen Sie einen einfachen Test: Legen Sie eine alphabetische Liste der an der New York Stock Exchange notierten Aktien vor sich hin. Am einfachsten nehmen Sie dafür die Seite irgendeiner großen Tageszeitung, die die aktuellen Börsenkurse abdruckt. Nehmen Sie einen Stift zur Hand. Schließen Sie dann wie bei dem Kinderspiel „Eselsschwanz" die Augen und tippen Sie mit dem Stift *irgendwo* auf die Seite. Die Auswahl soll vollkommen zufällig sein. Nehmen Sie von diesem Punkt aus die nächsten 20 im Alphabet folgenden Aktien, wobei Sie die Vorzugsaktien weglassen. Notieren Sie dann unter Berücksichtigung von Aktiendividenden, Aktiensplits und so weiter (die meisten Broker rechnen Ihnen das gern aus, wenn Sie es zu schwierig finden, das selbst zu machen) die Kurse dieser 20 Aktien vor fünf Jahren und heute. In einem durchschnittlichen Jahr werden Sie dabei erstaunliche Unterschiede feststellen. Manche werden gegenüber ihrem Kurs vor fünf Jahren auf die Hälfte gefallen sein. Die meisten werden um 20 bis 40 Prozent gestiegen oder gefallen sein. Doch möglicherweise haben sich einige wenige verdoppelt oder vervierfacht, und vielleicht sind eine oder zwei um tausend Prozent oder noch mehr gestiegen! Diese erstaunlich großen Unterschiede zwischen den Kursverläufen verschiedener Aktien wurden kürzlich auf andere Weise veranschaulicht, als darauf hingewiesen wurde, dass die Dow-Jones-Indizes im Jahr 1959 im Schnitt zwar dreimal so hoch standen wie im Jahr 1946, dass jedoch ein Drittel der 1946 an der New York Stock Exchange notierten Aktien im Jahr 1959 günstiger verkauft wurden als damals.

Das heißt, je nachdem, welche Aktien man kauft und hält, können fünf bis zehn Jahre Wertsteigerungen oder Rückgänge bringen, die enorm viel größer sind als die des Gesamtmarkts. Kann es sich unter diesen Umständen irgendjemand leisten, überhaupt Aktien zu halten, wenn er sich nicht die Zeit nimmt, sie entweder selbst in geeigneter Weise zu verwalten oder jemanden zu finden, der das kann? Für wie wertvoll hält wohl ein Anleger seine Zeit, wenn er „zu beschäftigt" ist, um die Grundlagen der Geldanlage und der Investmentbranche zu erlernen, wo doch so viel auf dem Spiel steht? Nur auf diese Weise kann er sich die richtigen Investmentkontakte beschaffen, wenn er nicht das Glück hat, sie bereits zu haben. Die Tatsache, dass es in einigen Jahren vielleicht sehr viel einfacher sein wird, eine hervorragende Anlageberatung zu erhalten, als es heute der Fall ist, ist für sich genommen sicherlich kein Grund, sich nicht noch mehr Mühe zu geben, um aus den besten derzeit verfügbaren Möglichkeiten Nutzen zu ziehen.

4

TEIL

NEBENASPEKTE,

aber nicht ganz unwichtig

TEIL IV

Nebenaspekte, aber nicht ganz unwichtig

In der letzten Analyse besteht selbst die erfolgreichste Aktienanlage im Wesentlichen aus drei Dingen und nur aus diesen drei Dingen: (1) Auswahl einer oder mehrerer zu kaufender Aktien, die in Zukunft weit mehr steigen werden als der Gesamtmarkt; (2) ungefähr wissen, wann man sie kaufen sollte; (3) wissen, wann man sie – wenn überhaupt – wieder verkaufen sollte. Um dies ordnungsgemäß zu tun, braucht man allerdings eine Menge Hintergrundwissen über die Geschäfte des Unternehmens oder der Unternehmen, in die möglicherweise investiert werden soll. Auch braucht man ein gewisses Wissen über das, was ich in einem anderen Teil dieses Buches als derzeitige psychologische Haltung der Investment-Community gegenüber der speziellen Aktienklasse bezeichnet habe, die für den Kauf in Betracht gezogen wird. Nichts von diesem unerlässlichen Hintergrundmaterial lässt sich normalerweise beschaffen, ohne dass der erfolgreiche Anleger oder sein Anlageberater ein gewisses Geschick darin erwirbt, zu wissen, wonach er suchen muss, und ohne eine ganze Menge Zeit für diese Suche aufzubringen.

Als wäre das nicht schon genug, gibt es auch noch eine Reihe anderer Angelegenheiten von einiger, wenn auch geringerer Bedeutung für die Geldanlage, die Anlegern häufig zu ihrer Beachtung vorgelegt werden. Ich halte es vor allem deshalb für schädlich, zu viel Zeit und Gedanken auf solche Überlegungen zu verwenden, weil es davon abhalten kann, den Investmentfaktoren, auf die es viel mehr ankommt, so viel Aufmerksamkeit zu schenken, wie es andernfalls geschehen könnte. Bezüglich mancher dieser Themen herrscht bei einer großen Zahl von Anlegern große Verwirrung. In diesem Abschnitt des Buches versuche ich, mehrere dieser Angelegenheiten mit verschiedenen Graden der Bedeutung für die Geldanlage zu besprechen, wobei allerdings hinsichtlich aller die grundsätzliche Verwirrung ziemlich verbreitet ist. Eines der wichtigsten Themen ist dabei die Bedeutung von Fusionen für die Geldanlage.

Fusionen und Übernahmen

Ich habe versucht, immer wieder zu betonen, dass ein Anleger, der über eine Reihe von Jahren größere Gewinne erzielen will, dies am besten dadurch erreicht, dass er ausschließlich in Unternehmen investiert, bei denen es starke Hinweise darauf gibt, dass ihre Gewinne viel schneller wachsen werden als die der amerikanischen Wirtschaft insgesamt. Es wurde auch schon darauf hingewiesen, dass ein stetiger Aufwärtstrend der Umsätze eines Unternehmens dafür eine wesentliche Hintergrundbedingung ist. Er ist aber nicht die einzige wesentliche Hintergrundbedingung, denn Umsatzwachstum ohne einen entsprechenden Anstieg des Gewinns pro Aktie bringt dem Anleger überhaupt nichts. Ohne eine steil aufwärts gerichtete Umsatzentwicklung profitieren Anleger gelegentlich kurzfristig von einmaligen Gewinnsprüngen, nachdem das Management Möglichkeiten gefunden hat, die Effizienz markant zu erhöhen. Doch nach relativ wenigen Jahren werden die Grenzen dessen, was auf diese Weise erreicht werden kann, weitgehend erreicht. Infolgedessen erfordert eine Investment-Goldgrube, die sich daraus ergibt, dass sich der Gewinn pro Aktie Jahrzehnt um Jahrzehnt nach oben schraubt, nicht nur entsprechende Umsatzzuwächse, sondern erwächst auch daraus. Aus diesen Gründen gilt ein bedeutender und beständiger Aufwärtstrend der Umsatzentwicklung häufig als erster Hinweis auf eine ungewöhnlich attraktive Anlage.

Nichts lässt den Umsatz eines Unternehmens schneller oder spektakulärer steigen als die Übernahme eines oder mehrerer anderer Unternehmen. Zudem gehen solche Übernahmen gewöhnlich mit optimistischen und manchmal solide durch Fakten untermauerten Berichten einher, wonach das Zusammengehen der wachsenden Unternehmen bei beiden die operativen Kosten senken (und dadurch die Ertragsmarge steigern) wird. Ein möglicher, aber nicht sehr wahrscheinlicher Weg dahin ist, dass das übernommene Unternehmen vom Spitzenmanagement des übernehmenden Unternehmens geführt werden kann, ohne dass dieses Spitzenmanagement erweitert werden muss, damit es die zusätzlichen Aufgaben erledigen kann. Dies führt zu geringeren Managementkosten für alle Beteiligten und könnte die Gewinnmargen erhöhen. Eine weitere mögliche Einsparung, die in der Theorie schön aussieht, aber in der Praxis nur gelegentlich auftritt, besteht darin, dass durch die Zusammenlegung von Produktionsanlagen die Herstellungskosten gesenkt werden können. Dies mindert die laufenden Produktionskosten. Sehr viel öfter ergeben sich bei Fusionen nennenswerte Einsparungen durch eine erhoffte Senkung der Verkaufs- und Vertriebskosten. Häufig empfindet es ein kleines Unternehmen als große Bürde, eine Vertriebsmannschaft zu tragen, die seinem potenziellen Absatzmarkt angemessen ist, nur um eine kleine Produktlinie zu verkaufen. Wenn ein größeres Unternehmen bereits eine

Reihe anderer Produkte an die gleichen Kunden verkauft, kann es fast ohne zusätzliche Kosten auch noch diese zusätzliche Linie bewältigen. Natürlich ergeben sich solche erwarteten Einsparungen nicht, wenn das größere Unternehmen an eine andere Kundengruppe verkauft.

Ein anderer Weg, auf dem eine Fusion erhebliche Vorteile bringen kann, liegt nicht in solchen unmittelbaren Einsparungen bei den allgemeinen Betriebskosten, den Produktionskosten oder den Vertriebskosten. Vielmehr beruht er auf der allgemeinen Verbesserung des gesamten Betriebsablaufs, die eintritt, wenn ein höchst effizientes Management ein Unternehmen übernimmt, das bislang nicht annähernd so gut geführt wurde. Im Laufe mehrerer Jahre können ausreichend viele Wege gefunden werden, die Ertragsmarge des übernommenen Unternehmens zu steigern, sodass der Gesamtgewinn so weit steigt, dass daraus eine glänzende Rendite der anfänglichen Investition resultiert. Manchmal kann auch der Umsatz des übernommenen Unternehmens gesteigert werden. Zu den lohnenswertesten Übernahmen überhaupt gehören Fälle, in denen noch vor der Fusion die Forschungsabteilung oder die ingenieurtechnische Abteilung der dominierenden Organisation einen Weg gefunden hat, eines oder mehrere wichtige Produkte des übernommenen Konzerns von Grund auf so umzugestalten, dass sich der Absatzmarkt spektakulär ausweitet.

Manchmal können bedeutende Einsparungen auch auf rein finanziellen Vorteilen basieren. Ein übernehmendes Großunternehmen kann ein Bonitätsrating haben, das es ihm erlaubt, problemlos Kredite zu vier Prozent Zinsen aufzunehmen. Es kann ein weniger etabliertes Unternehmen übernehmen, das bislang als weniger sicherer Kreditnehmer sechs Prozent bezahlen musste. Eine Fusion ermöglicht eine sofortige Umschuldung, die die Zinslasten des kleineren Unternehmens um 1,5 Prozentpunkte reduziert.

Wenn Fusionen und Übernahmen diese und andere mögliche Vorteile haben, warum ist der Trend zu Fusionen und Übernahmen dann nicht noch stärker als die hohe Zahl solcher Aktivitäten in den letzten Jahren?

Sollten die fähigsten Unternehmensleitungen nicht einen beträchtlichen Teil ihrer Zeit mit der Suche nach Chancen in dieser Richtung verbringen? Sollte man als Anleger nicht eifrig nach einem Unternehmen suchen, dass ständig durch Übernahmen wächst?

Vielleicht lassen sich diese Fragen am besten durch einen Vergleich mit dem Football in die richtige Perspektive rücken. Ein langer hoher Pass bringt, wenn er gelingt, der Mannschaft weit mehr und weit schneller Raumgewinn als ein Laufspielzug. Doch wenn er misslingt, ist die Gefahr einer Interception – und somit eines erheblichem Raumverlusts – sehr viel größer, wenn sich eine Mannschaft vor allem auf Vorwärtspässe verlässt, anstatt den Ball zu tragen.

Fusionen und Übernahmen sind wie Vorwärtspässe. Wenn sie erfolgreich durchgeführt werden können, bringen sie ein Unternehmen mit weit überdurchschnittlicher Geschwindigkeit nach vorn. Sie können umwerfend erfolgreich sein. Aber ihre Natur birgt erhebliche Risiken, die zu weniger statt zu mehr Gewinn führen können. Und noch weit wichtiger: Sie können ein Unternehmen so sehr schwächen, dass es sich als weniger attraktives statt als attraktiveres langfristiges Investment erweist.

Natürlich gibt es bei den Gefahren von Übernahmen einen begrenzenden Faktor, den es im Falle eines Vorwärtspasses nicht gibt. Ein abgefangener Vorwärtspass kann für die Mannschaft, die den Ball verloren hat, einen schweren Rückschlag bedeuten. Wenn hingegen ein Unternehmen nur gelegentlich andere übernimmt, die viel kleiner sind als es selbst, und sich Übernahmen als enttäuschend erweisen, dann kann es sein, dass die Kosten trotzdem nicht so hoch sind, dass sie der Attraktivität des größeren Unternehmens als Geldanlage Abbruch tun. Die Kehrseite der Medaille ist natürlich, dass solche relativ kleinen Übernahmen, wenn sie gelingen, wahrscheinlich nur einen kleinen Beitrag zur Verbesserung des viel größeren Unternehmens leisten.

Wieso bringen Fusionen und Übernahmen ein so hohes Maß an Risiken mit sich? In fast allen Fällen weiß der Verkäufer, der das

Unternehmen seit Jahren betreibt, viel mehr über das Unternehmen und seine Schwachstellen als der Käufer. Ein brillanter Vorstandsvorsitzender hat mir einmal über eine größere Übernahme, die sein Unternehmen in Form einer Fusion durchgeführt hatte, gesagt: „Erst wenn du das Mädchen geheiratet hast, merkst du, dass es falsche Zähne und ein Holzbein hat." In diesem Fall bezog sich „falsche Zähne und ein Holzbein" auf Fabriken, die sich physisch in einem viel schlechteren Zustand befanden, als das übernehmende Unternehmen gedacht hatte, und auf eine gefährliche Situation hinsichtlich der Arbeitsmoral und der nachrückenden Manager, der sich das übernehmende Unternehmen fast überhaupt nicht bewusst gewesen war. Dieses konkrete Unternehmen überwand diese Schwierigkeiten letztlich dank seiner ungewöhnlichen Fähigkeiten. Mehrere Jahre und viele Millionen Dollar mehr als anfänglich gedacht später brachte es seinen Aktionären die großartigen langfristigen Vorteile, die von der Fusion erwartet worden waren. Doch die Preisfrage der meisten Fusionen ist damit noch nicht beantwortet. Hätte das erwähnte ungewöhnlich kompetente Management seinen Aktionären nicht noch mehr einbringen können, wenn es das Talent, das es aufbrachte, um die Probleme zu bewältigen, die viel schlimmer waren als gedacht, anderen Zwecken gewidmet hätte? Die Antwort auf diese Frage kenne ich zwar nicht, aber ich weiß, dass eine Unternehmensleitung, die auch nur ein wenig weniger einfallsreich und entschlossen gewesen wäre, etwas, das zuvor eine prächtige langfristige Position gewesen war (und es immer noch ist), allein aufgrund dieser einen Übernahmeentscheidung in ein ziemlich unattraktives Investment hätte verwandeln können.

Allerdings lauern bei gewissen Typen von Fusionen und Übernahmen sogar noch größere Gefahren. Dazu gehören die persönlichen Reibungen, die Fusionen oft bewirken können. Wenn Fusionen zwischen zwei ungefähr gleich großen Unternehmen stattfinden, kann es zu erbitterter Konkurrenz zwischen den Führungsteams um diverse Positionen kommen, zum Beispiel Finanzvorstand, Vertriebsvorstand oder Forschungsvorstand. Nur jeweils ein Mann aus einer der beiden Organisationen kann diese Stellen besetzen. Statt eines gemeinsam arbeitenden Teams kann dies leicht zu so vielen internen Machtkämpfen, Eifersüchteleien und gar „Meuchelmorden“ führen, dass die Effizienz in einem Labyrinth persönlicher Fehden und Rachefeldzüge verloren geht. So etwas kann den Investmentstatus des besten Unternehmens ruinieren.

Selbst wenn eines der beiden fusionierten Unternehmen eindeutig dominierend ist, können persönliche Schwierigkeiten, wenn mit ihnen nicht viel vorsichtiger umgegangen wird, als es häufig vorkommt, das übernommene Unternehmen für das übernehmende Unternehmen viel weniger wertvoll machen, als wohl erwartet wurde. Die gleichen Manager, deren Fähigkeiten am meisten zum Wert des übernommenen Unternehmens beitragen könnten, haben im Laufe der Jahre wahrscheinlich großes Geschick darin entwickelt, mit dem Vorstandsvorsitzenden, unter dem sie bislang gearbeitet haben, gut und angenehm zurechtzukommen. Doch nun ist das Zentrum der Autorität sozusagen über Nacht an jemanden übergegangen, den sie kaum kennen. Es kann sein, dass er nicht mehr am Ende des Flurs sitzt, sondern Hunderte Meilen entfernt. Da kommt es zwangsläufig zu Unbehagen und Unsicherheit. Wenn man damit nicht geschickt umgeht, kann dies dazu führen, dass äußerst wertvolle Talente verloren gehen, deren Ersetzung sehr kostspielig sein kann. Doch selbst wenn geschickt damit umgegangen wird, tritt in der Anfangszeit von Übernahmen fast zwangsläufig so viel Unbehagen auf, dass ein gewisses Maß an Effizienz verloren geht.

Aufgrund der personellen Probleme, die bei einer großen Fusion zwischen Unternehmen auftreten, kann man sie ganz gut mit der Operation eines Menschen vergleichen. Wenn alles läuft wie geplant, dürfte es dem Patienten einige Zeit nach dem Eingriff viel besser gehen. Läuft es nicht wie geplant, kann es ihm viel schlechter gehen. Doch egal, ob die längerfristigen Vorteile erreicht werden oder nicht, in dem kurzen Zeitraum unmittelbar nach dem Ereignis macht eine große

Fusion ebenso wie eine größere Operation diejenigen, die sich ihr unterziehen, vorübergehend schwächer statt stärker. Wenn die Fusion ein geschmeidiges Führungsteam in einen Hort der internen Reibungen verwandelt, kann sie die fusionierten Unternehmen auf Dauer schwächen.

Jede Fusion unterscheidet sich leicht von allen anderen. Falls sie gelingt, gilt dies für das Maß an Nutzen, das sie bringen kann. Genauso gilt es, falls sich die Fusion als enttäuschend erweist, dafür, wie groß das Risiko für den Anleger ist. Gibt es allgemeine Regeln oder Standards, die ein Anleger in einer Angelegenheit als Leitpfosten nutzen kann, die sich auf die Zukunft seiner Anlage so sehr auswirkt, wie es derartige Dinge nur können? Ich glaube, dass es sie gibt und dass man sie folgendermaßen zusammenfassen kann:

(1) Es gibt hauptsächlich drei Quellen, aus denen durch Fusionen oder Übernahmen Gefahren für Anleger erwachsen können. Diese möglichen Gefahren sollten jederzeit bedacht werden, sowohl von Unternehmensleitungen, die Übernahmen erwägen, als auch von den Aktionären von Unternehmen, in denen solche Angelegenheiten erwogen werden. Das sind (a) dass das Ringen um die Besetzung der Spitzenjobs (Controller, Vertriebsvorstand, Forschungsvorstand und so weiter) im kombinierten Unternehmen die meisten Schlüsselmitarbeiter derart in Anspruch nimmt und stört, dass ehemals reibungslos funktionierende Teams zu einer Brutstätte der Machtkämpfe und Reibungen werden, (b) dass das Spitzenmanagement in derart viele Probleme auf Gebieten verwickelt wird, mit denen es zuvor nicht vertraut war, dass es sich nicht in der Lage sieht, mit der bisherigen Effizienz weiterzumachen, und (c) dass aufgrund der Tatsache, dass der Verkäufer fast immer mehr über sein Unternehmen weiß als der Käufer, das überlebende Unternehmen eine Firma gekauft hat, deren Übernahmepreis weit über Gebühr fehlerhaft war.

(2) Fusionen oder Übernahmen, die dazu beitragen, ein Unternehmen rückwärts zu integrieren, sind selten mit einem nennenswerten Risiko für die Aktionäre verbunden. Solche Kombinationen versetzen ein

Unternehmen in die Lage, eine konzerneigene Quelle für seine Rohmaterialien, Komponententeile oder andere Zulieferungen vorteilhafter zu bekommen als zuvor. Der Vorteil kann darin liegen, dass das übernommene Unternehmen die Güter billiger herstellen kann, als sie bei anderen gekauft werden können. Er kann darin liegen, dass sie, wenn sie vom Unternehmen selbst produziert werden, sorgfältiger produziert werden können, sodass sie den Qualitätsstandards des Unternehmens besser genügen. Auf jeden Fall lassen sich die Vorteile eines solchen Schachzugs ziemlich genau im Voraus einschätzen. Und was noch viel wichtiger ist: Ein solcher Schachzug öffnet aufgrund seines grundlegenden Charakters gewöhnlich nicht die Büchse der Pandora der drei in Regel 1 erwähnten Gefahren. Es gibt dann selten interne Machtkämpfe, weil das übernommene Personal in seine eigene Nische passt und es weder mit den meisten Funktionen des übernehmenden Unternehmens in Konflikt gerät noch Mitarbeiter des übernehmenden Unternehmens ihre Jobs gefährden. Zudem ist das Geschäftsfeld eines, das die Führungsetage des übernehmenden Unternehmens wahrscheinlich ganz gut kennt, sodass es sich wohl nicht in neue Probleme verwickeln lässt, deren Bürde es nicht bewältigen kann. Und da die Unternehmensführung das Geschäft gut kennt, lässt sie sich wahrscheinlich auch nicht beim Kaufpreis übertrieben herunterhandeln. Andererseits sind solche Übernahmen, auch wenn sich ihr Nutzen für das übernehmende Unternehmen manchmal von Grund auf lohnt, für die Aktionäre dieses Unternehmens selten von gewaltiger positiver Bedeutung. Gewöhnlich sind sie für sie auf die eine oder andere Art nur von geringer Bedeutung.

(3) Von einer Ausnahme abgesehen lassen sich vorwärts integrierende Übernahmen – also solche, die dem übernehmenden oder überlebenden Unternehmen einen firmeneigenen Kundenkanal verschaffen – vom Standpunkt des Aktionärs aus nach den gleichen Maßstäben beurteilen, die in Regel 2 für rückwärts integrierende Unternehmen angegeben wurden. Diese Ausnahme kommt zum Tragen, wenn eine

Unternehmensleitung den Fehler begeht, ein Unternehmen zu erwerben, das mit einigen ihrer anderen Kunden im Wettbewerb steht, und dabei nicht berücksichtigt, dass sie dadurch den größten Teil ihres Umsatzes mit ihren früheren Kunden, die nun Konkurrenten sind, verliert. Ein solcher Schachzug kann sehr kostspielig sein. Doch der Fairness halber muss gesagt werden, dass dies nicht ausschließlich durch Fusionen oder Übernahmen zustande kommt. Manchmal kreiert die bestehende Organisation eines Unternehmens eine Produktlinie, die mit den eigenen Kunden konkurriert. Das Ergebnis ist fast immer höchst unerwünscht.

(4) Wenn ein größeres Unternehmen ein Unternehmen übernimmt, das im Vergleich zu ihm winzig klein ist, sind die Risiken für die Aktionäre des Großunternehmens normalerweise eher gering. Selbst wenn die kleine Neuerwerbung vollständig wertlos wird, reicht die daraus resultierende Verwässerung des großen Unternehmens nicht aus, um den Investmentstatus des größeren Unternehmens signifikant zu beeinträchtigen. Andererseits ist die kleine Übernahme, selbst wenn sie sich als höchst befriedigend herausstellt, normalerweise ebenfalls zu klein, um viel zu bewirken. Doch manchmal ist dem nicht so. Und zwar wenn das winzige übernommene Unternehmen eine neue Produktlinie hat, die sich zu einem bedeutenden neuen Produktfeld des größeren Unternehmens entwickeln lässt, oder wenn es eine oder zwei herausragende Persönlichkeiten besitzt, die bedeutende Beiträge zum Management des übernehmenden Unternehmens leisten können. Eine Übernahme dieser Sorte kann nicht nur zu den am wenigsten riskanten, sondern auch zu den profitabelsten auf dem Gebiet der Fusionen gehören.

(5) Aus Gründen, die unmittelbar mit den in Regel 1 skizzierten Gefahren zusammenhängen, haben Fusionen und Übernahmen dann die größten Erfolgsaussichten, wenn sie zwischen Unternehmen in ähnlichen Geschäftsfeldern stattfinden, die ihre jeweiligen Aktivitäten schon seit Jahren kennen und die die Probleme des jeweils anderen gründlich verstehen. Im Gegenzug entsteht die größte Wahrscheinlich-

keit eines kostspieligen Fehlschlags dann, wenn eine Fusion oder eine Übernahme verhältnismäßig schnell zwischen zwei Unternehmen in sehr unähnlichen Bereichen erfolgt, die zuvor nur vage voneinander wussten.

(6) Die beste Erfolgsbilanz bei Übernahmen schaffen normalerweise Unternehmen, die nicht ständig auf der Suche nach Übernahmen sind, sondern sie nur gelegentlich und nur dann durchführen, wenn alle messbaren Faktoren überwältigend günstig stehen und wenn das übernommene Unternehmen auf einem Gebiet tätig ist, das eng mit den Aktivitäten des bestehenden Unternehmens verwandt ist. Die gelegentliche Übernahme seitens eines solchen Unternehmens ist gewöhnlich für die Aktionäre ein gutes Geschäft, weil das übernehmende Unternehmen „nur tut, was sich natürlich ergibt", und sich nicht anstrengt, dauernd „Deals" abzuschließen.

(7) Im Gegenzug kann ein Unternehmen, zu dessen grundsätzlicher Managementstrategie es gehört, ständig und aggressiv durch Übernahmen zu wachsen, ein sehr hohes Anlagerisiko bergen. Aus Gründen, die unmittelbar mit den in Regel 1 besprochenen Dingen zu tun haben, wird das Investmentrisiko gewöhnlich viel größer, wenn die Unternehmensleitung diese Aktivitäten nicht auf Bereiche beschränkt, die ziemlich eng mit ihrer bestehenden Geschäftstätigkeit zusammenhängen, sondern bereit ist, sich in eine scheinbar endlose Reihe von Bereichen zu begeben, die nichts miteinander zu tun haben. Noch gefährlicher wird dies, wenn ein Management innerhalb kurzer Zeit mehrere solcher Übernahmen in sehr unterschiedlichen Bereichen tätigt. Viele werden da anderer Meinung sein, aber es ist meine Überzeugung, dass dieses Investmentrisiko noch wesentlich weiter steigt, wenn der organisatorische Ansatz eines Unternehmens eine von zwei Bedingungen erfüllt. Die eine ist, dass der an der Spitze stehende Manager regelmäßig einen beträchtlichen Teil seiner Zeit auf Fusionen und Übernahmen verwendet. Die andere ist, dass ein Unternehmen jemandem aus seinem Führungsteam dies als eine seiner Hauptaufgaben zuweist. In beiden Fällen

entwickeln mächtige Figuren innerhalb des Unternehmens gewöhnlich eine Art handfestes psychologisches Interesse daran, genügend viele Fusionen und Übernahmen abzuschließen, um die Zeit zu rechtfertigen, die sie damit verbringen. Dadurch kommt es zu den „Anstrengungen", die das Gegenteil des in Regel 6 Besprochenen sind.

(8) Aus Gründen, die mit Regel 1 zusammenhängen und eng parallel zu den Regeln für Privatanleger beim Kauf ihrer persönlichen Positionen verlaufen, sind die am wenigsten wünschenswerten Übernahmen diejenigen, bei denen ein nicht besonders attraktives Unternehmen für einen im Verhältnis zu seinen bestehenden Vermögensgegenständen und zu seinen bisherigen Gewinnen sehr niedrigen Preis erworben wird. Die attraktivsten Übernahmen sind häufig diejenigen, bei denen ein hoher Preis für etwas bezahlt wurde, das durch und durch zu den Bedürfnissen eines Unternehmens passt. Unternehmen, die eigentlich glänzende Chancen für Aktionäre darstellen müssten, werden in manchen Fällen von einem Management unattraktiv gemacht, das einen Geschäftszweig mit großer innerer Stärke und großem Potenzial besitzt und das mehrere schwache Unternehmen von der Stange kauft. Normalerweise wird dabei den Aktionären erklärt, durch die Diversifizierung der Geschäftsaktivitäten werde die Position der Aktionäre gestärkt! Wenn das passiert, kommt der bisherige Aufwärtstrend der Aktien des Unternehmens manchmal abrupt und vielleicht dauerhaft zum Stehen.

(9) Je höher die Zahl der vollkommen verschiedenen Branchen, in denen sich ein Unternehmen engagiert, desto größer die Belastung des Managements. Überraschend viele der erfolgreichsten Unternehmen beschränken ihre Aktivitäten auf eine breite Branchenklassifizierung wie beispielsweise chemische Produkte, Elektronik oder Papiererzeugnisse. Allerdings ist es einigen sehr erfolgreichen Unternehmen auch gelungen, sich sehr effizient in zwei oder manchmal auch drei ganz verschiedenen Branchen zu engagieren. Außerdem gibt es angesichts der heutigen komplexen Technologien keine klaren Grenzen, an denen die eine Branche aufhört und die andere anfängt. So ist zwar ein großer

Teil der Produktion von General Electric elektrisch, aber stellen die elektrischen Produktlinien angesichts ihrer Verschiedenheit einen oder mehrere Industriezweige dar? Aus solchen Gründen lässt sich unmöglich eine klare, feststehende Regel formulieren, an welchem Punkt die Gefahr besteht, dass sich ein Unternehmen zu sehr diversifiziert. Die Schnelligkeit, mit der ein Unternehmen seine Aktivitäten diversifiziert hat, kann sogar noch enger mit den Gefahren für den Anleger zusammenhängen als die Anzahl der Zweige. Deshalb müssen Fusionen oder Übernahmen, die nicht zwischen sehr unterschiedlich großen Unternehmen (wie in Regel 4 besprochen) und in sehr verschiedenen Geschäftszweigen stattfinden, sehr sorgfältig und sehr misstrauisch untersucht werden.

Seit einigen Jahren bewertet der Aktienmarkt Unternehmen, die in mehreren sehr unterschiedlichen Geschäftszweigen tätig sind, im Verhältnis zu ihrem Gewinn mit niedrigeren Preisen als Unternehmen, deren Aktivitäten sich auf eine oder höchstens ein paar Geschäftszweige beschränken. Vielleicht ist das eine solide Regel. Wenn dem so ist, ist es dann nicht auch eine solide Regel, Unternehmen, die kürzlich größere Übernahmen auf Gebieten getätigt haben, auf denen sie zuvor nicht engagiert waren, mit einem noch niedrigeren Kurs-Gewinn-Verhältnis zu bewerten? Sollte eine solche niedrigere Bewertung nicht zumindest so lange aufrechterhalten werden, bis die betreffenden Unternehmensleitungen bewiesen haben, dass sie der viel schwierigeren Aufgabe, auf mehreren Hochzeiten zu tanzen, gewachsen sind?

Zusammenfassend kann man also sagen, dass die Signifikanz von Fusionen für die Anleger je nach ihrem Charakter extrem unterschiedlich ausfallen kann. Die wirklich großen bergen meines Erachtens weit mehr Fallstricke für den Aktionär, als sie verheißen. Es gibt allerdings ein verhältnismäßig neues, wenn auch verwandtes Gebiet der Geschäftstätigkeit, und zwar die Bildung gemeinsam kontrollierter Unternehmen. Dabei findet keine Fusion statt, sondern zwei oder mehr etablierte Unternehmen, die fast immer verschiedene technologische

Hintergründe haben, schließen sich zwecks Gründung eines neuen Unternehmens zusammen, das von seinen Muttergesellschaften gemeinsam gemanagt wird. Angefangen bei so fabelhaft erfolgreichen Unternehmen wie Dow Corning und Owens Corning Fiberglas sind Gemeinschaftsunternehmen dieser Art in den letzten Jahren überall auf der ökonomischen Landkarte aus dem Boden geschossen. Die große Mehrzahl von ihnen ist erfolgreich, viele sind sogar herausragend erfolgreich.

Der Grund für solches Wachstum ist nicht schwer zu finden. Während der Charakter der Industrie technologisch immer komplizierter wird, eröffnen sich neue kommerzielle Chancen, die weit über die technischen Fähigkeiten eines Unternehmens hinausgehen können, nicht jedoch über die gemeinsamen Kompetenzen von zwei oder mehr Unternehmen, deren jeweiliges wissenschaftliches Know-how wenig mit dem der anderen zu tun hat. Zudem kann es vorkommen, dass eines oder mehrere der Gründungsunternehmen zwar nicht über den technischen Hintergrund, aber über einen Rohstoffvorrat oder Marktkenntnisse verfügen, die für das neue Unternehmen von großer Bedeutung sind. Der hohe Kapitalbedarf ist ein zusätzlicher Faktor, der manchmal bei der Gründung solcher Gesellschaften eine Rolle spielt.

Die intelligente unternehmerische Logik, die hinter der Bildung solcher Unternehmen steht, ist nicht der einzige Grund, aus dem so viele von ihnen erfolgreich sind. Dazu trägt auch die Tatsache bei, dass so viele Muttergesellschaften selbst kompetente Unternehmensleitungen haben, sodass sie fähige Leute haben, die sie in das neue Unternehmen versetzen können. Das neue Unternehmen fängt ohne die Gefahren einer unerfahrenen Unternehmensleitung an, die so viele ansonsten vielversprechende junge Unternehmungen behindert.

Hat der Erfolg so vieler Gemeinschaftsunternehmen entsprechende Kurssteigerungen der Aktien der Eigentümer bewirkt? Ich glaube, im Allgemeinen nicht. Der Gewinnanteil der Gemeinschaftsunternehmen, der in Form von Dividenden an die Muttergesellschaften weitergegeben wird, wird mit dem gleichen Kurs-Gewinn-Verhältnis bewertet wie die gemeldete Ertragskraft der Muttergesellschaften. Abgesehen von seltenen Fällen bin ich allerdings überzeugt, dass die Anleger dem Anteil der Muttergesellschaften an den Gewinnen, die im Gemeinschaftsunternehmen verbleiben, sehr viel weniger Gewicht beimessen als den Gewinnen, die in den Muttergesellschaften verbleiben. Das bedeutet, dass Gewinne, die in diesen Gemeinschaftsunternehmen verbleiben, damit sie weiter wachsen können, nicht die gleiche positive Wirkung auf die Aktienkurse ihrer Muttergesellschaften haben wie gleich hohe Gewinne, die in Muttergesellschaften verbleiben, um ihr weiteres Wachstum zu unterstützen.

Der Grund dafür ist vielleicht nicht so unlogisch, wie es auf den ersten Blick scheinen mag. Intelligente Anleger sind zufrieden damit, dass die Führungsteams ihrer Unternehmen entscheiden, welcher Anteil an den Gewinnen ihrer Unternehmen als Dividende weitergegeben wird und welcher Anteil im Unternehmen verbleibt, denn sie vertrauen darauf, dass das Management diesbezüglich eine Entscheidung treffen kann, die im besten langfristigen Interesse aller Beteiligten liegt. Hätten sie dieses Vertrauen nicht, würden sie wahrscheinlich ihre Aktien verkaufen. Wenn jedoch die Gewinne in den Gemeinschaftsunternehmen verbleiben, stehen sie nicht vollständig unter der Kontrolle eines Managements, das sie kennen und dem sie vertrauen. Das Management, in das sie investieren, braucht die Genehmigung von anderen und schließt manchmal Kompromisse mit anderen, bevor es in solchen Angelegenheiten handeln kann. Deshalb sind die Vermögensgegenstände von Gemeinschaftsunternehmen gewissermaßen einen Schritt weiter vom Aktionär entfernt. In diesem Maße sind solche Vermögensgegenstände weniger wünschenswert als die Vermögensgegenstände ihres eigenen Unternehmens. Deshalb werden die Gewinne, die in Gemeinschaftsunternehmen verbleiben, sehr viel niedriger bewertet.

Gibt es eine Lösung für dieses Problem – einen Weg, um die Gewinne dieser Gemeinschaftsunternehmen für die Aktionäre genauso erstrebenswert zu machen wie die Gewinne der Unternehmen, die sie direkt besitzen? Ich glaube, es gibt eine ganz einfache Lösung, und zwar die Verbreitung einer Praxis, die wir gelegentlich schon gesehen haben, wenn solche Gemeinschaftsunternehmen wachsen und zusätzliches Kapital benötigen. Manchmal mussten sie dieses Kapital durch die Platzierung von Aktien an der Börse beschaffen. Auf diese Weise entstand ein öffentlicher Markt für Gemeinschaftsunternehmen. Dadurch bildeten sich Gruppen von Investoren, die das Management der Gemeinschaftsunternehmen und nicht einer der Muttergesellschaften schätzten und ihm gegenüber loyal waren. Die Muttergesellschaften konnten, wenn sie es wünschten, ihre Beteiligung an einem Gemeinschaftsunternehmen im Ganzen oder in Teilen durch Verkauf ihrer Aktien zum aktuellen oder annähernd aktuellen Börsenkurs in Bargeld umwandeln.

Überall dort, wo ein herausragendes Management besteht, würde die Befolgung dieser bislang seltenen Praxis eine Situation schaffen, in der sich der wahre Wert dieser Gemeinschaftsunternehmen schon bald im Aktienkurs der Muttergesellschaften niederschlagen würde – was derzeit nicht allzu häufig vorkommt. Zukünftige einbehaltene Gewinne des Gemeinschaftsunternehmens würden sich im Laufe der Zeit in höheren Börsenkursen zunächst der Aktien des einbehaltenden Unternehmens und dann der Aktien der Muttergesellschaften niederschlagen. Dadurch würde das wünschenswerte Ziel erreicht, dass die einbehaltenen Gewinne des Gemeinschaftsunternehmens für die Aktionäre der Muttergesellschaften genauso wertvoll wären wie die einbehaltenen Gewinne der Muttergesellschaften.

Manche Finanzleute bestreiten diese Schlussfolgerung. Sie weisen ebenso wie im Falle geschlossener Investmentfonds auf den erheblichen Preisabschlag hin, mit dem die Aktien gewisser Unternehmen gegenüber dem Preis gehandelt werden, zu dem sie ihre Aktien am freien Markt liquidieren können. Sie behaupten, wenn es für diese derzeit in festen Händen befindlichen Aktien der Gemeinschaftsunternehmen einen öffentlichen Markt gäbe, dann würde der gleiche Abschlag gelten, und der wahre Wert des Gemeinschaftsunternehmens werde nicht besser in den Aktienkurs der Muttergesellschaften einfließen als zuvor. Ich glaube, dass dem nicht unbedingt so sein muss. Ich halte die Abschläge auf den Liquidationswert liquider Anlagen für ein Anzeichen für zweierlei. Im Falle der geschlossenen Fonds spiegeln sie in einem gewissen Maße die Kosten für den Betrieb einer Investmentgesellschaft wider. Nach Auffassung der Anleger sind die Anteile einer solchen Gesellschaft um so viel weniger wert als der Liquidationswert, wie die laufenden Kosten der Gesellschaft die Gewinne aus den Anteilen aufzehren. Dazu muss man meines Erachtens noch den Abschlag (beziehungsweise Aufschlag) in Bezug auf den Liquidationswert berücksichtigen, in dem sich das mangelnde Vertrauen (beziehungsweise das Vertrauen) der Finanz-Community in die Fähigkeit des Managements der betreffenden Investmentgesellschaft äußert, im besten langfristigen Interesse ihrer Anteilseigner zu agieren. So werden beispielsweise im Falle der Lehman Corporation, wo das Management im Laufe der Jahre sehr gut für seine Anteilseigner war und wo die Finanz-Community offenbar vollständig darauf vertraut, dass diese Gruppe von Menschen in Zukunft ebenso gut arbeiten wird, die Anteile regelmäßig nicht mit einem Abschlag, sondern mit einem Aufschlag auf den Liquidationswert verkauft. In ähnlicher Weise kann sich der Anleger, wenn ein herausragend gut geführtes Unternehmen eine Beteiligung an einem ebenso gut geführten Gemeinschaftsunternehmen mit einem etablierten Markt für seine Aktien besitzt, sicher sein, dass sich der Preis dieser börsennotierten Papiere in beträchtlichem Maße im Börsenkurs seiner Aktien niederschlägt.

Doch wenn es nun so verhältnismäßig einfach wäre, die stets wachsende Anzahl von Gemeinschaftsunternehmen für die Aktionäre der Muttergesellschaften wertvoller zu machen, als sie es derzeit sind, warum geben dann nicht mehr von ihnen an der Börse Aktien aus? Warum unterlassen es die Investmentbanker, die ja normalerweise nicht gerade langsam darin sind, profitable Tätigkeitsfelder auszubeuten, diese Unternehmen zu weiteren Finanzierungen mittels Börsengängen zu drängen? Der Grund liegt in der Art und Weise, auf die viele Angehörige der Finanzkreise die Bedeutung der Stimmrechte von Aktionären völlig falsch beurteilen und überbewerten. Befassen wir uns nun mit diesem Thema.

Stimmrechte und Machtkämpfe

Bei den meisten Aktiengesellschaften haben die Inhaber von Stammaktien das Recht, pro Aktie, die sie besitzen, eine Stimme abzugeben. Mit diesen Stimmen wählen sie den Verwaltungsrat. Rechtlich gesehen ist der Verwaltungsrat (Board of Directors) die oberste Machtinstanz der Gesellschaft. Er ernennt alle entscheidenden Führungspositionen einschließlich des Vorstandsvorsitzenden. Und er bestimmt auch über die meisten allgemeinen Maßnahmen.

Aus diesen Gründen scheint das Stimmrecht oberflächlich betrachtet für den Anleger eine echte Bedeutung und einen echten Wert zu haben. All das oberflächliche Brimborium der Finanz-Community scheint dies zu bestätigen. So werden beispielsweise in dem ausführlichen Prospekt, dessen Veröffentlichung die Börsenaufsicht bei den meisten Neuemissionen verlangt, die vermeintlich wichtigsten Fakten bezüglich der Begebung dargelegt. Jede Abweichung von der üblichen Struktur der Stimmrechte wird in diesen Prospekten immer sehr detailliert erläutert. Auch wurden schon viele Zeitschriftenartikel und einige Bücher über das Für und Wider dieses Themas geschrieben. So stiegen beispielsweise die Gilbert Brothers dadurch zu landesweiter Prominenz auf, dass sie viele Jahre lang ziemlich spektakuläre Kreuzzüge gegen gewisse Praktiken von Aktiengesellschaften führten. Nicht alle, aber viele der Reformen, für die sie eintreten, beziehen sich direkt oder indirekt auf die Stimmrechte von Aktionären.

Nichts von dem, was ich gleich sagen werde, darf als Hinweis auf eine etwaige Überzeugung meinerseits ausgelegt werden, dass selbst auf dem Gebiet der Stimmrechte vieles von dem, was Reformer wie die Gilberts verfechten, nicht vollkommen angemessen sei. In manchen Fällen, zum Beispiel wenn sie dafür eintreten, dass Verwaltungsräte mit abgestuften Amtszeiten bei den wenigen Unternehmen abgeschafft werden, die diese Einrichtung zum Schutz des Managements immer noch beibehalten, scheinen mir ihre Behauptungen äußerst angemessen zu sein. Was ich nachzuweisen versuche, ist vielmehr, dass die gesamte Angelegenheit der Stimmrechte für Anleger, die ihre Angelegenheiten in Übereinstimmung mit einer soliden Anlagepraxis betreiben, ziemlich unwichtig ist.

Ich glaube, die grundsätzliche Verwirrung in dieser Sache beruht auf der natürlichen Neigung, enge Parallelen zwischen zwei ganz verschiedenen Dingen zu ziehen. Das eine ist die Bedeutung, die es in einer Demokratie für einen Bürger hat, das Wahlrecht bezüglich Angelegenheiten seines Staates und seiner Kommunalverwaltung zu besitzen und auszuüben. Das andere ist die Bedeutung der gleichen Funktion für den Aktionär. Dabei wird ein großer Unterschied zwischen diesen beiden Prozessen übersehen. Ein Staatsbürger hat ein wesentliches Eigeninteresse daran, sein Wahlrecht mit dem gesamten Urteilsvermögen zu nutzen, das ihm zur Verfügung steht. Er sollte sowohl hinsichtlich der Personen als auch hinsichtlich der zur Entscheidung anstehenden Angelegenheiten zur Wahl der besten (oder manchmal auch der am wenigsten schlechten) Alternative beitragen. Die jüngste Geschichte ist voll von Beispielen, zu welchen traurigen Zuständen ganze Völker herabgesunken sind, weil die überwiegende Mehrheit gegenüber der Bedeutung solcher Fragen gleichgültig geworden ist. Der Grund, weshalb solche politischen Angelegenheiten so wichtig sind, liegt allerdings darin, dass die durchschnittliche Familie über viele verschiedene Bindungen mit der Nation verknüpft ist, in der sie lebt. Sogar wenn die politischen Bedingungen fast unerträglich werden, ist es immer noch keine leichte Entscheidung, seine Siebensachen zu packen (vorausgesetzt, es ist keine

Straftat, seine Siebensachen mitzunehmen) und in ein anderes Land zu ziehen.

Vergleichen Sie dies einmal mit einem Aktionär. Meistens wird er nicht in dem Sinne mit einer bestimmten Aktie geboren, wie jemand bei seiner Geburt eine Staatsangehörigkeit erwirbt. Er kann und sollte Aktien von Unternehmen mit Unternehmensleitungen auswählen, die seinen speziellen Verhaltensmaßstäben entsprechen. Selbst wenn ein Aktionär seine Wertpapiere geerbt hat (oder in den vielen Fällen, in denen ein Anleger feststellt, dass er Aktien eines Unternehmens gekauft hat, mit dessen Management er unzufrieden ist), kann er relativ leicht seine Positionen abstoßen und zu einem Management seiner Wahl wechseln. Daher glaube ich, dass auch ein Anleger, der bei der Auswahl der Aktien, die er jetzt besitzt, nur ein Minimum an Urteilsvermögen aufgebracht hat, bezüglich seiner Stimmrechte ein einfaches Vorgehen befolgen sollte: Entweder sollte er das Management vollständig unterstützen oder seine Aktien verkaufen.

Mir ist durchaus bewusst, dass diese Aussage dem Denken der meisten direkt zuwiderläuft, die sich dafür entschieden haben, sich zum Thema der Aktienstimmrechte zu äußern. Wer hat noch nicht Bemerkungen wie diese gehört: „Egal, wie gut eine Unternehmensleitung auch sein mag – wenn sie die Genehmigung der Aktionäre für etwas braucht, was nach Meinung des Aktionärs nicht wünschenswert ist, dann liegt es nicht nur im Interesse des Aktionärs, sondern es ist sogar seine Pflicht, dagegenzustimmen. Ein Aktionär, der seine Aktien eines schlecht geführten Unternehmens verkauft, anstatt sich einem Machtkampf um eine bessere Unternehmensleitung anzuschließen, wälzt die Drecksarbeit auf andere ab, anstatt selbst aufzuräumen. Er hat es verdient, dass ihm der Gewinn entgeht, den er bekäme, wenn eine bessere Unternehmensleitung dazu führen würde, dass seine Aktien zu höheren Kursen gehandelt werden."

Diese Argumentation ist nicht neu. Auf den ersten Blick wirkt sie plausibel. Doch gehen wir ihr genauer nach und schauen, ob sie dann immer noch sinnvoll ist. Tun wir dies zunächst aus der Sicht des Eigeninteresses des Anlegers und dann aus der Sicht des Gemeinwohls.

Nehmen wir als Erstes den Fall eines Aktionärs, der sehr auf das Management seines Unternehmens vertraut und es respektiert, nun aber einer bestimmten Sache, die das Management vorhat, nicht zustimmt. Da zwei intelligente Menschen nur selten in allem einer Meinung sind, überrascht es kaum, dass früher oder später ein konkreter Vorschlag auftauchen wird, dem der Aktionär lieber nicht folgen würde. Doch hält er das Vorhaben nicht für so schlimm, dass er aus dem ansonsten höchst attraktiven Bild aussteigen möchte, nur weil es verabschiedet wird. Ein solches Vorhaben kann eine Fusion sein, eine Kapitalmaßnahme, die Wahl eines neuen Verwaltungsratsmitglieds, vielleicht auch ein Bezugsrechtsplan oder ein neuer Vergütungsplan für Führungskräfte.

Da der Anleger insgesamt auf die Exzellenz der Unternehmensleitung vertraut (falls er nicht dieser Ansicht ist, sollte er sich fragen, weshalb er die Aktien überhaupt besitzt), finde ich, dass er sich zunächst Folgendes fragen sollte: „Wie sicher bin ich, dass meine Ansicht richtig ist und dass das Management in dieser konkreten Angelegenheit irrt? Denn schließlich ist das Management über einige Aspekte seiner Vorschläge wahrscheinlich viel besser informiert als ich." Wenn das Management von Haus aus seriös und fähig ist, sollte der Aktionär da nicht bereit sein, seine Denkweise zumindest so weit zu revidieren, dass er die Möglichkeit in Betracht zieht, seine Ansichten könnten schlecht begründet sein? Doch nehmen wir einmal an, der Aktionär wäre nach wie vor überzeugt, dass der Vorschlag des Managements schlecht ist, allerdings – wie es üblicherweise der Fall ist – nicht so bedeutend, dass er sich deshalb durch Verkauf aus einer ansonsten attraktiven Situation herausbringen will.

Wenn dem so ist, kommen wir zum Kern der Sache. Ist es in irgendeiner Weise klug von Aktionären, zu versuchen, ihr Gewicht in kleineren Angelegenheiten in die Waagschale zu werfen, um die Wünsche eines Managements zu dämpfen, das in ihrem Interesse herausragende

Arbeit leistet? Ich glaube, wenn wir die grundlegenden Praktiken des Managements an sich prüfen, finden wir klare Belege dafür, dass es nicht klug ist. Kein Großunternehmen hat je ein herausragendes Führungsteam aufgebaut, das Befugnisse nicht an Menschen delegiert, die gute Leistungen erbringen. Andernfalls hätten untergeordnete Führungskräfte keine Chance, sich durch konkrete Erfahrung zu vervollkommnen, reifer zu werden und zu wachsen. Solange solche Führungskräfte ihre Leistungen im Rahmen der allgemeinen Unternehmensrichtlinien erbringen und die gewünschten Ergebnisse liefern, dürfen sie eigene Entscheidungen treffen, auch wenn das Spitzenmanagement die Aufgabe in manchen Fällen anders gelöst hätte. Wenn es so wichtig ist, dass sich das Spitzenmanagement zurückhält und den unter ihm Stehenden eine gewisse Handlungsfreiheit gibt, sodass sie manchmal aus ihren Fehlern lernen dürfen, solange sie ihre Aufgabe insgesamt gut erledigen und herausragende Ergebnisse produzieren, warum sollten sich dann die Aktionäre nicht in der gleichen Zurückhaltung üben und einem Spitzenmanagement, das ebenfalls herausragende Leistungen bringt, die gleiche Handlungsfreiheit gewähren? Ich bin überzeugt, dass jeder andere Umgang mit einer herausragenden Unternehmensleitung, sofern sie erfolgreich ist, so viel Verstimmungen und innere Belastungen bewirkt, dass es die Aktionäre wohl weit mehr kostet, als sie durch die gelegentliche Umsetzung eines unklugen Vorschlags verlieren könnten.

Doch nehmen wir nun einen extremeren Fall: Der Aktionär ist mit seiner Anlage sehr zufrieden, aber der Vorschlag, gegen den er ist, ist ihm derart unerwünscht, dass er im Falle seiner Umsetzung seine Aktien lieber verkaufen würde. Ein solcher Fall tritt nicht sehr oft ein, aber gelegentlich kann es passieren. Bevor der Aktionär beschließt, gegen die Angelegenheit zu stimmen, sollte er sich zwei Fragen stellen. Erstens: Besteht eine signifikante Wahrscheinlichkeit, dass der Vorschlag niedergeschlagen wird? Zweitens: Wenn das Management etwas so Schlechtes unterstützt, ist es da nicht wahrscheinlich, dass sich sein

Urteilsvermögen oder seine Arbeitsmoral so sehr unter das Niveau verschlechtert hat, das ich vermutet hatte, dass es selbst dann, wenn dieses Vorhaben abgelehnt wird, andere höchst unerwünschte Vorschläge wie diesen unterbreiten wird? Die Wahrscheinlichkeit, dass die erste Frage zu bejahen ist, die zweite hingegen nicht, ist sehr entfernt. Doch nur wenn diese Antworten den Tatsachen entsprechen, scheint es einleuchtend, dass der Privatanleger von seinem Standpunkt aus besser fährt, wenn er seine Aktien verkauft und darauf wartet, dass eine wirklich hervorragende Anlage verfügbar wird, als wenn er an einer Anlage festhält, bei der er entweder einen durch und durch schlechten Vorschlag nicht blockieren kann oder bei der er – wenn er es denn könnte – mit der Wahrscheinlichkeit konfrontiert wäre, sich in Zukunft mehr oder weniger ständig mit solchen Dingen herumschlagen zu müssen. Nichts lenkt den Verstand einer Unternehmensleitung so sehr von den einfachen Aufgaben ab, die sie erledigen muss, als internes Ringen mit den Aktionären.

Glücklicherweise ist die Zahl der Fälle, in denen herausragende Unternehmensleitungen Vorschläge machen, die die Interessen der Aktionäre in größerem Maßstab gefährden, äußerst klein und löst nur wenige Machtkämpfe aus. Die meisten Machtkämpfe finden statt, wenn eine etablierte Unternehmensleitung keine herausragende Erfolgsbilanz hat. Das hat entweder zur Folge, dass bedeutende Gruppen von Aktionären eine interne Revolution anzetteln, oder dass eine außenstehende Gruppe die Chance sieht, die Kontrolle zu übernehmen, und versucht, die Inhaber einer Mehrheit der umlaufenden Aktien davon zu überzeugen, dass sie es besser kann. Aus diesem Stoff waren die meisten wirklich spektakulären Machtkämpfe der letzten Jahre gemacht. Bevor sich der durchschnittliche Aktionär (der unabhängig davon, wer gewinnt, keinen hochbezahlten Job bekommt) in einem Machtkampf zu sehr auf eine Seite schlägt, sollte er sich wohl Gedanken um ein paar Grundlagen der Geldanlage machen. Wenn ein schlechtes Management schon lange am Ruder ist, äußert sich der größte Schwund normalerweise bei den niedrigeren Führungskräften. Jüngere fähige Männer wandern zu Unternehmen ab, in denen die Beförderungschancen größer sind und in denen Verbesserungsvorschläge nicht missbilligt, sondern begrüßt werden. Das heißt, selbst wenn die Aktionäre die bestehende schlechte Unternehmensleitung absetzen und durch und durch fähige Leute an die Spitze gesetzt werden, dauert es häufig mehrere Jahre, bis die niederen Ränge der Führungskräfte zunächst aufgefüllt und dann so weit geschult werden können, dass merkliche Besserungen der Gesamtperformance zu verzeichnen sind. In der Zwischenzeit besteht stets die Gefahr, dass die neue Unternehmensleitung nicht so fähig ist, wie es während des Machtkampfs geschienen hatte, sodass gar keine großartige grundlegende Verbesserung stattfinden wird. Vielleicht handelt es sich bei den Neulingen bloß um eine Gruppe wortgewandter Opportunisten, die eine Chance gesehen haben, sich in hoch bezahlte Stellen hineinzureden. Aus allen diesen Gründen bin ich überzeugt, dass ein Anleger dann, wenn ein Machtkampf aus klaren Belegen für ein weniger herausragendes Management resultiert, besser damit fährt, sich nicht darin verwickeln zu lassen, sondern seine Aktien zu verkaufen und sich nach einem deutlich überdurchschnittlichen Unternehmen umzusehen, in das er das investieren kann, was von seinem ursprünglichen Investment geblieben ist. Vielleicht sollte er sein ehemaliges Unternehmen mit dem Gedanken betrachten, dass nach zwei oder drei Jahren womöglich genug Zeit vergangen ist, damit – falls eine echte Aufwertung des Managements stattgefunden hat – die ersten Anzeichen dafür zu erscheinen beginnen. Dann könnte eine echte Kaufgelegenheit bevorstehen. Jedenfalls kann ich mich aus den letzten 20 Jahren daran erinnern, dass, sobald sich die erste Aufregung nach einem Machtkampf gelegt hatte, in mehreren Fällen in den Folgejahren eine spürbar bessere Marktperformance als bei den Aktien insgesamt folgte. Vielleicht ist dies ein weiterer Hinweis darauf, dass die Stimmrechte der Aktionäre für diejenigen, die gern „abhauen“ oder ihre juristischen Muskeln spielen lassen, wohl wichtiger sind als für diejenigen, deren Hauptinteresse an Aktien das Geldverdienen ist.

Wenn es aber aus der eigennützigen Perspektive des unmittelbaren Interesses des Anlegers fast immer das Klügste ist, seine Aktien zu verkaufen, wenn er das Management nicht für so gut hält, dass er es dauerhaft unterstützen sollte, wie steht es dann mit seinem Handeln aus der Perspektive des Gemeinwohls? Wenn die Aktionäre alles durchwinken, was das Management will, lassen sie dann nicht die Zügel gegen möglichen künftigen Missbrauch durch das Management aus der Hand? Wenn sie eine Unternehmensleitung für mangelhaft halten und sich den Aktionären eine bessere zur Genehmigung gestellt hat, haben sie dann nicht die moralische Verpflichtung gegenüber ihren Mitaktionären, ihre Aktien zu behalten und für einen Führungswechsel zu stimmen?

Wieder glaube ich, dass ein Blick unter die Oberfläche zeigen wird, dass die allgemein akzeptierte Antwort auf solche Fragen nicht die richtige ist. Das liegt daran, dass die Stimmrechte der Aktionäre eine so ungelenke und ineffiziente Methode sind, etwas zu bewirken. Die Anzahl der börsennotierten Unternehmen, die innerhalb eines beliebigen 5-Jahres-Zeitraums einen Führungswechsel aufgrund eines Machtkampfs durchmachen, beträgt nur einen winzigen Prozentsatz aller börsennotierten Unternehmen. Und die Anzahl der Vorschläge von Unternehmensleitungen, die abgelehnt wurden, weil die Aktionäre dagegen gestimmt haben, wobei das Management an sich nicht abgesetzt wurde, ist meiner Vermutung zufolge wohl noch kleiner. Das liegt daran, dass eine Unternehmensleitung, vor allem eine schwache Unternehmensleitung, weiß, dass sie unter Beschuss geraten kann, und sich darauf vorbereitet, sich entsprechend zu verschanzen. Normalerweise kann sie sich – durch den Kauf von Aktien, durch das Schließen von Allianzen mit Großaktionären oder durch alle möglichen recht bekannten Mittel wie zum Beispiel Stimmbindungsverträge – so sehr stärken, dass sie gegen so ziemlich alles weitgehend unverwundbar ist außer gegen einen Angriff seitens einer anderen finanzstarken Gruppe, die ähnliche Bündnisse schließt. Auch hier versagt der so häufig gezogene Vergleich zwischen den Aktionären eines Unternehmens und den Bürgern einer Kommune völlig. Politikfachleute sagen uns, dass es in den Vereinigten Staaten selbst den etabliertesten politischen Maschinerien selten gelungen ist, mehr als 20 Prozent der effektiven Stimmen zu lenken, eine Hürde, die zwar für unorganisierte Bürger schwer zu überwinden ist, nicht aber für eine aufgerüttelte Bürgerschaft. In Unternehmen hingegen, von denen sich die meisten von uns auf eine Weise lossagen können, wie es Bürger nicht können, gelingt es denjenigen, die an der Macht sind, häufig, mehr als 50 Prozent der Stimmen an sich zu binden, sodass sie unschlagbar sind.

Doch auch wenn das Stimmrecht als Waffe oft zu schwach ist, um ein minderwertiges Management unter Druck zu setzen, so besitzen die Aktionäre noch eine weit stärkere Kraft, die sie es spüren lassen können. Sie besteht darin, von vornherein so zu handeln, wie es ihrem Eigeninteresse entspricht, und dann, wenn ihnen die Unternehmensleitung nicht gefällt, die Aktie zu verkaufen und die Finger davon zu lassen. Verbitterte Gegenstimmen einer Minderheit kann ein ausreichend hartgesottenes und egozentrisches Management ignorieren. Hingegen beeinträchtigen beständige Aktienverkäufe unmittelbar das persönliche Vermögen der Manager, das Vermögen der Verbündeten, von denen sie abhängig sind, um an der Macht zu bleiben, sowie die operativen Ergebnisse, die sie erzielen. Selten bleiben sie gleichgültig, wenn sich anhaltende Aktienverkäufe darin niederschlagen, dass ihre Aktien zu weit niedrigeren Kurs-Gewinn-Verhältnissen gehandelt werden als die der Konkurrenz. Dieses beharrliche Indiz dafür, dass die Anleger sie ablehnen, macht etwaige weitere Finanzierungen, die das Unternehmen womöglich organisieren muss, weit kostspieliger als für die höher angesehene Konkurrenz. Darüber hinaus führt es – und da geht es ans Eingemachte – dazu, dass das Vermögen der Manager, sofern sie viele Aktien des Unternehmens besitzen (oder derjenigen, auf deren Unterstützung sie angewiesen sind, wenn sie nicht genügend Aktien besitzen, um sie an der Macht zu halten), nur noch einen Bruchteil dessen beträgt, was es betragen würde, wenn sie das Wohlwollen der Investment-Community genießen würden. Das ist etwas, das den rechtlich Unverwundbaren wirklich wehtun kann. Das ändert mit größerer Wahrscheinlichkeit etwas am Vorgehen des Managements als ein paar Gegenstimmen.

Kurz und gut: Ein Anleger, der sich von einem schlecht geführten Unternehmen trennt und damit dazu beiträgt, den Aktienkurs zu drücken und das Management bei den Anlegern in ein schlechtes Licht zu rücken, tut dies nur, um seine eigene Position zu verbessern. Nichtsdestotrotz übt er dadurch, wenn vielleicht auch unwissentlich, echten Druck auf das betreffende Management aus. Wenn genug andere das ebenfalls tun, wird das zu einer echten Kraft. Ein Anleger hingegen, der seine Aktien behält, aber gegen die Vorschläge des Managements stimmt, kämpft in der Regel gegen Windmühlen, selbst wenn sich ihm viele Kollegen anschließen. Für den Aufbau seiner wirtschaftlichen Position erreicht er damit wenig bis gar nichts. Vielleicht ist das der Grund, weshalb trotz all des Geredes über Stimmrechte und trotz des vielen Raums, der ihnen beispielsweise in Prospekten zu Neuemissionen eingeräumt wird, das „kalte Urteil des Marktes" ihnen so wenig greifbaren Wert beimisst. Wenn Sie das bezweifeln, sehen Sie sich einmal die diversen Fälle der letzten 40 Jahre an, in denen zwei Aktien des gleichen Unternehmens nebeneinander verkauft wurden, die einander bis auf die Tatsache exakt glichen, dass aufgrund von Stimmbindungsverträgen oder anderen rechtlichen Anordnungen der einen Aktie das effektive Stimmrecht fehlte, das die andere besaß. Fast nie wies die stimmberechtigte Aktie aufgrund ihres Stimmrechts konsistent einen höheren Marktwert auf. Häufig waren die beiden Aktienklassen hinsichtlich ihres Kurses vollkommen austauschbar.

Vielleicht sollte das Credo des erfolgreichen Anlegers bezüglich dieses Themas so lauten: Ein Blick unter die Oberfläche zeigt, dass die Vorstellung einer grundsätzlichen Ähnlichkeit zwischen dem Verhältnis des Aktionärs zu seinem Unternehmen und dem des Bürgers zu seiner Gemeinde oder seinem Staat nicht zutrifft. Man ignoriere die Natur der Stimmrechte in Aktiengesellschaften, denn sie haben wenig mit dem zukünftigen Schicksal des Anlegers zu tun, weder im Guten noch im Schlechten. Man konzentriere sich auf ein herausragendes Management, denn das ist das, was die Ergebnisse hervorbringt, die zählen. Wenn man ein solches Management gefunden hat, dann unterstütze man es regelmäßig durch seine Stimme, unabhängig davon, ob man jeden einzelnen vorgeschlagenen Schachzug billigt oder nicht. Man tue dies ebenso, wie man sich dem Programm jedes anderen Fachmanns fügen würde, dem man vertraut und der einem durch ungewöhnliches Geschick ungewöhnliche Ergebnisse beschert. Wie im Falle des Arztes, des Rechtsanwalts, des Klempners oder jedes anderen Fachmanns, den man auswählt, gilt hier: Wenn sich die eigene Meinung über sie aus irgendeinem Grund zum Schlechteren verändert, lasse man sich nicht auf endlose Diskussionen mit ihnen ein, sondern werde sie los und hole sich jemand anderen, der besser ist.

Sollte man Aktien aufgrund von Wahlprognosen in den Vereinigten Staaten kaufen oder verkaufen?

Wir haben vor nicht wenigen Jahren an einem College unseren Abschluss gemacht und sind von der Studentenschaft und den Ehemaligen weit weggedriftet. Wir finden uns im Football-Stadion wieder, als das „große Spiel“ beginnt. Unser College spielt gegen seinen traditionellen Rivalen. Kein einziges Mitglied beider Mannschaften haben wir je kennengelernt. Tatsächlich wissen wir über keines der Teams irgendetwas. Doch sobald die Kapelle die vertraute Marschmusik spielt und wir die Trikots in den Farben erblicken, die wir lange für die unseren gehalten hatten, werden wir vollkommen parteiisch. Dass diejenigen, die die

Uniformen tragen, die wir für die unseren halten, ein Haufen junger Rabauken sind, die von einer Gruppe extrovertierter Ehemaliger für ihre Dienste recht hübsch bezahlt werden, kommt uns wohl selten in den Sinn. Es ist *unsere* Mannschaft. Plötzlich ist es uns sehr wichtig, dass die Unseren gut spielen.

Inzwischen haben Soziologen gezeigt, dass die Bindungen, die so viele von uns an die eine oder andere unserer beiden großen politischen Parteien haben, ihrer Herkunft nach gar nicht so verschieden sind von den Einflüssen, die ansonsten inaktive Ehemalige bei einem sportlichen Wettkampf, bei dem die Farben, Lieder und Gebräuche der alten Schule penetrant zur Schau gestellt werden, so parteiisch werden lassen. Es ist nachgewiesen, dass Faktoren wie der Bundesstaat, in dem wir geboren wurden, das Stadtviertel, in dem wir aufgewachsen sind, das Viertel, in dem wir jetzt wohnen, unsere ethnische Herkunft, unser religiöser Hintergrund und die wirtschaftliche Schicht, mit der wir uns identifizieren, wie mächtige Seile sind, die uns zur Unterstützung der einen politischen Partei oder der anderen hinziehen. Auch wenn wir behaupten, unabhängig zu denken, stellen wir fest, dass wir politisch immer parteiischer werden, bis wir an den Punkt gelangen, an dem wir sogar einige der extremen Positionen der Partei unserer Wahl akzeptieren. Wir tun dies in einem Maße, dass es sehr wahrscheinlich unsere Anlageentscheidungen beeinflusst.

Viele Menschen werden nun fragen, ob es nicht grundsätzlich eine solide Investitionspolitik ist, den Aussichten der politischen Partei unserer Wahl großes Gewicht beizumessen. Die Maßnahmen der Regierung können sich ja gewaltig auf den Wert von Aktien auswirken. Ist es darum nicht klug, dann zu kaufen, wenn diejenigen, denen wir vertrauen, an der Macht sind? Sollten wir nicht verkaufen, wenn die Aussicht besteht, dass die Partei gewinnt, deren Ziele uns Sorgen bereiten?

Um diese Frage zu beantworten, wollen wir von einer gemeinsamen Grundlage des Verständnisses ausgehen. Sie besteht darin, dass die

Staatsmacht fraglos den realen Wert von Aktienpositionen verändern kann. Eine Regierung, die bereit ist, den Lebensstandard eines ganzen Volkes zu senken, um gewisse erhoffte gesellschaftliche Ziele zu erreichen, von denen ihre Anführer glühend überzeugt sind, kann den Wert guter Aktienanlagen ernstlich negativ beeinflussen. Im Gegenzug könnte eine Regierung, die weitaus weiser ist als alle Regierungen, die wir in den letzten Jahren erlebt haben, ihren Wert signifikant erhöhen. Das ist nicht die Frage. Die Frage ist, ob in den Vereinigten Staaten der jüngeren Vergangenheit oder in der absehbaren Zukunft der Vereinigten Staaten, sofern es weitergeht wie derzeit, der Sieg einer Partei über die andere wohl bedeutsam genug ist, um zu rechtfertigen, dass man Anlageentscheidungen deswegen ändert.

Die Überzeugung vieler Anleger zu diesem Thema lautet ungefähr wie folgt: Die Republikanische Partei ist in erster Linie die Partei der Geschäftsleute. Die Republikaner verstehen die Probleme der Wirtschaft und sympathisieren mit ihr. Die Demokraten beziehen ihre Stärke aus Bevölkerungsgruppen, von denen viele auf unternehmerischen Erfolg neidisch und ihm feindlich gesonnen sind. Deshalb ist die Wirtschaft gesichert, wenn die Republikaner im Amt sind. Dann sollte man Aktien besitzen. Wenn die Demokraten an die Macht kommen, wird der Aktienbesitzer darunter leiden.

Es gibt aber noch eine andere Gruppe, die möglicherweise die gleiche Zahl von Wählern umfasst. Diese Gruppe besitzt ein weit geringeres Vermögen und hat sehr viel weniger (aber doch einigen) Einfluss auf den Aktienmarkt. Ihre Überzeugungen gehen in die exakt entgegengesetzte Richtung. Aufgrund der Großen Depression, die ihren Tiefpunkt 1932 unter einer republikanischen Regierung erreichte, halten sie die Republikaner für die Partei der Depression und die Demokraten für die Partei der guten Zeiten. Bequemerweise vergessen sie dabei – falls sie es je wussten –, dass andere große Depressionen unter den Demokraten aufgetreten sind. Sie sind überzeugt, wenn die Republikaner an der Macht sind, müssten Aktionäre und alle anderen stets befürchten, es könnten schlechte Zeiten kommen. Wenn die Demokraten an der Macht sind, könne sich jeder sicher fühlen.

Ich bin überzeugt, dass es in den Vereinigten Staaten, wie sie heute sind (in einer künftigen Zeit kann das ganz anders sein), ebenso wie in der jüngeren Vergangenheit für keine dieser beiden Überzeugungen eine echte Grundlage gibt. Die Ansicht, die Demokraten hätten irgendeine besondere Formel, um Depressionen zu verhindern, oder sie hätten sich in dieser Beziehung besser geschlagen als die Republikaner, weicht dermaßen von den nachweislichen Tatsachen ab, dass es sinnlos erscheint, viel Zeit auf ihre Diskussion zu verschwenden. Hingegen ist die entgegengesetzte Ansicht, man solle Aktien kaufen und halten, wenn die Aussichten der Republikaner glänzend erscheinen, unter vielen Gruppen von Aktionären so viel weiter verbreitet, dass sich eine etwas ausführlichere Diskussion lohnen dürfte.

Wahrscheinlich stimmt es, dass der durchschnittliche republikanische Amtsinhaber in seinem grundsätzlichen Denken und seinen Ansichten etwas wirtschaftsfreundlicher ist als der durchschnittliche demokratische Amtsinhaber. Doch gibt es seit vielen Jahren in diesem Zusammenhang keine scharfe Trennlinie. Senator A, ein Demokrat, der gegen den republikanischen Amtsinhaber Senator B antritt, kann der Wirtschaft weit feindseliger gegenüberstehen als Senator B. Aber drei Bundesstaaten weiter fordert ein anderer Demokrat, Senator C, den republikanischen Amtsinhaber Senator D heraus. Und hier stellen wir fest, dass Senator C dem Standpunkt des Geschäftsmanns weit stärker zugeneigt ist als Senator D. Da er außerdem bei der Mehrheitspartei einen guten Stand hat, kann er seine Ideen vielleicht auch weit besser vermitteln.

Allerdings gibt es in der modernen amerikanischen Politik einen grundsätzlichen Trend, der für Aktionäre weitaus signifikanter ist als die individuellen Sympathien für die Senatoren A, B, C oder D. Er besteht darin, dass die große Masse der amerikanischen Wähler sehr zur Mäßigung neigt. Sie sind sowohl gegen die extreme Rechte als auch gegen die extreme Linke. Es kommt nicht darauf an, womit der Amtsinhaber sympathisiert, sondern darauf, was er tut. Und was tut er in dem Bemühen, im Amt zu bleiben?

Der typische Republikaner beginnt, nachdem er gewählt wurde, allerlei leicht linke Maßnahmen zu treffen, um Unterstützung aus seiner dominierenden Mitte anzuziehen und zu beweisen, dass er kein „Geschöpf des Big Business“ ist. Einige dieser Maßnahmen mag er im Herzen vielleicht nicht. Trotzdem führt er sie durch. Eine Reihe kartellrechtlicher Maßnahmen, die weit über das hinausgingen, was bei früheren demokratischen Regierungen je zu sehen war, moderate weitere „soziale Geschenke“ auf Kosten der ökonomisch effizienten Klassen und die Tendenz, Steuervergünstigungen für Privatpersonen den Vorzug vor Steuervergünstigungen für Unternehmen zu geben – das sind ein paar Anzeichen aus den letzten Jahren für diesen Trend.

Und was tut der typische Demokrat, nachdem er gewählt wurde, um die Unterstützung des sehr begehrten und gewöhnlich dominierenden gemäßigten Wählers zu gewinnen? Manchmal äußert er sich recht derb gegen das „Big Business“, vertritt aber verhältnismäßig wenig, was dem legitimen amerikanischen Unternehmertum gefährlich werden könnte. Seine steuerlichen Ansichten sind überraschend gemäßigt. Hinsichtlich der Anzahl der „sozialistischen Geschenke“, die er den wirtschaftlich Schwachen auf Kosten der ökonomisch Effizienten aus Überzeugung gewähren will, übertrifft er sein republikanisches Pendant wahrscheinlich ein bisschen, aber eben nur mäßig. Wenn harte Zeiten kommen, versucht er vielleicht sogar noch beflissener als seine republikanischen Brüder, die Wirtschaft zu entlasten.

Es kann sein, dass diese Hintergrundbedingungen nicht ewig andauern. Früher oder später könnte sich die grundlegende öffentliche Meinung ändern, sodass die große Mehrheit der Wähler nicht mehr versteht (wie sie es heute zu verstehen scheint), dass nur die erstaunliche Effizienz der amerikanischen Privatwirtschaft, die unter dem System des freien Gewinnstrebens operiert, die scheinbar unglaubliche Leistung ermöglicht, sowohl den Lebensstandard aller bedeutenden Klassen der Nation stetig zu erhöhen als auch gleichzeitig eine der schwersten Verteidigungslasten zu tragen, der sich ein freies Volk jemals zu stellen hatte. Die überwiegende Masse der amerikanischen Wähler scheint wohl mehr aus einem tief verwurzelten Instinkt heraus als durch bewusstes Denken anzuerkennen, dass nur der Sauerteig der privaten Gewinne den aufgeklärten Eigennutz hervorbringt, der dazu führt, dass ein ganzes Volk ständig seine Effizienz steigert und diese Ergebnisse erzielt. Wenn sich dieser Standpunkt ändert, können sich auch die fundamentalen Gegebenheiten der heutigen Politik ändern. Dann kann die Parteipolitik für die Aktionäre sehr viel wichtiger werden, als sie es heute ist. Allerdings gibt es dafür glücklicherweise bislang noch nicht das geringste Anzeichen. Und bis dahin dürfte ein Anleger, der gute Positionen verkauft, weil ihm der parteipolitische Ausblick nicht gefällt, die unglückseligen Ergebnisse einer Reihe sehr wohlhabender und zuvor sehr erfolgreicher republikanischer Investoren in der Anfangszeit des New Deal wiederholen. Sie hatten vor der neuen Regierung dermaßen große Angst, dass sie die glänzenden Aussichten der damaligen Zeit ignorierten. Unter anderem entging ihnen bei ihren Kalkulationen vollständig, dass die leicht ungünstigen Aspekte mancher Gesetze, gegen die sie waren, hinsichtlich des Besitzes von Aktien durch den inflationären Aspekt gewisser anderer Gesetze, gegen die sie ebenfalls waren, mehr als kompensiert wurden. Die gleiche Kombination von Einflüssen könnte in etwa den gleichen Verhältnissen erneut vorherrschen, wenn künftig eine leicht wirtschaftsfeindliche Regierung gewählt werden sollte.

Es kann für einen Anleger sehr irreführend sein, wenn er zu dem wohlfeilen Schluss gelangt, jedes Kongressmitglied, das das gleiche Parteiabzeichen trägt wie er, sei eine Säule. Und nicht einmal ein Mitglied der gegnerischen Partei ist eine stetige Quelle der Gefahr. Um dies zu veranschaulichen, untersuchen wir nun das, was ich für die übelste Wirtschaftsgesetzgebung halte, die im letzten Vierteljahrhundert in

Kraft trat. Das war die sogenannte Übergewinnsteuer, ein plausibel klingender Name, den ihre Verfechter willkürlich einer sehr bösartigen Steuer beilegten, um ihre wahre Natur zu verschleiern. Der Grund, aus dem diese spezielle Abgabe sehr viel schädlicher war als die meisten anderen, war die Tatsache, dass sie diejenigen für eine besondere Bestrafung herausgriff, die ihre Geschäfte gut führten, die neue Industrien aufbauten und neue Stellen schufen. Sie verschaffte ineffizienten Unternehmen, die nichts oder nur wenig taten, um die Wirtschaft aufzubauen, einen relativen Wettbewerbsvorteil. Jedem, der in der Position war, die Wirkung dieser Steuer auf besser geleitete Unternehmen genau zu beobachten, wurde bald klar, dass der von Tag zu Tag wirkende Einfluss dieser Steuer auf Unternehmensentscheidungen hauptsächlich darin bestand, dass sie die normale Tendenz besser geführter Unternehmen dämpfte, Vergeudung und Ineffizienz zu bekämpfen. Da der Staat solchen Unternehmen einen so großen Anteil der gestiegenen Kosten bezahlte, solange diese Steuer Bestand hatte, herrschte eine ständige Tendenz zur Verschwendungssucht. Sie hatte sogar schlimme Auswirkungen auf das Verhältnis zwischen Arbeitgebern und Arbeitnehmern, denn anstatt zu versuchen, sich mit den Arbeitnehmern auseinanderzusetzen, wurden die Kosten der Streiks zu einem großen Teil im Endeffekt auf den Staat abgewälzt.

Anfangs wurde diese Steuer hauptsächlich vom sogenannten liberalen Flügel der demokratischen Partei gestützt. Als im Jahr 1952 eine republikanische Regierung kam, nahmen viele Anleger an, die Republikaner wären massiv gegen eine solche Steuer. Das erwies sich als Irrtum. Als die neue Regierung ihre vorläufige Verlängerung forderte – nicht etwa mit der Begründung, die Steuer sei gut, sondern weil die Einnahmen gebraucht wurden –, änderten überraschend viele republikanische Kongressabgeordnete ihre Position. Indes hatten – was vielleicht noch überraschender war – auch einige der eher liberalen Demokraten, die gesehen hatten, welche Übel diese Steuer in ihren Bundesstaaten bewirkt hatte, ihre Position geändert und ihre frühere

Begeisterung für ein solches Gesetz vollständig verloren. Da sich die parteipolitischen Positionen so häufig verschieben und da es innerhalb der gleichen Partei so viele unterschiedliche Persönlichkeiten und Standpunkte gibt, werden tatsächliche oder voraussichtliche Siege oder Niederlagen politischer Parteien so lange keine solide Grundlage für langfristige Anlageentscheidungen sein, wie die Masse der amerikanischen Wähler den heutigen Standpunkt des Mittelwegs beibehält.

Wenn rein parteipolitische Siege oder Niederlagen schon keinen Einfluss auf die langfristige Anlageplanung haben dürften, wirken sie sich dann vielleicht irgendwie auf den kurzfristigen Gesichtspunkt des Timings aus? Nehmen wir einmal an, aus den eher grundsätzlichen Gründen, die in anderen Teilen des Buches vertreten werden, sei bereits die Entscheidung getroffen worden, eine Aktie zu kaufen oder zu verkaufen. Wenn diese Entscheidung ziemlich kurz vor einem Wahltag getroffen wurde, lässt sich normalerweise ein etwas besserer Preis erzielen, wenn man Folgendes bedenkt:

Diejenigen, die ein ausreichendes Vermögen besitzen, um den Verlauf von Aktienkursen zu beeinflussen, sind offenbar mehrheitlich davon überzeugt, dass ein Sieg der Republikaner die Aktien wertvoller macht und ein Sieg der Demokraten sie weniger wertvoll macht. Da allerdings Präsidentschaftswahlen und Kongresswahlen derart im Rampenlicht stehen und da die Meinung der Profis (die sich beispielsweise in Wettquoten niederschlägt) über den Ausgang gewöhnlich fast immer zutreffend ist, preist der Aktienmarkt kurzfristig betrachtet seit vielen Jahren konsequent die Wahlmeldung am Tag vor der tatsächlichen Wahl übertrieben ein. Das bedeutet, dass sich der Markt am Tag nach einer nationalen Wahl – außer in den seltenen Fällen einer echten Überraschung – stark in die entgegengesetzte Richtung bewegen wird als von den meisten erwartet. Anders ausgedrückt: Wenn die Wahl – wie es fast immer geschieht – so ausgeht, wie es professionelle Politiker erwartet hatten, steigt der Markt am Tag nach der Wahl steil, wenn die Demokraten gewinnen, und er fällt steil, wenn die Republikaner gewinnen. So stiegen beispielsweise die Aktien nach allen vier Erdrutschsiegen von Franklin Roosevelt am Tag nach der Wahl steil. Ebenso kam es 1946, als zum ersten Mal seit 18 Jahren die Republikaner wie von den Profis beider Parteien erwartet in Windeseile die Kontrolle über beide Häuser des Kongresses übernahmen, am Tag danach zu einem sehr steilen eintägigen Kurseinbruch. Wenn man sich diese Tatsachen vor Augen hält und Transaktionen in der Wahlzeit entsprechend vorzieht oder verschiebt, können diejenigen, die diese Transaktionen aus anderen – solideren – Gründen ohnehin für diese Zeit des Jahres geplant haben, ein paar Dollar zusätzlich verdienen.

Und was ist mit dem gelegentlichen Fall einer echten Überraschung bei einer Wahl, also wenn das Ergebnis nicht den Wettchancen und der professionellen politischen Meinung entspricht? Dann scheint ein Sieg der Demokraten weitere Verkäufe und einen sinkenden Markt zu verursachen. Und genau das passierte in den Tagen nach der überraschenden Wahl von Präsident Truman im Jahr 1948 – wahrscheinlich die bislang einzige wirklich überraschende Präsidentschaftswahl des 20. Jahrhunderts. Wenn hingegen die Republikaner von einer echten Überraschung profitieren, kann man am Tag danach mit einem Kursfeuerwerk rechnen. Das war ungefähr das, was bei der Kongresswahl 1954 passierte. Es war erwartet worden, dass die Demokraten abräumen und den Republikanern die Mehrheit mit deutlichem Abstand abnehmen würden. Aber Vizepräsident Nixon startete in letzter Minute noch einige wirkungsvolle Wahlkampfmaßnahmen, die die Verluste der Republikaner im Osten minimierten und sie im Westen so gut wie stoppten. Die Kongressmehrheit der Demokraten fiel unerwartet so dünn aus, dass sie zu vernachlässigen war. Das Ergebnis war, dass die Kurse nicht nur einen Tag, sondern mehrere Tage lang steil nach oben kletterten.

Vergleichen Sie einmal das, was am Tag nach Wahlüberraschungen passierte, mit dem, was passierte, wenn es keine Überraschung gab. Dann ergibt sich eine Regel, die ebenso einfach zu befolgen ist wie die viel grundlegendere, dass man Anlageentscheidungen nicht anhand von Wahlergebnissen treffen sollte, außer wenn sich das politische Klima einmal gegenüber dem seit vielen Jahren vorherrschenden scharf ändern sollte: Wenn man ohnehin etwa zur Zeit der Wahl kaufen oder verkaufen will, lasse man sich davon leiten, welche Partei laut den Wettquoten eher gewinnen dürfte. Sind es die Republikaner, verkaufe man kurz vor dem Wahltag und kaufe mindestens einen ganzen Handelstag danach. Sind es die Demokraten, so erledige man seine Käufe vor der Wahl, warte jedoch mit dem Verkaufen eine Nach-Wahl-Rally ab. Wird erwartet, dass die Demokraten gewinnen, aber die Republikaner schneiden überraschend gut ab, stellt man vielleicht fest, dass sich diese Timing-Regel überraschend deutlich gelohnt hat.

5

TEIL

Die wichtigsten WACHSTUMS-BRANCHEN der 1960er-Jahre

TEIL V

Die wichtigsten Wachstumsbranchen der 1960er-Jahre

Ich halte es für äußerst wichtig, dass ein Anleger, der den größtmöglichen langfristigen Gewinn aus seinem Vermögen herausholen will, einige der Punkte gründlich versteht, die ich in diesem Kapitel erwähnen werde. Für ebenso wichtig halte ich es allerdings, dass er die Grenzen dessen begreift, was ihm das Verständnis dieser Angelegenheiten bringen wird. Die Lektüre dieses Kapitels an sich wird dem Leser nicht den Namen des gelegentlich vorkommenden Unternehmens verraten, das er kaufen und halten kann, um ein persönliches Vermögen aufzubauen. Tatsächlich glaube ich nebenbei gesagt nicht, dass die Lektüre dieses Buches oder irgendeines anderen dies automatisch tun kann. Allein schon die Zeit, die zwangsläufig zwischen dem Schreiben eines Buches und seiner Lektüre vergeht, lässt die Möglichkeit lächerlich erscheinen, dass ein Buch eine Quelle lohnenswerter Informationen darüber sein könnte, welche konkreten Aktien man kaufen sollte.

Vielleicht lassen sich die Vorteile, die ein Anleger davon haben beziehungsweise nicht haben könnte, dass er das vorliegende Kapitel liest, ganz gut mit denen eines Anglers vergleichen, der einen Führer zu einem ihm neuen Angelrevier liest: Nicht einmal die Lektüre eines herausragenden Angelführers zu einer Region mit Bergbächen und Seen könnte automatisch sicherstellen, dass er einen spektakulären Fang macht. Das liegt daran, dass einem selbst der beste gedruckte Angelführer nicht exakt sagen kann, wo ein bestimmter kapitaler Fisch zu einem bestimmten Zeitpunkt sein wird. Ebenso kann sich, wenn jemand etwas über eine besonders erlesene Anlage gelesen hat, die Situation der Anlage wie der Ort des Fisches im Fluss beträchtlich geändert haben. Wenn schon genügend anderen Menschen etwas über eine attraktive Anlage gesagt wurde, kann ihr Preis durchaus bereits bis an den Punkt gestiegen sein, dass ein Kauf keine Chance mehr auf einen annähernd so spektakulären Wertzuwachs bietet wie noch vor ein oder zwei Jahren – oder wie möglicherweise in ein oder zwei Jahren.

Ich glaube, es lohnt sich, die Parallele zwischen dem Angelführer und dem, was ich in diesem Kapitel versuchen werde, etwas genauer zu betrachten. Wir haben besprochen, was ein Angelführer nicht leisten wird; aber was leistet er? Er zeigt die Biegungen von Flüssen, die Seen und deren Uferabschnitte, an denen sich tendenziell am besten angeln lässt. Ebenso wichtig: Er zeigt, welche Fischarten an welchen Stellen am wahrscheinlichsten zu fangen sind. Und was für jemanden, der in der Region neu ist, wohl am wichtigsten ist: Er zeigt, wo man bestimmte Fischarten fast mit Sicherheit nicht antrifft.

Es gibt eine Reihe von Branchen, die im Denken der Allgemeinheit mit Wachstum assoziiert werden, so wie die Ufer einer Reihe von Flüssen einen Neuling ans Angeln denken lassen. Ich vermute jedoch, dass sich die Arten von Anlagen, die manche dieser Branchen im Gegensatz zu anderen bieten, weit mehr voneinander unterscheiden als die Fischarten, die man in dem einen Fluss oder aber in einem nicht weit entfernten anderen antrifft. Ich glaube, wenn der fähige Anleger diese

Verhältnisse versteht, wird es ihm helfen, diejenigen Gebiete (also Branchen) zu lokalisieren, über die er sich erkundigen will, um genau die Art von Investment zu finden, die er sucht. Genauso hilfreich dürfte dies für die vielen Anleger sein, denen klar ist, dass sie weder die Zeit noch den Hintergrund haben, um ihre Anlagen selbst zu verwalten, und die vernünftigerweise auf Anlageprofis zurückgreifen. Ihnen dürfte es helfen, die Arbeit der Profis zu beurteilen und zu verstehen, was ihre derzeitigen oder potenziellen Berater versuchen, für sie zu tun.

Sehen wir uns mit diesen Zielen im Kopf einmal einige der wichtigsten Bereiche an, in denen sogenannte Wachstumswerte häufig gesucht und gelegentlich auch gefunden werden. Versuchen wir, ein Stück weit unter die Oberfläche vorzudringen, um zu sehen, wie sehr sich manche dieser Branchen von anderen unterscheiden. Dies wiederum wird zeigen, weshalb diese Unterschiede vollkommen unterschiedliche Arten von Anlagen hervorbringen. Es wird uns sagen, wonach wir suchen müssen, um die gelegentlich daherkommende Gelegenheit möglichst vollständig auszunutzen.

Die Chemieindustrie

Fangen wir mit der chemischen Industrie an. Ohne mich zu sehr auf präzise Definitionen einzulassen, möchte ich zu einem gewissen Grad davon ausgehen, dass sie für Anlagezwecke aus Unternehmen besteht, deren Hauptgeschäft darin besteht, Elemente oder verhältnismäßig einfache in der Natur vorkommende Moleküle herzunehmen und diese chemischen Bausteine so umzuordnen, dass sie viel komplexere Stoffe bilden, die spezielle Eigenschaften oder Merkmale besitzen, dank deren sie von wirtschaftlichem Interesse sind. Diese zugegebenermaßen willkürliche Definition schließt beispielsweise Schwefelhersteller und Düngemittelhersteller (die dem wohl widersprechen würden) aus dem

Grund aus, dass vom Standpunkt der Investmentmerkmale her die Chemie, die bei ihren hauptsächlichen Aktivitäten im Spiel ist, nicht ausreichend komplex ist. Es schließt auch die Arzneimittelhersteller aus dem ebenso willkürlichen Grund aus, dass ihre extrem komplexe Chemie und ein völlig anderer wirtschaftlicher Hintergrund sie in Sachen Geldanlage zu einer vollkommen anderen Branche mit vollkommen anderen Investmentmerkmalen machen.

Unternehmen, die unter diese Definition fallen, haben in den letzten 50 Jahren einige der spektakulärsten Erfolgsrekorde aller amerikanischen Industrien aufgestellt. Tatsächlich sind der Gedanke an die chemische Industrie und der Gedanke an ungewöhnlichen Anlageerfolg im Denken des Durchschnittsanlegers dermaßen miteinander verflochten, dass die chemische Industrie in den Augen vieler, die schnell reich werden wollen, eine gewaltige Verheißung darstellt. Ihre Fantasie wird von den großen Erfolgen der Vergangenheit angestachelt. Noch mehr wird sie von Berichten – viele davon sehr realistisch – über noch buntere neue Produkte beflügelt, die bald eingeführt werden und so gut wie unfehlbar für noch mehr Umsatzwachstum und weitere Gewinne sorgen. Sie stellen sich diese Industrie wie eine Art magisches Fließband vor. Am einen Ende fahren Reagenzgläser hinein, am anderen kommen endlos neue Wunderprodukte heraus. Während diese bunten, exotischen Produkte über das Fließband zum Endverbraucher laufen, häufen sie automatisch und endlos immer höhere Gewinne für die glücklichen Unternehmen an, die sie herstellen.

Doch nichts ist meiner Meinung nach weiter von der Wahrheit entfernt als die Auffassung, die chemische Industrie sei eine von Amerikas großartigen Branchen, die einen schnell reich machen.

Tatsächlich macht sie keineswegs schnell reich. Ganz im Gegenteil tut sie etwas völlig anderes. Sie bietet die vielleicht beste aller dem amerikanischen Anleger in unseren modernen Zeiten zur Verfügung stehenden Möglichkeiten, „langsam, aber sicher" reich zu werden. Lassen Sie mich diese Aussage erklären und untermauern.

Wie so oft fällt die Statistik unterschiedlich aus, je nachdem, welche konkreten Zahlen man dafür verwendet. Doch im Allgemeinen zeigen Vergleiche der Umsatzkurve der chemischen Industrie mit denen der gesamten Industrie, dass in den Vereinigten Staaten die chemische Industrie über einen längeren Zeitraum betrachtet etwa zweieinhalb- bis dreimal so schnell wächst wie das allgemeine Wirtschaftswachstum von drei Prozent jährlich. Die stets zunehmende Tendenz der Industrie, immer mehr Geld für Forschung und Entwicklung auszugeben, die noch durch die konkreten Indizien einer beträchtlichen Anzahl neuer und aufregender Produkte in verschiedenen Phasen der Laborentwicklung verstärkt wird, ist eine starke Versicherung, dass dieses sehr günstige Verhältnis des Wachstums der chemischen Industrie im Verhältnis zum Wachstum der gesamten Industrie zumindest noch auf einige Jahre in die Zukunft hinaus erhalten bleiben wird. Es gibt sogar gewisse Aussichten, dass es noch besser werden könnte. Da niemals alle Unternehmen einer Branche gleich schnell wachsen, ist es daher eine Frage der simplen Arithmetik, dass die am schnellsten wachsenden Unternehmen den Branchendurchschnitt (mindestens das Zweieinhalbfache von drei Prozent jährlich, also siebeneinhalb Prozent jährlich) mit einem Abstand überbieten können, der leicht über der durchschnittlichen Wachstumsrate von zehn Prozent jährlich liegt, die manche Finanzautoritäten als Minimum für echte Wachstumsaktien erachten. Eine solche nachhaltige Wachstumsrate erweist sich für fast jeden Anleger als sehr ergiebig. Allerdings bringt sie normalerweise nicht die sensationellen alljährlichen Kurszuwächse hervor, die in manchen anderen Branchen – zum Beispiel der Elektronikindustrie – bei gewissen astronomischen Börsenperformern zu beobachten waren, wo die auf ihren jeweiligen Gebieten führenden Unternehmen fantastische jährliche Wachstumsraten von 25 bis 40 Prozent aufrechterhalten.

Ganz abgesehen von dem Tempo, in dem Märkte expandieren können, gibt es noch einen anderen Grund, der mit ziemlicher Sicherheit das interne Wachstum selbst des am schnellsten wachsenden unter den

Chemiekonzernen auf eine Wachstumsrate begrenzt, die etwas unter den sensationellen 25 bis 40 Prozent Wachstum liegt, die man andernorts findet. Dabei handelt es sich um die ungewöhnlich großen Kapitalmengen, die nötig sind, um in dieser Branche die meisten Werkserweiterungen zu finanzieren.

Selbst bei der ausgefeiltesten Verfahrenstechnik muss etwa ein Dollar in eine neue Fabrik investiert werden, um jährlich zusätzliche Produkte im Wert von einem Dollar zu produzieren. Das gilt für fast alle „schweren" Chemikalien oder Grundchemikalien, die die Ausgangspunkte für die komplexen Produktionstechnologien dieser Industrie sind. Auch gilt es für einen Großteil der im Allgemeinen profitableren Zwischenerzeugnisse und Fertigerzeugnisse. Schon allein dieser Faktor schränkt die Wachstumsrate eines gut geführten Chemiekonzerns ein. Stets stellt sich das Problem, weiteres Wachstum zu finanzieren, ohne einen Großteil der Gewinne durch den Verkauf von Aktien an Dritte zu verwässern. Darum muss der größte Teil der Expansion durch einbehaltene Gewinne oder durch Kredite finanziert werden. Das kann zwar sehr profitabel sein, wenn die richtigen neuen Produkte auf den Markt gebracht werden, und mit den daraus bezogenen noch höheren Gewinnen lassen sich dann weitere neue Produkte finanzieren, sodass sich ein gewissermaßen endloses Wachstum durch einen „Super-Zinseszinseffekt" ergibt – jedoch liegt es auf der Hand, dass der höchste Prozentsatz, um den ein Unternehmen jährlich wachsen kann, bei einem solchen Kapitalbedarf pro Dollar zusätzlichem Umsatz begrenzt ist.

Zudem gibt es noch eine andere Art und Weise, auf die die hohen Kosten für die erforderlichen Fabriken in Kombination mit den komplexen Herstellungsverfahren dieser Industrie die Geschwindigkeit (aber nicht die Sicherheit) begrenzen, mit der die Branchenführer wachsen. Im Labor wird ein neues Produkt mit großen potenziellen Absatzmärkten entworfen. Schon das dauert im Normalfall mindestens mehrere Jahre. Dann muss das Unternehmen alle möglichen Schritte unternehmen, um das Risiko zu vermeiden, das entstehen würde, wenn die hohen

Summen, die es benötigt, um die erforderliche Fabrik zu bauen, in ein noch neues und unerprobtes Produktionsverfahren investiert würden. Deshalb wird eine Pilotfabrik gebaut. Häufig wird zunächst eine kleine Pilotfabrik gebaut, um das Verfahren unter einfachsten Betriebsbedingungen funktionsfähig zu machen. Und dann, nachdem alle Anpassungen vorgenommen wurden, um mit der winzigen Pilotfabrik optimale Ergebnisse zu erzielen, wird eine große Pilotfabrik errichtet, angepasst und viele Monate lang unter unterschiedlichen Leistungsbedingungen erprobt. Und sogar noch jetzt, wo die Freigabe für die vollmaßstäbliche kommerzielle Produktion erteilt wurde, ist es in normalen Zeiten noch ein sehr weiter Weg, bis die Fabrik für das neue Endprodukt den Betrieb aufnimmt. Dafür sind große Mengen an speziellen chemischen Zwischenprodukten notwendig, die ihrerseits nur aus riesigen Mengen an Grundchemikalien hergestellt werden können. Häufig sind beide nicht in den benötigten Mengen in einem Gebiet verfügbar, das nahe genug am erforderlichen Fabrikstandort liegt. Daher müssen zunächst Fabriken für diese Grundchemikalien gebaut, eingerichtet oder erweitert werden, bevor es überhaupt einen Sinn ergibt, die Fabrik für das neue Endprodukt fertigzustellen. Da das neue Werk bei jedem Schritt der Inbetriebnahme eine schwierige Anlaufphase durchlaufen muss, haben alle diese Dinge gewöhnlich zur Folge, dass von dem Zeitpunkt, zu dem ein bedeutendes neues chemisches Produkt im Labor aufregend aussieht, bis zu dem Zeitpunkt, zu dem es im Handel angeboten wird, meist viele Jahre vergehen. Dann kommt noch die zusätzliche Zeit hinzu, die gebraucht wird, um den durchschnittlichen potenziellen Kunden von den Vorteilen des Produkts zu überzeugen.

Doch auch wenn alle diese Dinge große Hürden sind, die verhindern, dass ein Anleger durch eine herausragende chemische Investition schnell reich wird, so haben sie auch ausgleichende Merkmale, die ihm dazu verhelfen, mit Sicherheit reich zu werden. Mit Ausnahme einiger hochspezialisierter Felder verhindern die riesigen erforderlichen Kapitalmengen tendenziell, dass sich neue Unternehmen organisieren und in der chemischen Industrie konkurrenzfähig werden, wie es in den meisten anderen schnell wachsenden Segmenten der amerikanischen Industrie geschieht. Allerdings hat der massive Kapitalbedarf nicht verhindert, dass bereits etablierte Großkonzerne aus anderen Branchen in beträchtlicher Zahl das Gebiet der Chemie betreten und versucht haben, an dem üppigen Wachstum teilzuhaben, das anscheinend vor ihnen lag. Ich glaube, es lohnt sich, sehr genau zu untersuchen, was da passiert ist. Im Gegensatz zu den Ansichten vieler Angehöriger der Finanz-Community bin ich nämlich überzeugt, dass es für Anleger der besseren Chemiekonzerne der alten Schule sehr beruhigend ist. Einige Ölgesellschaften und einige Gummihersteller mit Produktionsverfahren, die denen der chemischen Industrie sehr ähneln, haben mit großem Erfolg Chemiesparten aufgebaut, vor allem auf Gebieten, die ihren Rohmaterialien chemisch recht nahestehen. Zumindest zum Teil wird dies durch den Erfolg mancher Chemiekonzerne der alten Schule bei der Beschaffung eigener Rohmaterialien und bei der eigenen Energieversorgung, indem sie selbst Öl und Gas produzieren, ausgeglichen. Doch sogar bei manchen Öl- und Gummikonzernen, die vor ein paar Jahren sehr ambitionierte chemische Pläne hatten, sowie bei vielen, wenn auch nicht allen, aus der Heerschar der anderen Unternehmen aus vielen Branchen, die begannen, das „glamouröse" Feld der Chemie zu betreten, sind die Ergebnisse meiner Meinung nach weit hinter den Erwartungen zurückgeblieben. Die Komplexität der Produktionsverfahren ist dabei nur eine der Hürden, die aufgetaucht sind. Die Produktivität der Forschung hoch zu halten und die Produkte an derart viele unterschiedliche Typen von Kunden zu verkaufen erwies sich als größeres Problem als ursprünglich gedacht.

Derzeit legt sich der Staub über die große Zahl der Unternehmen, die in den Jahren unmittelbar nach dem Zweiten Weltkrieg versuchten, in die chemische Industrie vorzudringen. Ich glaube, gewisse Schlussfolgerungen werden jetzt immer klarer. Eine solche Konkurrenz, vor allem durch ehemalige Kunden der chemischen Industrie, die konzerneigene Fabriken betreiben, kann bei manchen Grundchemikalien wie etwa Ammoniak oder Styrol sehr effektiv sein. Ganz besonders gilt dies, wenn bei dem Prozess keine bedeutenden Nebenprodukte entstehen, sodass ein Kunde den gesamten Ausstoß einer Fabrik abnehmen kann (und somit kein größeres Vertriebsproblem im Spiel ist), und wenn das Produktionsverfahren so beschaffen ist, dass sich ein Ingenieurbüro finden lässt, das ein „schlüsselfertiges" Projekt garantiert – bei dem die Baufirma garantiert, dass das Werk die angegebene Leistung bringt, und bei dem Mitarbeiter des Kunden für den Betrieb der Fabrik geschult werden, sobald sie läuft. Ich vermute, bei Produkten, die unter diese Klassifizierung fallen, wird sich das künftige Wachstum unter immer mehr Herstellern aufteilen, sodass die schmaleren Ertragsmargen der letzten Jahre bestehen bleiben dürften.

Wenn man jedoch die weniger komplexen Grundstoffe verlässt und sich zu den komplexeren Aktivitäten begibt, die den Kern der Geschäftstätigkeit vieler herausragender chemischer Investments bilden, ändert sich das Bild des Wettbewerbs drastisch. Hier sind viele Produkte gegenseitige Nebenprodukte. Für alle muss man Abnehmer finden, was manchmal dadurch gelöst wird, dass an viele Branchen verkauft wird, und manchmal dadurch, dass man nach noch neueren Produkten forscht, die genutzt werden können, um einen Teil der überschüssigen Nebenprodukte zu verbrauchen. Hier ist es von immenser Bedeutung, nicht nur die vorderste Front der Verfahrenstechnik und der chemischen Forschung zu erreichen, sondern sich dort auch zu halten. Ich glaube, dass es nur ein paar von den verhältnismäßigen Newcomern in dieser Branche gelungen ist, hier mitzuhalten, und dass nicht einmal das eine so große zusätzliche Konkurrenz darstellt, wie es scheinen mag, denn ein Teil davon kam lediglich durch Fusionen zustande, also dank der Hilfe bereits etablierter Chemiefirmen. Ich wage einmal die Behauptung, dass die chemische Industrie im Verhältnis zur Volkswirtschaft weiterhin so schnell wachsen wird wie in der Vergangenheit und dass die vermehrte Realisierung der genannten Probleme dafür sorgen wird, dass sich ein Ansturm von Außenstehenden, die in diese Branche vordringen wollen, wie in der zweiten Hälfte der 1940er-Jahre, nicht wiederholen wird. Deshalb dürfte es denjenigen Unternehmen, die ihre Wettbewerbsposition der letzten Jahre beibehalten können, im kommenden Jahrzehnt mindestens genauso gut gehen.

Selbstverständlich gilt dies nur für Chemiekonzerne, deren Produktsortiment ausreichend breit gestreut ist. Nur sie sind durch das Gesetz der Durchschnittsbildung geschützt. Wenn der technische Fortschritt eines Konkurrenten ein Segment ihres Produktsortiments veralten lässt, betrifft dies nur einen kleinen Teil des gesamten Geschäfts. Aller Wahrscheinlichkeit nach wird dies dadurch mehr als wettgemacht, dass das Unternehmen durch seine eigenen neuen technischen Verfahren, die anderen Produkte zugutekommen, Wettbewerbsvorteile gewinnt. Gelegentlich kann in dieser Branche eine Spezialchemiefirma sensationelles Wachstum verzeichnen, wie es beispielsweise bei der Thiokol Chemical Corporation der Fall war, als eine staatliche Nachfrage nach Brennstoffen für Feststoffraketen aufkam. Jedoch sollte sich der Anleger immer vor Augen halten, dass Spezialunternehmen ohne eigenes Verschulden ebenso heftige Rückschläge erleiden können, wenn sie plötzlich von einer sich immer schneller wandelnden Technologie überholt werden.

Zusammenfassend: Das vergangene Jahrzehnt hat unter ungewöhnlich harten Bedingungen erneut den Beleg für einen grundlegenden Investmentfaktor geliefert, den bereits die gesamte Geschichte der modernen chemischen Industrie demonstriert hat: Ein großer, diversifizierter Chemiekonzern muss (um auf seinem Gebiet herausragend zu werden) eine Vielzahl technischer Kompetenzen mithilfe eines hohen Maßes an geschäftlichem Urteilsvermögen so koordinieren, dass er eine stets wachsende Anzahl von eher komplexen, aber chemisch bis zu einem gewissen Grad miteinander verwandten Produkten produziert. Sobald er diesbezüglich führend geworden ist, bekommt er in derart vielen unterschiedlichen Bereichen Know-how, dass es für Außenstehende sehr schwierig ist, alle gleichzeitig ausreichend zu beherrschen, um auf der gleichen Stufe in dieses Feld vorzudringen. Das bedeutet, dass ein diversifiziertes Chemieunternehmen, sobald es in einer Reihe von Bereichen an die vorderste Front gelangt ist, wahrscheinlich auch dort bleiben wird, sofern es zwei Voraussetzungen erfüllt: (1) Seine technischen Kenntnisse müssen mindestens so schnell vorankommen wie diejenigen der konkreten Unterabteilungen der Branche, in der es tätig ist. (2) Es muss sein geschäftliches Urteilsvermögen bewahren. Da bei einigen unserer führenden Chemiekonzerne die grundlegenden Verhaltensrichtlinien und -philosophien fest verwurzelt sind, dürften bei einer Reihe von Branchenführern beide Entwicklungen mit ziemlicher Sicherheit stattfinden.

Und welche besondere Bedeutung hat nun all das aus der Sicht von jemandem, der sich überlegt, in die chemische Industrie zu investieren? Dass es in der chemischen Industrie überraschend leicht ist, das oder die für eine langfristige Anlage attraktivste(n) Unternehmen auszuwählen. Die Erfolgsbilanz der Vergangenheit liegt vor. Die Merkmale der technologisch führenden Unternehmen und der Billigproduzenten lassen sich größtenteils ohne große Schwierigkeiten in Erfahrung bringen. Das steht in scharfem Kontrast zu der Situation in den meisten anderen Branchen, die dem Anleger ungewöhnliches Wachstum verheißen. In den meisten derartigen Geschäftszweigen ist es viel schwieriger, die richtige Aktie für den Kauf auszuwählen.

Indes bringt die ungewöhnliche Leichtigkeit, mit der man diejenigen Chemiekonzerne finden kann, die in Zukunft fast mit Sicherheit spektakulär wachsen werden, dem Anleger vom praktischen Gesichtspunkt her überraschend wenig. Denn da es ihm so leichtfällt, diese Unternehmen zu finden, fällt es auch vielen anderen Anlegern leicht. Infolgedessen werden die Aktienkurse dieser herausragenden Investments normalerweise in Höhen hinaufgetrieben, die dieses Wachstum schon ein ganzes Stück im Voraus einpreisen. Deshalb haben die führenden Chemie-Aktien gewöhnlich verhältnismäßig hohe Kurs-Gewinn-Verhältnisse.

Viel wurde über die „Gefahr“ des Kaufs von Chemie-Aktien zu den hohen Preisen geschrieben, zu denen sie gewöhnlich im Verhältnis zu ihren Gewinnen gehandelt werden, wobei vieles davon offenkundiger Unsinn von Menschen mit wenig Weitblick ist. Zwar kann es jederzeit zu vorübergehenden Marktrückgängen kommen, die bei solchen Investments (wie auch bei allen anderen Investments) kurzfristige Verluste bewirken, doch manche Chemie-Aktien kommen einem Investment, das zumindest einen gewissen signifikanten langfristigen Gewinn garantiert, so nahe, wie es nur geht. Das liegt an der hohen Wahrscheinlichkeit, dass sich ihr stetiges Wachstum fortsetzen wird. Indes sind ein oder zwei Dinge zu bedenken, bevor man zu normalen Zeiten solche Käufe tätigt.

Das eine ist, dass es eine Reihe anderer Chemiekonzerne gibt, deren innere Qualität zwischen leicht geringer und viel geringer als die der attraktivsten Unternehmen der Branche schwankt. Aufgrund der Neigung vieler Anleger, sich nach etwas umzuschauen, das „fast genauso gut ist, aber nicht ganz so hoch steht“, werden solche Aktien häufig zu den gleichen oder fast den gleichen Kurs-Gewinn-Verhältnissen gehandelt wie die Branchenführer. Solche Käufe können ein bisschen gefährlich sein, weil hier womöglich das Wachstum, das nötig ist, um ein hohes Kurs-Gewinn-Verhältnis zu tragen, viel weniger gesichert ist. Sobald Anzeichen erscheinen, dass diese Wachstumsrate wohl nicht erreicht wird, ist ein steiler Einbruch des Kurs-Gewinn-Verhältnisses wahrscheinlich. Das kann einen dauerhaften Verlust der Investition bedeuten. Die zweite Sache, die man bedenken sollte, wenn man den Drang verspürt, eine Chemie-Aktie zu einem solchen Preis zu kaufen, ist: Während der Kauf der besten Chemie-Aktien nach ausreichend viel Zeit fast mit Sicherheit einen gewissen Gewinn einbringen wird, kann es mit etwas Selbstdisziplin möglich sein, in diese attraktiven Unternehmen zu investieren und dadurch einen viel größeren langfristigen Gewinn zu erzielen.

Das bringt uns zu dem Hauptunterschied, der aus Sicht des Anlegers zwischen dem Kauf der führenden Chemie-Aktien und dem Kauf der meisten anderen herausragend attraktiven Wachstumswerte besteht. Allein aufgrund der Tatsache, dass die Auswahl der besten Chemie-Aktien vergleichsweise leicht ist, verliert der Faktor „Was soll ich kaufen?" etwas an Bedeutung und die Frage „Wann soll ich kaufen?" – also die Frage des Timings – wird zu einer Angelegenheit, die größtes Urteilsvermögen verlangt.

Führende Chemie-Aktien sind dann ideal für den Kauf im Hinblick auf große langfristige Kurssteigerungen geeignet, wenn die Entwicklung einer bedeutenden Baisse zu der Tendenz geführt hat, dass bei fast allen Aktien „der Lack ab ist". Ganz besonders gilt dies, wenn die ökonomische Ursache, die hinter der Baisse steht, das Auftreten einer konjunkturellen Rezession oder Depression ist. Der Grund dafür reicht noch tiefer als die Tatsache, dass sich an einem solchen Punkt wahrscheinlich die meisten Aktien im Kaufbereich befinden. Er liegt in der Ökonomie der chemischen Industrie selbst.

In guten Zeiten neigen Anleger unter dem Einfluss der allgemein guten Stimmung, die üblicherweise allzu optimistische Schlussfolgerungen hervorbringt, dazu, sich von den vielen bedeutenden neuen Produkten hinreißen zu lassen, die aus dieser Branche kommen. Sie gelangen zu dem Fehlschluss, das Chemiegeschäft sei depressionsfest. Das ist aber ganz falsch. Da weit im Voraus geplant werden muss, um Produktionsanlagen für die neuen Produkte bereitzustellen (und um die Nachfrage nach den alten Produkten in Zeiten des Aufschwungs zu bewältigen), führt die lange Vorlaufzeit, die in der chemischen Produktion notwendig ist, dazu, dass neue Produkte kaum einen Einfluss darauf haben, dass die Industrie nicht übermäßig expandiert. Traditionell besteht immer eine Überkapazität der Produktion, wenn eine unerwartete Konjunkturdelle auftritt. Und doch scheint bei jedem Aufschwung der Anlagemythos, die Wachstumsrate dieser Industrie mache sie depressionsfest, erneut zu sprießen. Das führt gewöhnlich zu einer vorübergehenden Desillusionierung. Wenn die Depression zum ersten Mal zuschlägt, fallen die besten Chemie-Aktien etwa genauso schnell wie Aktien von viel geringerer Qualität.

Doch gerade in dieser Zeit der Enttäuschung, in der das typische Börsenblatt wieder entdeckt, dass die Gewinne der chemischen Industrie zyklisch sind, greifen die besonderen ökonomischen Eigenschaften der chemischen Industrie wieder und ein Kaufzeitpunkt für die richtigen Aktien ist erreicht. Das liegt daran, dass bei einer Wachstumsrate, die mindestens zweieinhalbmal so hoch ist wie die der Industrie allgemein (bei den besten Chemiekonzernen liegt sie natürlich noch über diesem Branchendurchschnitt), sowohl weitere neue Produkte als auch neue Verwendungen für alte Produkte kommen werden. Da viele Rohmaterialien für die neuen Produkte die gleichen Grundchemikalien und Zwischenprodukte sein werden, die das Unternehmen bereits produziert und für die es derzeit überschüssige Kapazitäten hat, beginnt es ziemlich schnell, Teile seiner Überkapazitäten zu nutzen. Dann kehren die Gewinne viel schneller zurück als bei der Industrie im Allgemeinen. Anders gesagt liegt die wahre Signifikanz der Wachstumsrate der chemischen Industrie im Hinblick auf Depressionen nicht darin, dass keine steilen Abschwünge auftreten, sondern darin, dass sie kürzer sind und dass früher als bei der Industrie als Ganzes wieder neue Hochs erreicht werden. Das bedeutet, dass die Kursabschwünge der besten Chemiekonzerne ziemlich kurz sein können. Nutzt der Anleger sie aus, können sie ihm eine ungewöhnlich feine Geldanlage bescheren, die viele Jahre lang wachsen wird, jedoch zu einem Preis gekauft wird, der ihm eine frappierende Kapitalrendite einbringt.

Während ich diese Zeilen schreibe, herrscht in Unternehmer- und Finanzkreisen großer Optimismus. Fast überall herrscht das Gefühl vor, entweder werde es in den „goldenen Sechzigern" überhaupt keine Depression geben oder sie werde so leicht und kurz sein, dass man sich keine Sorgen machen müsse. Wenn die tief gedrückte Stimmung, die während der kurzen Depression, die ihren Tiefpunkt im Frühjahr 1958 erreichte und viele Menschen in Handel und Industrie sowie noch viel mehr in der Finanz-Community durchdrang, noch nicht vergessen ist, dann scheint allein die Tatsache, dass sich der konjunkturelle Rückgang als sehr viel weniger schwer entpuppte, als allgemein angenommen worden war, die amerikanische Öffentlichkeit nur noch in der Gewissheit zu bestärken, Depressionen seien kein Anlass zur Sorge mehr und die gute Konjunktur werde uns erhalten bleiben.

Ohne das meiste von dem zu wiederholen, was ich an anderer Stelle zu diesem Thema zu sagen versucht habe: Die Wirtschaftsgeschichte zeigt uns wiederholt, dass solche Ansichten sehr gefährlich sind. Konjunkturelle Abschwünge scheinen von Natur aus der Preis zu sein, den wir für die vielen Vorteile des freien unternehmerischen Wettbewerbs bezahlen müssen. Traditionell kommen sie, wenn sie am wenigsten erwartet wurden. Je weniger sie erwartet wurden, umso größer kann ihre Wirkung auf die Aktienkurse sein. Außerdem bietet keiner der „eingebauten Stabilisatoren", von denen man so viel hört, eine Garantie gegen eine Depression – diese Dinge versprechen bloß, dass die betreffende Depression verhältnismäßig kurz sein wird. Sollte früher oder später in den 1960er-Jahren wie ein Blitz aus heiterem Himmel eine typische Depression zuschlagen, kann man daher fast wie selbstverständlich davon ausgehen, dass am Aktienmarkt die Dows, die DuPonts und andere herausragende Chemiekonzerne als Erste gemeinsam mit dem Rest fallen werden. Wer dann handelt und solche Aktien kauft, bekommt zu Schnäppchenpreisen keine Anlagen, deren Wachstum mit zum schnellsten unter den verfügbaren Aktien gehören wird. Vielmehr wird er von einer langsameren, aber höchst wünschenswerten Wachstumsrate profitieren, die noch durch ein ungewöhnliches Maß an Sicherheit aufgebessert wird, dass das Wachstum auch tatsächlich stattfinden wird. Anlegern, die genug Urteilsvermögen besitzen, um solche Käufe über die vorübergehenden Unterbrechungen hinweg zu halten, die künftige Depressionen von Zeit zu Zeit unerwartet verursachen werden, bieten solche Aktien eine hohe Wahrscheinlichkeit, sich erneut als prächtige langfristige Positionen zu bewähren. In der Vergangenheit haben sie das immer und immer wieder getan.

Es gibt noch eine andere Art von Hintergrundsituation, die sich manchmal als günstiger Zeitpunkt für ausgewählte Chemie-Aktien anbietet und die von der Beurteilung des Konjunkturzyklus weitgehend unabhängig ist. Dabei zieht man aus den Kursrückgängen einen Vorteil, die manchmal stattfinden, wenn die Gewinne durch die vorübergehend hohen Kosten gesenkt werden, die gewöhnlich durch (1) eine ungewöhnliche Anzahl neuer Fabriken, die in Betrieb genommen werden, oder (2) durch die speziellen Verkaufskosten zustande kommen, die häufig anfallen, wenn die dadurch eingeführten Produkte erstmals angeboten werden. Jemandem, der in ausreichend engem Kontakt mit der Unternehmensleitung steht, kann dies eine ungewöhnliche Chance bieten, eine glänzende langfristige Anlage mit einem beträchtlichen Abschlag, allerdings auch mit ein bisschen Risiko zu kaufen.

Diese Art von Gelegenheit ist so lukrativ, dass sich eine genauere Untersuchung lohnt. Wenn eine spektakuläre neue Fabrik gebaut wird oder gerade ein bedeutendes, auffälliges Produkt auf den Markt gebracht wird, tritt bei der betreffenden Aktie gewöhnlich eine beträchtliche Kauftätigkeit seitens derjenigen auf, deren Begeisterung geweckt wurde. Häufig ist viel von dieser Kauftätigkeit spekulativer Natur. Sie stammt von Menschen, die wenig von den technischen Problemen verstehen, die damit verbunden sind, die aber einen schnellen, leichten Gewinn erwarten. Wenn Monat für Monat Verluste durch kostspielige Änderungen an den neuen Anlagen an die Stelle der erwarteten Gewinne treten, bekommen solche Aktionäre Angst und stoßen häufig ihre Aktien ab. Anfangs ist der Kursrückgang nur mäßig, weil andere Anleger die „Schnäppchenpreise“ ausnutzen wollen. Wenn jedoch die technischen Probleme fortbestehen, bekommen immer mehr Aktionäre Angst. Es spricht sich herum, das Management habe „gehörigen Ärger“. Die Aktie sinkt tiefer und tiefer. Häufig holt sie erst viele Wochen, nachdem die technischen Probleme gelöst sind und genug Zeit vergangen ist, damit von der neuen Fabrik für mehrere Monate profitable Gewinnzahlen vorliegen, mehr als nur ein winziges bisschen von dem

Kurseinbruch auf. Natürlich treten solche Kaufchancen mit viel größerer Wahrscheinlichkeit bei kleineren Chemieunternehmen (oder bei Unternehmen, die chemische Produkte verarbeiten) auf als bei größeren. Bei den größten Konzernen wirkt sich die kostspielige Inbetriebnahme einer neuen Fabrik gewöhnlich viel weniger auf den Gesamtgewinn aus, weil zur gleichen Zeit so viele andere Fabriken profitabel betrieben werden.

Ein fast schon klassisches Beispiel für diese Art von Kaufgelegenheit bestand während eines großen Teils des Jahres 1958 bei den Aktien von Beryllium Corporation aus Reading in Pennsylvania. Einige Jahre lang waren die Geschäfte dieses Unternehmen, das die Legierung Berylliumkupfer produzierte und daraus Drähte, Stäbe, Bänder und andere Formen herstellte, aus denen seine Kunden Fertigerzeugnisse und andere Produkte machten, profitabel gelaufen und gewachsen. Da dieser Bereich Wachstumsaussichten aufwies und das Unternehmen offenbar in einer starken Wettbewerbsposition war, hatte die Aktie gewöhnlich ein ziemlich hohes Kurs-Gewinn-Verhältnis. Dann taten sich für Beryllium, das sich von der Herstellung her sehr von Berylliumkupfer unterscheidet, aufregende Aussichten in der Atom- und in der Luftfahrtindustrie auf. Im Jahr 1957 bekamen dieses und ein anderes Unternehmen den Zuschlag für einen 5-Jahres-Vertrag mit der Atomic Energy Commission über die Lieferung von fast schon unglaublich reinem Beryllium. Die Beryllium Corporation kaufte in Hazleton, Pennsylvania, einen alten Ringlokschuppen und begann, die notwendigen Anlagen zu installieren. Die Aktie, die bislang in den unteren bis mittleren 40ern gehandelt worden war, stieg auf die Aussicht hin, was metallisches Beryllium für dieses verhältnismäßig kleine Unternehmen bedeuten konnte, auf ein Hoch von 59 ½.

Kurz danach geriet die Börse in den steilen Rückgang, der der Konjunkturflaute 1958 vorausging. Hätte es keine Berylliumbegeisterung gegeben, wäre die Aktie des Unternehmens zweifellos mäßig gefallen. Denn das bisherige Legierungsgeschäft war zwar immer noch recht profitabel, aber ebenso wie alle anderen Lieferanten von Rohmaterialien und Komponenten beeinträchtigt. Da jedoch der Betrieb in Reading seinen Umsatz und seinen Gewinn relativ stabil halten konnte, wäre der Rückgang wahrscheinlich moderat ausgefallen.

Doch stattdessen wurde die Unternehmensleitung in den darauffolgenden hektischen Monaten bei ihrem neuesten Unterfangen mit einem Problem nach dem anderen konfrontiert. Eine unerwartete technische Schwierigkeit nach der anderen musste untersucht, diagnostiziert und gelöst werden. Alle kosteten Geld und die meisten Zeit. Im ersten Halbjahr 1958 waren die enormen Verluste in Hazleton Monat für Monat nahe daran, die durch die Depression gesunkenen Gewinne aus dem etablierten Geschäft kippen zu lassen, sodass der Halbjahresabschluss des Unternehmens nur knapp schwarze Zahlen auswies.

In dieser Zeit war unter manchen Aktionärsgruppen der Optimismus der Vorjahre tiefstem Pessimismus gewichen. Niemand konnte eine solide Schätzung abgeben, wann diese kostspielige Periode enden würde. Jedes Mal, wenn sie vorbei zu sein schien, kam neuer Ärger auf. Wie üblich gab es Menschen, die zu bezweifeln begannen, ob die Probleme jemals ordentlich gelöst würden. Und um die Dinge noch mehr zu verkomplizieren, passierte zwischenzeitlich noch etwas anderes, das recht häufig vorkommt, wenn von Grund auf neue Produkte aufgelegt werden. Die kurzfristige Nachfrage nach Beryllium fiel ganz anders aus, als es geschienen hatte, als das Projekt gestartet worden war. Der Bedarf für nukleare Zwecke erwies sich als weit geringer als ursprünglich geschätzt. Zwar war es auch so, dass die Nachfrage aus der Luftfahrt weit größer zu werden versprach als zunächst angenommen, doch dies trug wenig oder gar nichts dazu bei, die unmittelbare gedrückte Stimmung bezüglich der atomaren Nachfrage zu zerstreuen, und ein großer Teil der Nachfrage aus dem Flugzeugbau war lediglich Mutmaßung und lag bestenfalls ein Stück weit in der Zukunft.

Angesichts all dessen reagierte die Aktie ungefähr so, wie man es erwarten konnte. Bis Ende 1957 war die Aktie auf 30 eingebrochen.

Während des gesamten ersten Halbjahrs 1958 wurde sie in großen Mengen zwischen 24 und 30 verkauft, meist näher an der niedrigeren Zahl. Womöglich von noch größerem Interesse sowie ziemlich typisch war, dass die bearishe Stimmung derart groß gewesen war, dass es vielen Aktionären im zweiten Halbjahr, als die Bedingungen in Hazleton eindeutig auf dem Weg der Besserung waren, immer noch eine ganze Weile an Vertrauen darauf mangelte, dass das Unternehmen seine Produktionsprobleme wirklich besiegen würde. Trotz der immer ermutigenderen Berichte über die Möglichkeiten von Beryllium für Verteidigungszwecke waren viele Aktien immer noch in den niedrigen 30ern zu bekommen. Zwar florierte nun die Legierungssparte des Unternehmens, doch bis zum Jahresende hatten sich die Aktien nur auf 38 bis 39 erholt. Tatsächlich lag das knapp unter dem Aktienkurs, der bestand, bevor das Metallprojekt überhaupt ein Faktor für den Marktpreis wurde! Manche Anleger erkannten an, dass alles, was geschehen war, nicht mehr gewesen war als das, was sehr oft geschieht, wenn man eine Fabrik, die eine neue Technologie benötigt, dazu bringen will, richtig zu funktionieren. Sie kauften entweder zwischen 24 und 30, als diese Probleme ihren Höhepunkt erreicht hatten, oder sie gingen ein geringeres Risiko ein und kauften zwischen 30 und 40, als die Probleme auf einem guten Weg zu ihrer Lösung waren. Damit taten sie mehr als nur eine Anlage zu erwerben, die ihnen in der unmittelbaren Zukunft einen recht steilen Kursanstieg bescheren würde. Sie kauften sich zu Schleuderpreisen in eine Situation ein, die gemeinsam mit einer ganz neuen Branche wachsen konnte.

Aufgrund der zunehmenden Geschwindigkeit, mit der sich die Technologie in vielen Bereichen entwickelt, werden solche Gelegenheiten für diejenigen, die sich die Mühe machen, Fakten zu sammeln, und die sich nicht von den emotionalen Reaktionen der Wall Street in Panik versetzen lassen, in den 60er-Jahren noch häufiger auftreten als im letzten Jahrzehnt. Je schneller die technologische Entwicklung voranschreitet, desto mehr solcher Gelegenheiten wird es geben.

Ich glaube, es gibt noch eine weitere Möglichkeit, in der chemischen Industrie bei minimalem Risiko große langfristige Gewinne zu erzielen. Bisher haben wir nur Anlagen in Unternehmen betrachtet, die im Allgemeinen als die attraktivsten gelten, also Unternehmen, die seit einiger Zeit nach Meinung informierter Kreise eine ungewöhnlich fähige Unternehmensleitung besitzen. Doch findet man in der chemischen Industrie ebenso wie in allen anderen gelegentlich Unternehmen, die sich in der Vergangenheit bezüglich der Kompetenz des Managements in mancher Hinsicht gut qualifiziert hätten, in anderen Hinsichten hingegen ziemlich schlecht. Und dann kommt ein neues Management daher, das auf die Stärken des alten aufbauend beginnt, ein Unternehmen mit einer viel besseren Gesamtleistung zu entwickeln. Dies kann in jeder Branche eine wirklich interessante Investmentchance eröffnen. In der chemischen Industrie, die wegen der hohen Wahrscheinlichkeit bequemen überdurchschnittlichen Wachstums bei unterdurchschnittlichem Risiko einen besonderen Reiz besitzt, ist dies von noch größerem Interesse. Das liegt daran, dass es eine Chance auf das eröffnen kann, wonach der Anleger beim Kauf einer Chemie-Aktie stets suchen sollte: An dieser hohen Wahrscheinlichkeit überdurchschnittlichen Wachstums eines gut geführten Unternehmens teilzuhaben, ohne dafür einen gewaltigen Aufschlag bezahlen zu müssen.

Da derartige Gelegenheiten so attraktiv sind, folgt auf sie in der Regel ein rascher Anstieg des Marktwerts, da immer mehr Anleger sie erkennen. Selbstverständlich ist ein solcher Anstieg kein Grund, zu verkaufen, denn ein solches Unternehmen mit besserem Führungsteam dürfte dank seines Charakters nun auf Jahre hinaus wachsen. Das heißt allerdings auch, dass der ungewöhnlichste Teil der Kaufgelegenheit vorbei sein könnte.

In diesem Zusammenhang ist der steile Anstieg, der bei der Aktie der Nopco Chemical Company vom 30. Juli 1958 bis zum 31. März 1959 stattfand, ziemlich interessant. Nach Berücksichtigung von Aktiendividenden verdoppelte sich diese Aktie in neun Monaten annähernd.

Ein Teil dieses Anstiegs wurde fraglos nicht durch eine veränderte Einschätzung der Kompetenz des Managements ausgelöst, sondern dadurch, dass der kostspielige Prozess endete, ein neues Produkt in Gang zu bringen, ähnlich wie es für den Fall der Beryllium Corporation besprochen wurde. Wie üblich, wenn auf einem technisch neuen Gebiet Produktionsanlagen errichtet werden, waren die Kosten für den Start der neuen Fertigungslinien von Nopco für aufregend neue Polyurethan-Hartschäume und -Weichschäume höher und erstreckten sich über einen erheblich längeren Zeitraum als ursprünglich vorausgesehen. Nun, da diese Linien Gewinn statt Verlust auszuweisen begannen, begann die Aktie mit der normalen Reaktion. Ich glaube aber, dass das Ausmaß des Anstiegs noch etwas wiedergab, das weit darüber hinausging. Einige Zeit davor war ein neuer und ungewöhnlich fähiger Vorstandsvorsitzender gewählt worden. In der Führung gab es einige Veränderungen. Wie üblich verging eine beträchtliche Zeit, bis greifbare Indizien dafür aufliefen, dass echte Fortschritte gemacht wurden. Als jedoch die neuen Trends offensichtlicher wurden, begannen entscheidende Leute in der Finanz-Community das Gefühl zu haben, dass es sich hier um ein verhältnismäßig kleines Chemieunternehmen mit einem Management von einem Format handelte, das sie bislang nicht vermutet hatten. Ich glaube, dass diese veränderte Einschätzung des Managements mehr als jeder andere Einzelfaktor den nachfolgenden steilen Kursanstieg bewirkte.

Ein größerer Chemiekonzern, die Food Machinery and Chemical Corp., erfreute sich etwa im gleichen Zeitraum einer ähnlichen Kursverdopplung. Auch das lag vor allem daran, dass die Finanz-Community den Managementfaktor höher einschätzte. Dieses Beispiel ist besonders interessant, weil es die extremen Auswirkungen zeigt, die es auf den Kurs einer Aktie hat, wenn große institutionelle Käufer ihre Einstellung zu ihr ändern. Diese an anderer Stelle im Buch besprochene Angelegenheit verspricht, im Laufe der 1960er-Jahre immer mehr Einfluss auf die Aktienkurse zu haben.

In der Zeit von etwa 1934 bis kurz nach dem Zweiten Weltkrieg hatte die Food Machinery Corporation an der Börse zu den herausragenden Performern gehört. Während eine kleine Minderheit der institutionellen Käufer – wahrscheinlich wegen ihres Vertrauens in das Spitzenmanagement – weiterhin enthusiastisch blieb, scheuten viel mehr Anleger in den nächsten zehn oder zwölf Jahren diese Aktie. Dieser Statusverlust ließ sich weitgehend den chemischen Aktivitäten des Unternehmens zuschreiben, die größtenteils dadurch in Angriff genommen wurden, dass es in den unmittelbaren Nachkriegsjahren andere bestehende Unternehmen aufkaufte. Während dieser ganzen Zeit galten die Maschinensparten allgemein als hervorragende kostengünstige Produzenten, wobei die intern generierte Wachstumsrate, die durch die brillante Entwicklungstechnik des Unternehmens gewährleistet wurde, ausreichte, um diese Sparten zu einer sehr begehrten institutionellen Position zu machen. Im Gegensatz dazu galten die anormal niedrigen Ertragsmargen der Chemiesparte, deren Umsatz etwa die Hälfte des Gesamtumsatzes darstellte, als so weit unter den institutionellen Standards stehend, dass der Gesamtkonzern nicht sehr interessant war. Veraltete Fabriken, eine geringe Arbeitsmoral in manchen Chemiesparten und das fehlende Aufkommen neuer, aufregender Produkte durch die Forschungen des Unternehmens galten als Indizien dafür, dass die schwache Ertragsmarge fortbestehen würde.

Es wurden neue und ungewöhnlich fähige Mitarbeiter geholt, die diese chemischen Probleme bewältigen sollten. Wie gewöhnlich wirkte sich die Besserung, die unter der Oberfläche stattfand, mehrere Jahre lang nur sehr gering auf den Aktienkurs aus. Das Geld, das die Unternehmensleitung durch Effizienzsteigerungen einzusparen begann, wurde durch einen enormen Anstieg der Ausgaben für Forschung und so weiter mehr als wettgemacht. Deshalb waren die wahren großen Schritte, die gemacht wurden, nicht besonders sichtbar. Im zweiten Halbjahr 1958 begann dann genug von der erstaunlichen Leistung des Managements durchzuscheinen, um das Interesse der Anleger zu wecken.

Im Laufe des Jahres 1959 wurde so langsam begriffen, dass hier ein herausragender Chemiekonzern hochkam.

Ebenso wie im Falle von Nopco gelang es auch bei Food Machinery denjenigen, die vor der Finanz-Community erkannten, was im Management vor sich ging, einen Weg zu finden, um an dem stetigen Wachstum der herausragenden Chemiekonzerne teilzuhaben, ohne den üblichen Aufschlag zu bezahlen, den hohe Kurs-Gewinn-Verhältnisse die meisten Anleger kosten, wenn sie versuchen, an diesem Wachstum teilzuhaben. Außerdem ist das Auffinden solcher grundlegenden Verbesserungen in der Unternehmensleitung der einfachste Weg von allen, dieses Ziel zu erreichen, denn in solchen Fällen findet der Anstieg der Aktienkurse selten dann statt, wenn neue Personen auf Machtpositionen gesetzt werden, sondern erst einige Zeit später, wenn die Ergebnisse ihrer Arbeit spürbar werden.

Der Anleger oder sein Berater sollte sich allerdings seiner Sache sehr sicher sein, bevor er die verlockende Schlussfolgerung zieht, dass ein Chemiekonzern von minderer Qualität genügend echte Verbesserungen im Management erfahren hat, um eine signifikante Heraufstufung seines Investmentstatus zu rechtfertigen. Unternehmen, die nicht die glänzendste Erfolgsbilanz haben, haben manchmal einen gewissen Hang zu der Behauptung, sie hätten sich geändert. Ich erinnere mich an einen sehr bekannten Chemiekonzern, der vor einigen Jahren nicht gerade eine der beneidenswertesten Umsatz- und Gewinnbilanzen der Branche vorweisen konnte. Er hatte eine Finanzierung geplant. Einige führende Manager trafen sich mit Finanzkonzernen im ganzen Land. Da war viel von den ganzen Veränderungen und Verbesserungen die Rede, die beginnen sollten. Kurz darauf kam es zu einigen begeisterten Käufen der Aktie. Ich glaube, die meisten Käufer verkauften danach mit Verlust, als ziemlich offensichtlich geworden war, dass kaum grundlegende Veränderungen stattgefunden hatten.

Die Elektronikindustrie

Wenden wir uns nun einem anderen großen Bereich zu, in dem man gelegentlich Investments mit noch sensationelleren langfristigen Belohnungen finden kann. Dabei geht es um die Elektronikindustrie.

Vom Standpunkt der Geldanlage aus gibt es nur zwei wichtige Charakterzüge, die die chemische Industrie und die Elektronikindustrie gemeinsam haben. Beiden ist gewaltiges künftiges Wachstum so gut wie sicher. Bei beiden wird das Wachstum daraus resultieren, dass sie durch erfolgreiche Forschung und Entwicklung die Grenzen der wissenschaftlichen Erkenntnisse weiter hinausschieben werden. Davon abgesehen unterscheiden sich diese beiden Branchen von ihrem Anlagecharakter her so sehr voneinander wie die Polargebiete von den inneren Tropen.

Dieser Vergleich der Elektronikindustrie mit den Tropen ist nicht so weit hergeholt, wie es auf den ersten Blick scheinen mag. In diesem Bereich werden Jahr für Jahr Wachstumsraten aufrechterhalten, die in anderen Teilen der Finanzwelt unglaublich wären. Die besten Elektronikunternehmen können um jährlich 25 bis 45 Prozent wachsen und tun das auch. Schreibt man eine solche Kurve über ein paar Jahre fort, erscheinen Formen und Zahlen, die so gut wie jeden langfristigen Anleger vor Begeisterung schreien lassen. Aber ebenso wie bei dem erbitterten Konkurrenzkampf im tropischen Regenwald können viele dieser exotischen Wachstumswunder so schnell wieder verwelken, wie sie aufgeblüht sind.

Zu dieser Tendenz von Elektronikkonzernen, einander mit atemberaubender Plötzlichkeit im Sprung zu überholen und manchmal ebenso schnell wieder zurückzufallen, tragen viele Einflüsse bei. Ein Faktor ist die Bedeutung von Rüstungsaufträgen samt den Unwägbarkeiten enorm großer Einzelaufträge, die manchmal von einem Unternehmen und seinen Zulieferern an ein anderes übergehen. Noch wichtiger ist der Charakter der Technologie, die nicht nur mit unglaublicher Schnelligkeit voranschreitet, sondern die auch in bedeutenden (wenn auch nicht allen) Teilen der Branche nicht gerade Sicherheit bietet, dass das Unternehmen, das heute vorne liegt, auch morgen vorne liegen wird. Wer einen Schaltkreis entwirft, kann nur allzu leicht das Design eines anderen kopieren und leicht verbessern.

Wenn man die chemische Industrie und die Elektronikindustrie einander gegenüberstellt, werden zusätzliche Gründe für die etwas langsamere Wachstumsrate, jedoch viel größere relative Wettbewerbssicherheit chemischer Unternehmen sichtbar. Wie ich bereits gesagt habe, können in der chemischen Industrie die meisten großen Unternehmen froh sein, wenn sie für einen Dollar an Neuinvestitionen einen zusätzlichen Dollar jährlich an Ausstoß bekommen. In manchen Teilen der Elektronikbranche hingegen ist die Mechanisierung dermaßen viel weniger bedeutend, dass ein zusätzlicher Dollar Umsatz lediglich etwa 20 Cent an neuen Maschinen und Anlagen erfordert. Manchmal reichen sogar zehn Cent je Dollar. Das bedeutet, dass ein Neuling verhältnismäßig wenig Kapital benötigt, um in viele (wenn auch keinesfalls alle) Unterabteilungen der Elektronikindustrie vorzudringen. Zudem findet in diesen wenig kapitalaufwendigen Bereichen gewöhnlich Losfertigung oder Kleinserienfertigung statt, sodass ein effizienter Neueinsteiger, der solche Elektronikartikel – zum Beispiel bestimmte spezielle Röhren – herstellt, sie häufig ebenso günstig produzieren kann wie die Giganten der Branche. Das ist weit entfernt von den Millionen Dollar, die von einem Neuling, der vorhat, bei einem bedeutenden chemischen Prozess zu konkurrieren, oft als Mindestanforderung benötigt werden, und von dem riesigen Produktionsvolumen, das der Neuling außerdem braucht, wenn seine Produktionskosten so niedrig sein sollen wie die der etablierten Hersteller. Und schließlich ist die Beschränkung neuer Konkurrenz, die sich dadurch ergibt, dass viele Produkte Nebenprodukte von anderen sind – die in den komplexeren Bereichen der Chemieindustrie so häufig ist –, in der elektronischen Produktion so gut wie unbekannt. Kurz gesagt ist es angesichts des verhältnismäßig geringen anfänglichen Kapitalbedarfs, der in vielen Teilen der Branche üblichen

Fertigung von Kleinserien sowie der stets vorhandenen Hoffnung, einen großen staatlichen Zuschlag zu bekommen, kaum überraschend, dass sowohl vollkommen neue Unternehmen als auch in weniger aufregenden Geschäftszweigen tätige etablierte Unternehmen weiterhin in beeindruckenden Zahlen in diese Industrie eintreten.

Da nun also Elektronik-Aktien aufgrund ihres Investmenthintergrunds weit größere Möglichkeiten für größere Gewinne bieten als die besten Chemie-Aktien, aber auch ein entsprechend größeres Risiko durch Konkurrenten mit sich bringen, verlagert sich der Schwerpunkt dessen, worauf man achten muss, gegenüber dem, was wir im Hinblick auf die chemische Industrie erörtert haben, beträchtlich. Der Timing-Faktor, also wann man kaufen sollte, verliert hier sehr an Bedeutung. Wenn eine Elektronik-Aktie das richtige Produkt und das richtige Management hat, kann sehr großes Wachstum derart schnell stattfinden, dass (außer wenn der Aktienkurs diese beiden Dinge bereits vollständig eingepreist hat) jeder Zeitpunkt, sogar der Beginn einer größeren Baisse, der richtige Zeitpunkt für den Kauf der wirklich „richtigen" Elektronik-Aktie sein kann. Doch wird hier die Frage, welche Aktie man kaufen soll (was bei den großen Chemiekonzernen oft verhältnismäßig leicht herauszufinden ist), nicht nur enorm viel wichtiger – denn wenn man das falsche Unternehmen wählt, können die Verluste atemberaubend sein –, sondern auch sehr viel schwieriger.

Im Allgemeinen muss man zwei grundlegende Dinge versuchen, wenn man anstrebt, Elektronik-Aktien auszuwählen, die sich als herausragend erweisen werden. Das eine ist die Frage, wie schnell das Unternehmen wachsen wird, wenn es mit seinem Typ von Produkt seinen voraussichtlichen Marktanteil halten kann. Das andere ist die Frage, wie wahrscheinlich es ist, dass es sein Wachstum beibehalten kann, ohne dass seine Wachstumskurve durch Konkurrenten unerwartet gekippt wird, die es im Sprung überholen. In dem wilden Bullenmarkt, den die Elektronik-Aktien zum Ende der 1950er-Jahre erlebt haben, erhielt das erste dieser beiden Dinge fast die ungeteilte Aufmerksamkeit der Anleger. Jedoch verschafft der gewissen Produkten und Unternehmen innewohnende Charakter ihnen einen frappierend geringeren Risikofaktor hinsichtlich der zweiten Angelegenheit der plötzlichen Störungen durch Konkurrenten, die bei vielen anderen Unternehmen auf dem aufregenden Gebiet der Elektronik vorliegt. Ich glaube, dass im Laufe der 1960er-Jahre die unglücklichen Erfahrungen, die unvorsichtige Anleger – die einige der beliebtesten Glamour-Aktien der 1950er-Jahre gekauft haben – gemacht haben, dazu führen werden, dass der zweite Faktor als noch wichtiger angesehen wird als der erste. Meines Erachtens muss sich eine Elektronik-Aktie hinsichtlich beider Faktoren hoch qualifizieren, damit sie des Anlegerinteresses wert ist. Wenn sie sich entsprechend qualifiziert, werden die 1960er-Jahre meiner Meinung nach bestätigen, was in der zweiten Hälfte der 1950er-Jahre immer wieder dramatisch demonstriert wurde – dass der Gewinn aus einer solchen Aktie, wenn man sie gekauft hat, bevor ihre Stärken der gesamten Finanz-Community bekannt wurden, selbst die wildesten Erwartungen übertreffen kann.

In dieser Zeit ist so ziemlich allgemein bekannt, dass selbst eine verhältnismäßig bescheidene Anlage, die man um die Mitte der 1950er-Jahre herum in Ampex oder Texas Instruments platziert hätte, bis zum Ende des Jahrzehnts das Fundament der finanziellen Unabhängigkeit gelegt hätte. Vielleicht ist die pure Finanzgeschichte, die durch derartige Kursanstiege exemplifiziert wird, die nicht in die Hunderte, sondern in die Tausende Prozent gehen, nur allzu bekannt. Der Schwerpunkt liegt auf den atemberaubenden Gewinnen, die diese Elektronik-Aktien verzeichnet haben. Vielleicht sollte er darauf liegen, woran es liegt, dass einige wenige Elektronik-Aktien wie diese ihren Besitzern derart hübsche Belohnungen beschert haben, während viele andere eher der kurzen Flugbahn einer Rakete glichen. Sie mögen für kurze Zeit in spektakulärem Tempo gestiegen sein, aber das war nur eine einmalige Performance.

Da es so schwierig, aber auch so lohnenswert ist, die richtige Elektronik-Aktie auszuwählen, bevor sie zum Liebling des allgemeinen

Marktes wird, halte ich es für angemessen, der Beschreibung einiger Merkmale beträchtlichen Raum zu widmen, von denen ich glaube, dass sie vorhanden sein sollten, um die größtmögliche Wahrscheinlichkeit zu bieten, dass die ausgewählte Aktie eine der großen Gewinner der Zukunft in der Elektronikbranche sein wird. Natürlich könnte man die ganze Angelegenheit der Investition in Elektronik-Aktien (und davon abgesehen der Investition in alle anderen Branchen) angemessen – wenn auch unter dem Gesichtspunkt, dass es dem Anleger hilft, unzureichend – zusammenfassen, indem man sagt, dass die am besten geführten Unternehmen die größten Schritte machen werden. Natürlich trifft das insbesondere in einer so wettbewerbsintensiven Branche wie der Elektronikindustrie zu. Nicht einmal starker Patentschutz und herausragende technische Planung würden lange für fortgesetzte große Schritte nach vorn ausreichen, wenn nicht in wichtigen Aspekten der guten Unternehmensführung ein hohes Niveau an geschäftlicher Effizienz herrscht. Doch ganz davon abgesehen – auf welche konkreten Aspekte der guten Unternehmensführung sollte der Anleger achten, wenn er ein Elektronik-Investment mit sensationeller Zukunft aufspüren will?

In diesem Zusammenhang halte ich folgende Merkmale für besonders wichtig:

(1) Besitzt das Unternehmen eine Forschungsabteilung, die in der Lage ist, auf ihrem Spezialgebiet nicht nur einen momentanen Vorsprung zu haben, sondern diesen Vorsprung auch zu halten?

Ich halte die Erfolgsbilanz von Texas Instruments, das zu einem der klassischen Beispiele für ein erfolgreiches Elektronik-Investment geworden ist, für ein besonders gutes Beispiel dafür, wie wichtig das ist. Vor ein paar Jahren übernahm dieses Unternehmen die Führung bei der kommerziellen Entwicklung des Siliziumtransistors. Angesichts der Tatsache, dass die gesamten Ressourcen des Unternehmens damals nur einen winzigen Bruchteil derjenigen einiger seiner gigantischen Konkurrenten betrugen, stellten viele infrage, ob Texas Instruments die führende Stellung, die es genoss, lange würde halten können. Doch offenbar gelang es dem Unternehmen durch weitere Fortschritte in Forschung und Technik, viele seiner Konkurrenten in der unglücklichen Situation zu halten, ständig zu versuchen, die Position zu erreichen, die Texas Instruments hatte, nur um circa zum Zeitpunkt der Erreichung dieses Ziels festzustellen, dass dieser relativ kleine Hersteller aus Texas schon wieder einen Schritt vorwärts gegangen war. Dann musste dieser Aufholprozess immer wieder wiederholt werden. Daraus ergab sich, dass dieser einstmals kleine Halbleiterhersteller weiterhin einen wesentlichen Marktanteil in einem der am schnellsten wachsenden Bereiche der gesamten amerikanischen Industrie halten konnte. Da die Halbleiterindustrie allmählich mechanisiert wird und da sich allmählich Standard-Vertriebsstrukturen herausbilden, durchläuft diese Branche den unvermeidlichen Zyklus, in dessen Rahmen viele kleine und verhältnismäßig ineffiziente Hersteller ausgesiebt werden und nur wenige große und effiziente überleben. Das bedeutet, dass sich dieses vor ein paar Jahren noch sehr kleine Unternehmen in die glückliche Position hineinmanövriert hat, einer der starken Überlebenden zu sein, was für seine Aktie ein beträchtlich höheres Kurs-Gewinn-Verhältnis rechtfertigte als zu der Zeit, als man es noch für eines unter vielen sich abstrampelnden Unternehmen auf einem glamourösen, aber nicht unbedingt profitablen Gebiet hielt. Die Wirkung dieser Kombination aus stetig wachsendem Gewinn und einem stetig steigenden Kurs-Gewinn-Verhältnis hat den großartigen Aufstieg hervorgebracht, der beim Kurs der Aktie von Texas Instruments zu beobachten war.

Ich glaube, Texas Instruments ist auch ein besonders gutes Beispiel für die Bedeutung eines weiteren Faktors, der ausschlaggebend ist, wenn Forschung und Entwicklung allein nicht stark genug sind, um ein Elektronikunternehmen an die vorderste Front zu bringen und es auch dort zu halten. Die vielen großartigen Talente, die Texas Instruments beschäftigte, und die Millionen Dollar, die es für Forschung aufwendete, hätten allein nicht die erzielten Ergebnisse erbracht. Hinzu kam ein Verhältnis zwischen den Forschungsabteilungen und der ebenso großen

Kompetenz in Vertrieb und Marketing, das die Forschungsaktivitäten in diejenigen Bereiche des Halbleitergeschäfts hineinsteuerte, deren Absatzpotenzial in den kommenden Jahren nicht schrumpfen, sondern wachsen würde. Der Halbleiterbereich wächst ebenso wie viele andere Teile der Elektronikbranche so schnell, dass es einem einzelnen Unternehmen nicht möglich wäre, alle Produkte für alle möglichen Anwendungsbereiche seines Spezialgebiets zu erkunden und zu erforschen. Das Unternehmen mit dem nötigen Urteilsvermögen und dem nötigen Teamwork unter seinen Mitarbeitern, um die Forschungsabteilung auf Spezialgebiete mit größeren künftigen Absatzmärkten auszurichten, zieht letztlich aus seinen Forschungsgeldern einen weit größeren Nutzen. Auch hat es weit bessere Aussichten, an der vordersten Front der Konkurrenz zu bleiben, und sei es auch nur, weil es wahrscheinlich am schnellsten sein Produktionsvolumen steigern und die Einsparungen an den Produktionsstückkosten genießen wird, die eine größere Produktion gewöhnlich ermöglicht.

Zwar kann eine enge Koordination zwischen Forschung und Marketing (oder Marktforschung) große Auswirkungen auf die Verbesserung der gesamten Forschungsergebnisse haben, aber in vielen Unterbereichen der Elektronikindustrie kann die Effizienz der Koordination zwischen der Forschungsabteilung und denjenigen, die mit den täglichen Problemen sowohl der Produktion als auch des Vertriebs befasst sind, fast genauso wichtig sein. Es reicht nicht aus, eine bessere Apparatur zu bauen, als sie der Markt bisher gesehen hat, denn es ist ziemlich wahrscheinlich, dass andere sehr bald ähnlich verbesserte Apparaturen bauen werden. Die Entwicklungsingenieure, die eng mit den Vertriebsleuten des Gebiets zusammenarbeiten, wissen genau, wie sich die Konstruktion so verbessern lässt, dass sie neben der grundsätzlich höheren Effizienz auch für die Schwächen und Vorlieben der Kunden attraktiver sein wird, sodass sie gegenüber einem Unternehmen, das Produkte allein anhand technischer Kriterien konstruiert, einen entschiedenen Vorteil haben. Auch hat ein Unternehmen, das ein Produkt mit grundsätzlich vergleichbarer Technik und vergleichbarer Attraktivität gestalten kann, das jedoch leichter und billiger herzustellen ist, gegenüber einem Konkurrenten, dessen fehlende enge Koordination zwischen Produktion und Forschung zu höheren Kosten der Produkte führt, einen merklichen Preisvorteil.

Und wenn es ein Merkmal gibt, das meiner Überzeugung nach mehr als alle anderen eine anhaltend erfolgreiche unternehmerische Forschungstätigkeit kennzeichnet – sei es in der Elektronikbranche oder in einer anderen –, dann ist es diese Frage der Koordination beziehungsweise des Teamworks. Die heutigen Technologien sind gewöhnlich derart verwickelt, dass Pionierarbeit in der industriellen Forschung eine Gruppe von Menschen aus nicht nur einer wissenschaftlichen Disziplin, sondern aus mehreren erfordert. Ein theoretischer Physiker, ein Mathematiker, ein anorganischer Chemiker, ein Metallurg und ein Festkörperphysiker können in gleichem Maße an dem Versuch eines Durchbruchs bei der Entwicklung eines bestimmten Produkts beteiligt sein. Gleichzeitig können für ein Schwesterprojekt, das vom gleichen Unternehmen durchgeführt wird, ein halbes Dutzend ganz anderer Experten notwendig sein. Wie gut diese Männer zusammenarbeiten, ist wahrscheinlich der für die technischen Ergebnisse, die sie erzielen, maßgeblichste Faktor. Doch wie erfolgreich dies für die Aktionäre ist, hängt nicht nur davon ab, wie gut diese technischen Fachleute zusammenarbeiten, sondern auch davon, wie gut sie mit eher prosaischen Geschäftsleuten in Vertrieb, Produktion und Marktforschung sowie vor allem in der Geschäftsführung zusammenarbeiten können. Unter den Bedingungen der modernen Industrie leisten mäßig kompetente Menschen, die gemeinsam arbeiten können, gewöhnlich mehr als Genies, die sich wie Primadonnen gebärden.

Im Gegenzug bringt eine Unternehmensleitung, deren Perspektive weit genug ist, um die legitimen Ziele ihrer technischen Mitarbeiter zu erkennen und mit ihnen zusammenzuarbeiten, in der Regel weitaus bessere Ergebnisse für die Aktionäre als eine Unternehmensleitung, die nicht in der Lage ist, über die unmittelbaren Gewinninteressen ihrer Forschungsprojekte hinauszublicken. Eine beträchtliche Zahl technischer Spitzenleute ist grundsätzlich mehr daran interessiert, technische Fortschritte zu erzielen und ihren Status unter jenen aufzubessern, die in ihrem Fachgebiet geschult sind, als daran, Geld zu verdienen. Eine Unternehmensleitung, die das erkennt und sich sehr bemüht, einen ihrer Forscher zu unterstützen, der einen wesentlichen wissenschaftlichen Beitrag leistet, wobei der Forscher weiß, dass das Management in dem Projekt wenig kurzfristigen Lohn sieht, erhält, wenn sie mit den Forschungen richtig umgeht, für ihre Handlungen in Richtung mehr Teamwork und Produktivität des gesamten technischen Potenzials einen prächtigen langfristigen Lohn. Wenn Teamwork und Enthusiasmus so große Erfolgsfaktoren wie bei der Forschung von Unternehmen sind, wird eine Unternehmensleitung, die ihre Forschungsmitarbeiter geschickt dirigieren und dabei ein hohes Maß an Loyalität und Drive bewahren kann, wahrscheinlich weiterhin Jahr für Jahr Fortschritte machen.

Wenn das die Dinge sind, nach denen der Anleger in der Elektronikbranche hinsichtlich der Forschungsaktivitäten suchen sollte, wo sind dann die Fallstricke, die er meiden sollte? Meiner Meinung nach gibt es zwei recht gängige Fehler, vor denen er sich hüten sollte. Erstens sollte er eine Aktie niemals nur deshalb kaufen, weil ein herausragender Wissenschaftler – beispielsweise ein Nobelpreisträger – in das Unternehmen eingetreten ist und vorhat, dort Großes zu leisten. So funktioniert die moderne Industrie einfach nicht. Der neue Mann mag auf seinem Gebiet der großartigste Experte der Welt sein, aber wenn er keine Unterstützung von überdurchschnittlichen Leuten nicht nur auf anderen Fachgebieten, sondern auch auf prosaischeren Gebieten wie Marktforschung und Produktion genießt, wird das Höchste, was er wahrscheinlich schaffen wird, ein einmaliger Spurt der Geschäfte des Unternehmens sein. Wenn es ihm bei all seiner technischen Kompetenz an den Qualitäten mangelt, die man für Teamwork braucht, sorgt er statt eines einmaligen Spurts womöglich bloß für hohe Kosten. Schon so mancher Anleger hat sein Ungestüm bereut, nachdem er Aktien gekauft hat, weil der großartige Doktor X oder Doktor Y in ein Unternehmen eingetreten ist, er es aber unterlassen hat, genau zu prüfen, wie gut er in das Unternehmen passt oder ob das Unternehmen für ihn eine geeignete Stelle geschaffen hat, die zu ihm passt.

Der andere gängige Anlegerfehler in Bezug auf Forschung ist der Kauf von Aktien nur deswegen, weil ein Unternehmen angibt, dass es viel Geld für Forschung ausgibt, sei es pro Aktie oder pro Dollar Jahresumsatz. Zunächst einmal können solche Zahlen zu Vergleichszwecken sehr irreführend sein, wenn man keine sorgfältigen buchhalterischen Anpassungen vornimmt. Das eine Unternehmen verbucht eine Menge Kosten als Forschungsaufwand, die ein anderes als Aufwendungen für Vertriebstechnik oder gar direkt als Produktionskosten betrachtet. Da die Unternehmensleitungen in den letzten Jahren gemerkt haben, dass viele an der Wall Street den jährlichen Forschungsaufwendungen großes Gewicht beilegen, herrscht bei manchen Unternehmen die bedauerliche Tendenz, alles Mögliche unter diesem Konto zu verbuchen. Doch auch wenn man alle buchhalterischen Anpassungen vornimmt, gibt es einen noch grundlegenderen Grund, aus dem es für den Anleger sehr kostspielig sein kann, sich auf solche Zahlen zu verlassen. Wahrscheinlich gibt es in keinem Bereich eines Unternehmens (außer vielleicht bei den Werbungskosten) von Unternehmen zu Unternehmen derart große Unterschiede zwischen dem, was als Aufwendungen hineinfließt und an Nutzen für den Aktionär herauskommt, wie bei der Forschung. Wenn man nur die am besten geführten Unternehmen berücksichtigt, kann dieser Unterschied bis zu 3:1 betragen. Vergleicht man Ferner-liefen-Unternehmen mit einigen der besten, schwankt der Faktor „Produktivität der Forschung“ um ein Vielfaches dessen. Natürlich ist ein Aktionär an dem langfristigen Nutzen interessiert, den er erhält. Doch gerade in demjenigen Aktivitätsbereich, in dem dieser Nutzen am wenigsten in Beziehung zu dem steht, was es sie kostet, messen Aktionäre den forschungsbezogenen Reiz eines Unternehmens nicht daran, was es tut oder tun wird, sondern daran, wie viel es dafür ausgibt! Die Eigenschaften, die man untersuchen muss, wenn man die Attraktivität von Elektronik-Investments bewertet, werden zeigen, weshalb es insbesondere auf dem Gebiet der Elektronik zu sehr irreführenden Schlussfolgerungen führen kann, wenn man solche einfachen mathematischen Kennzahlen als mehr betrachtet denn als nur einen sehr groben Anhaltspunkt.

(2) Hat das Unternehmen ein gesundes Verhältnis zwischen rüstungsbezogenen und zivilen Produkten?

Eine Sache, die man nie vergessen sollte, wenn man in eine Elektronik-Aktie investiert, ist die Tatsache, dass 49 Prozent des Geschäftsaufkommens der gesamten Branche direkt oder über Zulieferer von der Regierung der Vereinigten Staaten stammen – und das fast ausschließlich für rein militärische Anwendungen. Und wenn die Bedingungen des Kalten Krieges erhalten bleiben, bestehen beste Aussichten, dass diese gewaltige Nachfrage nicht einfach nur wachsen, sondern sogar bedeutend wachsen wird. Die technischen Fortschritte, die nicht nur auf dem Gebiet der Langstreckenraketen, sondern auch bei den eher konventionellen Waffen für lokale Konflikte oder Nebenkriegsschauplätze gemacht werden, erfordern immer mehr Elektronik. Dabei erfordern die meisten derartigen Fortschritte ausgefeiltere und daher gewöhnlich teurere elektronische Systeme als die Waffen, die sie ersetzen. Daher bieten die Märkte für militärische Elektronik Unternehmen mit außergewöhnlichen technischen und Fertigungskapazitäten die Möglichkeit, ein enormes Umsatzvolumen zu erzielen.

Jedoch ist das militärische Geschäft vom Standpunkt des Anlegers aus gewöhnlich weniger wünschenswert als ein vergleichbares Volumen ziviler Aufträge. Dafür gibt es eine Reihe von Gründen. Der womöglich unbedeutendste davon ist, dass hier normalerweise die Ertragsmargen niedriger sind. Das ist auch nicht unvernünftig, denn das große Volumen, das hier manchmal erzielt werden kann, ermöglicht insgesamt einen ausreichenden Gewinn, der die kleinere Gewinnspanne pro Dollar Umsatz ausgleicht.

Einer der grundsätzlichen Nachteile des Militärgeschäfts ist seine Instabilität. Es wäre so sehr zum Vorteil der überwältigenden Mehrheit der Bürger aller großen Länder, wenn das Wettrüsten beendet und wieder echtes Vertrauen zwischen Ost und West hergestellt werden könnte, dass immer die Hoffnung besteht, früher oder später könnte ein Mittel gefunden werden, um dies zu erreichen. Sollte dies jemals passieren, wären die überwiegend militärischen Zulieferer so gut wie bankrott. Doch auch wenn man diese Möglichkeit übergeht, die angesichts der momentanen Spannungen in der Welt nicht allzu vielversprechend erscheint, besitzt das militärische Geschäft immer noch Elemente der Instabilität, die weit über diejenigen hinausgehen, die man auf dem zivilen Gebiet gewöhnlich vorfindet. Es kommt nicht nur häufig vor, dass Verträge fast ohne Vorwarnung vom Staat einseitig aufgekündigt werden. Das immer höhere Tempo der elektronischen Beschaffung macht es auch wahrscheinlich, dass dies eher noch zunehmen als abnehmen wird, weil vielleicht ein Zulieferer am Reißbrett ein Waffensystem entwirft, das ein bestehendes überflüssig und somit nutzlos macht.

Zu dieser grundsätzlichen Instabilität trägt noch die Tatsache bei, dass es bei Geschäften mit dem Staat äußerst schwierig ist, etwas aufzubauen, das irgendwie der Kulanz entspricht, die bei zivilen Handelsgeschäften gang und gäbe ist. Wenn ein geschätzter regelmäßiger Zulieferer bei seiner Kostenschätzung einen Fehler gemacht hat und bei einem wichtigen Vertrag Verlust macht, ist es unter aufgeklärten Privatunternehmen relativ üblich, eine angemessene, jedoch gesetzlich nicht notwendige Vertragsanpassung vorzunehmen. Das ist keine Wohltätigkeit seitens des Unternehmens, das einen höheren als den rechtlich notwendigen Preis bezahlt. Das dadurch erzeugte Wohlwollen trägt gewöhnlich ein andermal reichlich Dividende, wenn beim Zulieferer ein Versorgungsstau auftritt und er Hilfe braucht. Auf ähnliche Weise entwickeln die meisten Verbraucher Treue gegenüber einem Markennamen oder gegenüber einem Einzelhandelsgeschäft, mit dem sie zufrieden sind und das sie daher weiterhin regelmäßig besuchen. Im Gegensatz dazu ist es im militärischen Beschaffungswesen nicht gern gesehen, wenn man nur deshalb weiterhin mit einem bestimmten Zulieferer Geschäfte macht, weil er sich in der Vergangenheit aus dem Fenster gelehnt hat, um einem einen Dienst zu erweisen, wenn jemand anders für den gleichen Posten ein etwas günstigeres Angebot unterbreitet. Die Neigung des Militärs zur Wachablösung – sodass der Beschaffungsleiter, mit dem ein Unternehmen heute zu tun hat, morgen weg sein kann – erschwert es noch weiter, Wohlwollen oder Loyalität von dauerhaftem Wert aufzubauen. Die meisten militärischen Auftragnehmer müssen die Möglichkeit berücksichtigen, dass bedeutende Teile ihres Geschäftsaufkommens jederzeit wegfallen können.

Und es gibt noch einen nicht allgemein anerkannten Faktor, der das militärische Geschäft für den Elektronikanleger immer weniger wünschenswert macht. Dabei handelt es sich um die akzeptierte militärische Praxis, zu erwarten, dass die Privatwirtschaft technische Entwicklungen oder Forschungen mit wenig oder gar keinem Gewinn betreibt. Dahinter steht die Theorie, dass die technische Entwicklung, wenn sie richtig gemacht wurde, irgendwann zu bedeutenden Fertigungsverträgen führen wird. Dann sollen Aufträge über große Stückzahlen so viel Gewinn bringen, dass es sich das Unternehmen problemlos leisten kann, die Entwicklung der Ausrüstungen ohne Gewinnorientierung zu erledigen.

Der Brauch, die Konstruktion nicht gewinnorientiert zu entwerfen und den Gewinn durch die Produktion zu erzielen, hat sich kurz vor dem Zweiten Weltkrieg und während des Krieges allgemein verbreitet. Damals funktioniere das gut. Das lag daran, dass in jener Zeit der größte Teil des militärischen Geräts aus Geschützwaffen wie Panzern, Gewehren, Granaten und so weiter sowie aus bemannten Flugzeugen bestand. Die Anzahl der Arbeitsstunden, die für die Entwicklung einer neuen Waffe notwendig waren, war nach heutigen Maßstäben verhältnismäßig gering. Im Gegensatz dazu war die Anzahl der benötigten Waffen enorm hoch. Daher war das Verhältnis zwischen geleisteter Entwicklung und geliefertem Gerät relativ klein.

In den letzten 15 Jahren war das Tempo des Wandels derart hoch, dass sich die Waffen und Technologien, die bei der heutigen Kriegführung verwendet werden, wahrscheinlich mehr von denjenigen des Zweiten Weltkriegs unterscheiden als diejenigen dieses noch nicht lange zurückliegenden Zeitraums von denen gerüsteter Ritter und leicht bewaffneter Gardisten des Mittelalters. Dadurch ist die nach wie vor bestehende Gepflogenheit, von einem militärischen Auftragnehmer zu erwarten, dass er seine Entwicklungsarbeit gegen wenig mehr als die anfallenden Kosten leistet, damit er durch die nachfolgende Produktion der Artikel Gewinn erzielen kann, vollständig veraltet. Der Grund dafür ist, dass viele der modernsten Waffen derart fürchterlich wirkungsvoll sind, dass schon wenige davon alle vorhandenen Ziele zerstören können. Doch das Entwicklungstempo ist derart hoch, dass sich noch bevor an einem Modell überhaupt die ingenieurtechnische Arbeit geleistet ist, bereits ein anderes in der Frühphase der Konstruktion befindet, das Ersteres weitgehend überflüssig machen wird. Bei den meisten modernen Waffensystemen ist das Verhältnis zwischen den produzierten Waffen und der technischen Entwicklungszeit seit der Zeit des Zweiten Weltkriegs sensationell gesunken. Es wurde bereits bemerkt, dass beim heutigen Rüstungswettlauf keine Waffen gehortet werden, sondern die Technik! Natürlich gibt es davon Ausnahmen, denn manche elektronischen Komponenten und Bauteile können sich unter nur leichten Veränderungen für mehrere Waffensysteme eignen. Insgesamt gesehen bedeutet dies jedoch, dass militärische Aufträge für Anleger immer weniger wünschenswert werden und dass immer mehr im Grunde gewinnfreie technische Arbeit geleistet werden muss, um Aufträge mit immer kleineren Stückzahlen zu bekommen.

In einem Zeitalter, in dem es überlebenswichtig sein kann, die technische Führungsposition zu halten, ist es vom nationalen Standpunkt aus tragisch, dass Trägheit den ganzen Schwerpunkt der Gewinne auf das legt, was von zweitrangiger Bedeutung ist (die Produktion), anstatt auf das, was am dringendsten gebraucht wird (kreative Konstruktion). Ich glaube, die Tatsache, dass die meisten zivilen Aufträge von Grund auf dermaßen viel attraktiver sind als militärische, hat den höchst unerwünschten Effekt, dass ein bedeutender Teil der besten ingenieurtechnischen und geschäftlichen Köpfe des Landes ihre Zeit damit verbringen, einige der belanglosesten Verbraucherprodukte weiter zu perfektionieren, während die Sicherheit der Nation ihre Beiträge dazu bräuchte, im Rüstungswettlauf die Führung zu behalten. Die gefährliche Dummheit dieser Situation kann irgendwann dazu führen, dass sich die Hintergrundbedingungen ändern. Allerdings sehe ich für einen solchen Wandel noch nicht das geringste Anzeichen. Bis solche Anzeichen auftauchen, sollten Anleger, die das Beste für sich selbst tun wollen, ihre Urteile auf der Grundlage dessen fällen, was wahrscheinlich geschieht, und nicht auf der Grundlage dessen, was sie sich wünschen. Daher müssen in der unmittelbaren Zukunft militärische Elektronikaufträge, außer wenn sie direkt mit zivilen Aufträgen zusammenhängen, als wesentlich weniger wünschenswert gelten als nichtstaatliche Aufträge.

Daraus könnte man schließen, dass ein Anleger, der diejenigen Elektronik-Aktien auswählen will, die in der Lage sind, die sensationellsten Wertzuwächse zu produzieren, sein Interesse ausschließlich auf Unternehmen beschränken sollte, die keine Rüstungsaufträge annehmen. Doch in Wirklichkeit ist das alles andere als zutreffend. Vielmehr sollte man nach Unternehmen suchen, die militärische Aufträge annehmen, die technisch oder anderweitig so eng mit ihren nichtstaatlichen Produktlinien verbunden sind, dass sie gewissermaßen einen doppelten Profit aus ihren Geschäften mit dem Staat ziehen. Denn abgesehen von den Gewinnen, die sie erzielen, solange die Arbeit für den Staat währen mag, bauen sie auch weitgehend auf Staatskosten

Kompetenzen auf, die sie in die Lage versetzen, ein ziviles Geschäft von sowohl profitablerer als auch dauerhafterer Natur zu entwickeln.

Manche Unternehmen haben durch sorgfältige Koordination ihrer diversen Manager mit technischem oder Marketing-Hintergrund sehr große Kompetenzen bei der Auswahl der speziellen Arten staatlicher Aufträge entwickelt, die ihnen am meisten bringen. Solche Aufträge können ihre Fähigkeit verbessern, in industrielle oder Konsumentenmärkte einzudringen und dort zu konkurrieren, die technisch verwandt sind, auch wenn sie manchmal ganz anders wirken. Das können staatliche Forschungsaufträge, Produktionsverträge oder wahrscheinlich beides sein. Normalerweise gelingt dies nur, indem man als Pionier auf dem betreffenden Gebiet hervorstechend findig und geschickt agiert. Aber wenn ein Elektronikunternehmen auf diese Weise wirklich einen wertvollen Bestand an zivilem Geschäfts-Know-how aufbaut – und nicht nur davon redet, dies tun zu wollen –, kann man es als ausreichend aussichtsreichen Kandidaten für eine herausragende Elektronik-Investition betrachten, der eine sehr genaue Untersuchung rechtfertigt, um zu sehen, ob er sich auch hinsichtlich der anderen wichtigen Voraussetzungen für ein solches Investment qualifiziert.

Oft sagen die Unternehmensleitungen von Elektronikunternehmen den Anlegern voller Stolz, ihr Geschäft teile sich ziemlich gleichmäßig zwischen staatlichen und zivilen Aufträgen auf. Da mag es scheinen, als wäre eine solche Diversifizierung für sich genommen von gewaltig großem Wert. Eine solche Diversifizierung – wenn sie nicht zu einer signifikanten Förderung des zivilen Geschäftsanteils führt – hat gegenüber einem weniger diversifizierten Unternehmen wahrscheinlich letztlich Vorteile, was die Stabilität angeht. Aber Anleger in Elektronikfirmen sollten niemals vergessen, dass um der größten Attraktivität als Anlage willen die beiden Bereiche nicht nur irgendwie miteinander zusammenhängen müssen, sondern dass das Management auch Mittel und Wege finden muss, seine militärischen Kompetenzen zum signifikanten Nutzen seiner zivilen Bereiche zu verwenden.

Vom Standpunkt der nationalen Sicherheit aus ist es ein großes Glück, dass die heutige komplexe elektronische Technologie dies manchmal zulässt. Da nichts weniger als die Existenz der Vereinigten Staaten auf dem Spiel steht, ist es erschreckend, dass es dank unserer Gepflogenheiten und unserer Politik mehr im unmittelbaren Interesse unserer fähigsten Ingenieure und Geschäftsleute liegt, einen besseren Lockenstab oder ein besseres Waffeleisen zu entwickeln als ein neues System, um eine feindliche Lenkrakete zu stören und wirkungslos zu machen. Diese Fachleute werden Eigentümer des Designs ihrer Lockenstäbe und Waffeleisen sein. Wenn sie herausragend sind, wird ihnen das zugutekommen. Die erfolgreichen Raketenstörsysteme können alles Mögliche leisten, zum Beispiel das Leben von fünf Millionen Menschen retten oder einen potenziellen Feind von einem Angriff abbringen. Doch wenn die technische Konstruktion eines wertvollen Verteidigungssystems fertig ist, gehören die Rechte an dem Entwurf wahrscheinlich nicht dem Unternehmen, das ihn kreiert hat. Nach einer wettbewerbsintensiven Ausschreibung geht der Herstellungsauftrag – der gemäß unseren veralteten Theorien der militärischen Beschaffung für das fast vollständige Fehlen von Gewinnen bei staatlichen Herstellungsaufträgen „entschädigen“ soll – womöglich an ein ganz anderes Unternehmen. Außerdem ist es so gut wie sicher, dass daraus (nach Neuverhandlungen) ein relativ instabiles Geschäft mit niedriger Ertragsmarge für das Unternehmen wird, das letztlich den Zuschlag für den Produktionsvertrag erhält. Kurz und gut, obwohl ein Raketenstörsystem vom Standpunkt des nationalen Interesses aus einen unglaublichen Wert besitzen kann, ein besserer Lockenstab hingegen wenig bis gar keinen, bleibt es eine geschäftliche Tatsache, dass das gleiche Geschäftsaufkommen und die gleiche technische Kompetenz selbst in dem belanglosesten Verbraucherbereich einen größeren und sichereren wirtschaftlichen Lohn einbringen, als wenn man für den Staat arbeitet. Wäre es in diesem System nicht manchmal möglich, aus kreativen militärisch-elektronischen Arbeiten zusätzliche zivile Vorteile zu ziehen, würde wohl ein noch größerer Prozentsatz unserer besten technischen und unternehmerischen Anstrengungen hin zu den Lockenstäben und weg von den Raketenstörsystemen fließen. Es ist unwahrscheinlich, dass sich an einem System etwas ändert, das den Staat nichts kostet, weil die militärische Arbeit ohnehin gemacht werden muss und weil die Spitzentalente dorthin gelockt werden, wo sie am dringendsten gebraucht werden. Deshalb werden Unternehmen mit herausragenden Elektronik-Kompetenzen in den 1960er-Jahren wohl ebenso wie Ende der 1950er-Jahre ungewöhnliche Möglichkeiten bekommen, gigantische Schritte für ihre Aktionäre zu machen, wenn dabei militärisches und ziviles elektronisches Know-how eng miteinander verflochten sind.

(3) *Kann das Unternehmen eine derart allgemeine Akzeptanz der technischen Überlegenheit eines bedeutenden Teils seines Produktsortiments aufbauen, dass die Kunden nicht geneigt sind, allein aufgrund preislicher Zugeständnisse weniger bekannte Konkurrenzprodukte zu kaufen?*

Besonders, aber nicht ausschließlich in dem Unterbereich der Elektronikindustrie, der mit der Herstellung von Geräten zu tun hat, tritt eine Kombination von Umständen auf, die für den Anleger von großem Vorteil sein kann. Die Produktqualität kann von so großer Bedeutung sein, dass nur wenige Kunden das Risiko eingehen wollen, dass eine neue oder zweitrangige Marke nicht die gleiche Leistung erbringt, nur weil dieser neue oder zweitrangige Hersteller beispielsweise zu einem zehn oder 15 Prozent niedrigeren Preis verkauft. Da es selten möglich ist, schwarze Zahlen zu schreiben, wenn man beim Preis noch größere Zugeständnisse macht, lassen sich größere Preissenkungen gegenüber einem etablierten und effizienten Hersteller, der wahrscheinlich bereits den Kostenvorteil der Großserienfertigung besitzt, nur selten verwirklichen.

Alle diese Umstände können vorliegen und vergleichsweise wenig Bedeutung für den Elektronikanleger haben, wenn es zwei oder mehr herausragende Hersteller gibt, die hinsichtlich der Qualität ihrer Produkte etwa den gleichen Status haben. Doch manchmal gelingt es einem Hersteller, mit den komplexesten und schwierigsten Produkten in Bezug auf Herstellung und Kundendienst Anerkennung für herausragende Qualität zu erlangen. Wenn das passiert, macht die betreffende Elektronik-Aktie einen Statuswandel durch, der sehr legitim das wahrscheinliche Kurs-Gewinn-Verhältnis beträchtlich steigern kann. Um dies zu verstehen, sollten wir auf die grundlegenden Investmenteigenschaften der meisten Elektronik-Aktien zurückkommen. Sie haben ein weit überdurchschnittliches Wachstumspotenzial, aber auch ein weit überdurchschnittliches Risiko, dass Konkurrenten fast ohne Vorwarnung diesem Wachstum in die Quere kommen können, und zwar so sehr, dass sie das gesamte Unternehmen gefährden. In den gelegentlichen Fällen jedoch, in denen ein Unternehmen einen so guten Ruf für Qualität erlangt, dass es für andere immer schwieriger wird, zu ihm aufzuschließen, beginnen sich die normalen Investmenteigenschaften einer Elektronik-Aktie zu verändern. Der Wachstumsfaktor mag so groß wie immer sein, doch unter der Annahme, dass das Management so vernünftig ist, bei der Qualität kein Wagnis einzugehen und seine Bemühungen in Richtung Produktverbesserung mit unverminderter Energie beizubehalten, wird der Risikofaktor immer kleiner und kleiner. Wenn dies in einem Produktbereich geschieht, der ungewöhnliche Wachstumsaussichten bietet, kann dies der Keim für eine glänzende Investition in Elektronik sein.

Die Ampex Corporation, die zu den sensationellsten Elektronik-Investments der 1950er-Jahre gehörte, könnte man als ausgezeichnetes Beispiel dafür betrachten. Ampex würde sich ungewöhnlich gut halten, wenn man es an den diversen anderen Standards für Elektronik-Investments messen würde, die bereits erwähnt wurden. Aber meiner Meinung nach kann man das hohe Kurs-Gewinn-Verhältnis, das die Ampex-Aktie kennzeichnet, zum Teil etwas anderem als der gewaltigen Wachstumsrate des Unternehmens, seiner guten Geschäftsführung, seiner herausragenden technischen Kompetenz und dem guten Verhältnis zwischen staatlichen und zivilen Aufträgen zuschreiben. Bei einem großen Teil seines Gerätesortiments wollen die Kunden keinerlei Risiko hinsichtlich der Qualität eingehen. Für andere ist es bei diesen speziellen Teilen des Produktsortiments schwierig, in den Markt vorzudringen. Solange dies so bleibt, sind die Aussichten großartig, dass sich das Unternehmen (im Vergleich zu den gewöhnlich anormalen Risiken in der Elektronikbranche) an der Spitze eines dynamischen Feldes halten wird. Da das Risiko, dass der Wettbewerb kippt, unternormal ist (wieder im Vergleich zu den meisten Elektronikunternehmen), ist das Kurs-Gewinn-Verhältnis verständlicherweise hoch.

Viele Anleger, die nicht in der Lage zu sein scheinen zu verstehen, warum einige Elektronik-Aktien in ihren Augen zu hohen Kurs-Gewinn-Verhältnissen gehandelt werden, könnten wahrscheinlich gravierende Fehlkalkulationen vermeiden, wenn sie ein grundlegendes Konzept berücksichtigen würden. In einem so dynamischen Bereich wie diesem kann die relative Befreiung von größeren Umwälzungen des Wettbewerbs für die Ermittlung des legitimen Kurs-Gewinn-Verhältnisses fast so wichtig sein wie die Wachstumskurve.

(4) Besitzt das Unternehmen eine starke Vertriebs- und Marketingkompetenz?

Andere Dinge können ebenfalls eine gewisse Bedeutung haben, aber in allen verarbeitenden Branchen gibt es drei grundlegende Angelegenheiten, deren Überlegenheit oder Exzellenz die Säulen eines herausragenden Investments sind: (a) die Fähigkeit, den Umsatz effizienter zu steigern als die meisten Konkurrenten, (b) Produktionskompetenz, also die Fähigkeit, das Produkt weiterhin besser und billiger zu produzieren als die meisten Konkurrenten, und (c) die Fähigkeit, entwicklungsbezogene Forschung nicht nur als Hilfe bei der stetigen Verbesserung der bestehenden Produkte zu nutzen, sondern auch um profitable neue Produkte auf Gebieten zu schaffen, die zu bewältigen das Unternehmen qualifiziert ist. All dies gilt auch für alle anderen Branchen. Deshalb mag es von einem gewissen Standpunkt aus unlogisch erscheinen, die Vertriebskompetenz bei der Besprechung der speziellen Investmenteigenschaften von Elektronik-Aktien besonders zu betonen. Doch ebenso, wie ich in die Elektronikreihe eine Besprechung der Forschung aufgenommen habe – weil Forschung in dieser ultra-schnelllebigen Industrie noch wichtiger ist als ihre Schlüsselrolle für den Anleger in vielen anderen Geschäftszweigen –, bin ich aus einem ganz anderen Grund auch überzeugt, dass jeder, der in Elektronik-Wertpapiere investiert, der Verkaufsfähigkeit einer Elektronikfirma noch mehr als die sehr große Aufmerksamkeit schenken sollte, die er dieser Angelegenheit bei der Betrachtung anderer Arten von Geldanlagen widmen sollte. Der Grund dafür geht auf den sehr großen Anteil an Geschäften mit Elektronik zurück, der von der Regierung ausgeht. Mir ist vollständig bewusst, dass es eine Form der Vertriebskompetenz darstellt, fortgesetzt wichtige Segmente solcher Aufträge zu bekommen. Allerdings halte ich das für eine sehr spezielle Form des Verkaufsgeschicks. Die Meisterschaft im Verkauf an das Verteidigungsministerium ist nicht nur leichter zu erlangen als in der Vermarktung über die üblichen Handelskanäle, sondern auch vom Charakter her so unterschiedlich, dass die große Erfahrung im Verkauf an den Staat vom Vertriebsstandpunkt aus nicht von sich aus die zivile Marketingkompetenz eines Unternehmens stärkt.

Anders gesagt ist es in den meisten Branchen so, dass ein Unternehmen, das keine starke Vertriebsorganisation hat, normalerweise nicht wächst. Ein scharfsinniger Anleger fühlt sich selten zu solchen Unternehmen hingezogen. Auf jeden Fall werden sie häufig nicht zu den hohen Kurs-Gewinn-Verhältnissen gehandelt, die man bei sogenannten Wachstumswerten findet. Doch auf dem Gebiet der Elektronik kann ein solches Unternehmen, wenn es technisch erfinderisch genug ist, zu einer spektakulären Größe heranwachsen. Es kann manchmal sogar dank seiner starken technischen Kompetenz einige signifikante Aufträge von Großunternehmen bekommen. Ich glaube allerdings, dass man als anspruchsvoller Elektronikanleger solche Unternehmen meiden sollte. Aufträge vom Staat sind bekanntlich „heute hier, morgen dort". Im Hinblick auf den bei der Elektronik überaus wichtigen Investmentfaktor, sich gegen plötzliche Änderungen der Umsatzaussichten zu schützen, könnte nichts wichtiger sein, als in ein Unternehmen zu investieren, das eine Vertriebsorganisation aufgebaut hat, die in der Lage ist, eine große Zahl potenzieller Kunden zu erreichen, wenn diese Kunden verzweifelt gebraucht werden. Ob es sich dabei um die eigene Vertriebsmannschaft des Unternehmens handelt oder um eine organisierte Gruppe von Vertrieben wie etwa unabhängige Herstellervertreter, ist dabei nicht wichtig. Es kommt nur darauf an, dass die daran beteiligten einzelnen Einheiten – ob Unternehmensangehörige oder Außenstehende – gut ausgewählt und auf die speziellen Bedürfnisse des Unternehmens geschult wurden sowie dass das Unternehmen weiß, wie es ihnen neue Ideen schnell und gründlich vermitteln kann, wenn neue Vertriebskonzepte benötigt werden.

Wenn der Anleger im Lehnsessel sitzt und Bilanzen und Abschlüsse prüft, wird er über solche Dinge nichts erfahren. Auch sagen allgemeine Aussagen über das Verhältnis von staatlichen zu zivilen Aufträgen nichts darüber aus. Und doch sind wenige Faktoren wichtiger als dieser, um diejenigen Elektronik-Aktien auszuwählen, die sowohl an vorderster Front einer von technischen Sprüngen geprägten Branche wie dieser stehen als auch sich dort halten werden. Viele Elektronikunternehmen wurden von Menschen mit großem und kreativem technischen Geschick gegründet und werden weiterhin von ihnen dominiert. Fast alle brillanten Personen dieser Sorte interessieren sich eifrig für die Produktion sowie für Forschungs- und Entwicklungsangelegenheiten. Deshalb mangelt es der Produktionsseite des Unternehmens selten an Aufmerksamkeit und Verständnis. Es gibt zwar herausragende Ausnahmen, doch allzu viele dieser ungewöhnlichen technischen Köpfe haben am Verkauf schlicht nicht das gleiche Interesse. Sie verstehen nicht im gleichen Maße intuitiv, wie man eine führende Vermarktungsposition aufbaut. Da ein Elektronikunternehmen mit brillanten Ingenieuren, aber einer unzureichenden Vertriebsorganisation oberflächlich betrachtet eine Weile für seine Anleger viel tun kann, neigen viele von ihnen dazu, weiterhin die langfristige Wichtigkeit einer guten Vertriebsorganisation zu übersehen. Im Laufe der Jahre kann ein Elektronikanleger, der sich dieses Übersehens nicht schuldig macht, sehr reichlich belohnt werden.

Die Pharmaindustrie

Ein weiteres großes Wachstumsfeld, das dem Anleger der 1960er-Jahre viel verspricht, ist die Pharmabranche beziehungsweise Arzneimittelbranche. Die Überwindung von Krankheiten wie Diphterie oder Kinderlähmung durch den Menschen, denen die Menschheit bis vor verhältnismäßig kurzer Zeit noch so gut wie hilflos gegenüberstand, war so dramatisch, dass man wenig Fantasie braucht, um die sofort auftretende intensive Nachfrage nach wirksamen oder besseren Mitteln gegen alle körperlichen (und viele geistige) Leiden zu sehen, von denen der Mensch und seine Haustiere immer noch geplagt werden. Diese Industrie wurde im modernen Sinne erst im Zuge der faszinierenden Ereignisse erwachsen, die während des Zweiten Weltkriegs und in den Jahren danach zur Entwicklung der Antibiotika führten. In dieser Zeit wurde die Herstellungstechnik vieler dieser Wundermedikamente so weit perfektioniert, dass sie zu Preisen angeboten werden konnten, die den Verkauf an einen Massenmarkt ermöglichten. Aufgrund der riesigen Absatzmärkte, die auf die meisten technologischen Durchbrüche auf diesem Gebiet folgen sollten, geben die besser geführten Hersteller rezeptpflichtiger Arzneimittel für die Suche nach neuen und besseren Produkten einen Prozentsatz ihres Umsatzes aus, der sich mit dem der besten Elektronikunternehmen messen kann. Wenn nicht alle Anzeichen trügen, wird dies aufmerksamen Anlegern in den 1960er-Jahren üppige Gewinne bescheren. Wie sehen die speziellen Investmentmerkmale dieses bunten Feldes aus?

Wissenschaftlich betrachtet ähnelt die Pharmabranche der Chemiebranche insofern, als sie mithilfe chemischer Verfahren entweder bestimmte Moleküle zu anderen mit benötigten speziellen Eigenschaften umordnet oder Atome und verhältnismäßig einfache Moleküle hernimmt und daraus komplexere Stoffe aufbaut, die einen bestimmten Satz gewünschter Eigenschaften besitzen. Anders ausgedrückt: Auch wenn die Moleküle, die die Pharmaindustrie produziert, häufig größer und komplexer sind als die meisten, die die chemische Industrie hervorbringt, so sind doch technisch betrachtet die Unterschiede zwischen diesen beiden Branchen eher vage.

Vom Standpunkt des Anlegers aus ist die Situation allerdings ganz anders. Pharma-Aktien liegen von ihrem Anlagecharakter her sowohl hinsichtlich der Schnelligkeit, mit der ihr Wert steigen kann, als auch hinsichtlich des hohen Maßes an Risiko, das die meisten von ihnen meiner Überzeugung nach beinhalten, zwischen der chemischen Industrie und der Elektronikindustrie, ähneln jedoch diesbezüglich der Elektronikbranche viel stärker, mit der sie technisch so eng verbunden sind. Ich habe bereits darauf hingewiesen, dass in der chemischen Industrie, sobald ein bedeutendes Produkt das Stadium der Pilotfabrik absolviert hat, normalerweise Millionen Dollar an Kapital sowie viel Zeit nötig sind, um die komplexe Reihe von Fabriken in Betrieb gehen zu lassen, die für seine Herstellung erforderlich sind. Nur gelegentlich kommen die besten chemischen Verfahren über das klassische Verhältnis von einem Dollar Fabrikinvestition zu einem Dollar Jahresumsatz hinaus. In der Pharmaindustrie hingegen lassen sich die Anlagen, die gebraucht werden, um einen landesweiten Markt zu bedienen, verhältnismäßig schnell und relativ günstig installieren. Daher gibt es dort nicht die hohen physischen Barrieren der Chemieindustrie, die der schnellen Ausbeutung eines neuen Produkts und dem möglicherweise ebenso schnellen Niedergang eines Konkurrenzprodukts entgegenstehen, das bislang einen beträchtlichen Absatz genoss.

Des Weiteren bin ich davon überzeugt – auch wenn viele anderer Meinung sein dürften –, dass auf einem Gebiet, auf dem Technologien jederzeit im Nu veralten können, eine sorgfältige Prüfung des Produktmixes vieler großer Pharmakonzerne offenbart, dass sie gegen so etwas weit weniger gefeit sind, als allgemein angenommen wird. In vielen Fällen stammt ein überraschend großer Teil des Umsatzes von sehr wenigen Schlüsselprodukten. Außerdem bringen diese Schlüsselprodukte gewöhnlich einen noch größeren Prozentsatz des Gesamtgewinns ein. Daher kann ein Konkurrent, der ein oder zwei bedeutende Produkte überflüssig macht, sehr ungünstige Auswirkungen auf die Ertragskraft und somit auf den Marktwert solcher Aktien haben.

Auch wenn diese Hintergrundbedingungen denjenigen des spektakulären Wachstums bei hohem Risiko sehr zu ähneln scheinen, die ich für die Elektronikindustrie beschrieben habe, so gibt es hier doch andere Faktoren, die sowohl die Wachstumsrate als auch die Risikofaktoren tendenziell etwas einschränken, sodass sie nicht ganz so extrem sind wie bei Elektronikkonzernen. Zunächst einmal kann man jedenfalls in den Vereinigten Staaten neue Produkte, die sich auf die Gesundheit des Menschen auswirken, erst dann auf den Markt bringen, wenn sie die Genehmigung der Federal Drug Administration erhalten haben. Das bedeutet, dass viele klinische Daten vorgelegt werden müssen, und das braucht Zeit. Mit genügend Vorwarnzeit können Konkurrenten möglicherweise Schritte unternehmen, um der Situation zu begegnen. Dabei muss man bedenken, dass der tatsächliche Markt für die meisten Arzneimittel von den Hunderttausenden Ärzten in den Vereinigten Staaten und im Ausland bestimmt wird, die Rezepte ausstellen. Diese gewaltige Anzahl an Personen beinhaltet zwangsläufig eine große Zahl von Ärzten mit einer Denkweise, die stets nach besseren Wegen sucht. Dieser Teil der Ärztegemeinschaft heißt neue Medikamente willkommen, die Hinweise darauf bieten, dass sie eine Verbesserung sind. Aber unter der riesigen Anzahl der praktizierenden Ärzte wird es auch viele geben, die im Wissen um die Risiken, die mit allen leistungsfähigen Arzneimitteln verbunden sind (denn gewöhnlich gibt es vereinzelte Patienten, die aus unbekannten Gründen unter einem neuen Arzneimittel schwer leiden, das bei Tausenden anderen keine unangenehmen Nebenwirkungen hatte), lieber bei den alten bleiben. Und schließlich gibt es noch die Ärzte, die das alte Medikament schon so lange einsetzen, dass sie eine große Routine in der Verschreibung entwickelt haben. Sie werden nur zögerlich auf ein neues und möglicherweise besseres Mittel umstellen, mit dem sie nicht vertraut sind. Aus diesen Gründen hat die Arzneimittelindustrie die Erfahrung gemacht, dass ein lohnendes neues Medikament selten schnell den gesamten Markt erobert, den es aufgrund seiner Verdienste verdient hätte. In ähnlicher Weise wird sich ein Arzneimittel, das technisch vollkommen überholt ist, fast immer noch jahrelang recht stabiler Umsätze erfreuen, wenn auch natürlich weit geringerer als vor dem Erscheinen der neuen Konkurrenz auf dem Markt.

Es gibt noch einen weiteren Faktor, der das Tempo des Wettbewerbs manchmal weniger scharf macht als den fast ungezügelten technischen Wettbewerb in manchen Abteilungen der Elektronikindustrie. Der durchschnittliche Arzt ist ein schwer beschäftigter Mann. Jedes Jahr werden derart viele neue Medikamente eingeführt – und manche von ihnen mit derart aus dem Rahmen fallenden Behauptungen –, dass er unmöglich die Zeit finden kann, sich über alle pharmazeutischen Entwicklungen auf dem Laufenden zu halten, die auf seinem Fachgebiet tatsächlich oder angeblich stattfinden. Einen Teil seiner Informationen wird er aus technischen Blättern oder aus Werbung in medizinischen Zeitschriften beziehen. Einen Teil davon wird er wahrscheinlich auch von Pharmavertretern erhalten. Jeder Arzneimittelhersteller beschäftigt Vertreter, die einzelne Ärzte besuchen und sie regelmäßig über wesentliche Entwicklungen im Produktsortiment des

Unternehmens informieren. Allerdings haben die meisten Ärzte nur die Zeit, sich mit einem kleinen Teil der Vertreter zu treffen, die sie gern besuchen würden. Daher wählen sie die wenigen aus, denen sie ihre Zeit widmen. Diese Auswahl erfolgt fraglos zum Teil anhand der Persönlichkeit des Vertreters und zum Teil anhand der bisherigen Meinung des Arztes über den Status des Pharmaherstellers, den der Vertreter vertritt. Dieser Einfluss verschafft etablierten Unternehmen mit einem guten Ruf und einer gut organisierten Vertriebsmannschaft einen gewissen Wettbewerbsvorteil. Auch verhindert dies in gewissem Maße, dass neu eingeführte Medikamente einen so plötzlichen Wettbewerbseffekt haben, wie man es von der Logik her erwarten könnte.

Aus der Sicht eines Anlegers ist die relative Fähigkeit eines Pharmaunternehmens im Vergleich zu anderen, einen Markt für ein neues Medikament zu etablieren, unabhängig von der Größe und dem Status seiner Vertriebsmannschaft von geringerer Bedeutung als seine Forschungskapazität zur Schaffung eines stetigen Stroms solcher neuen Medikamente. Da es so viele Ärzte und so viele Typen von ihnen gibt, denen die Marketingleute eines Pharmakonzerns gefallen müssen, sind die damit verbundenen Methoden weder einfach noch billig. Wenn ein neues Medikament sowohl medizinisch als auch wirtschaftlich bedeutsam genug erscheint, kann der Konzern versuchen, die meisten prominenten Fachärzte dafür zu interessieren, die vielleicht angeworben werden, das Arzneimittel zu testen und ihre klinischen Ergebnisse zu melden. Diese werden dann sehr sorgfältig zusammengefasst, und zwar sowohl in Berichten für medizinische Zeitschriften als auch in Broschüren, die zusammen mit kostenlosen Proben an Tausende Ärzte versandt werden. Manchmal fehlt es einem kleineren Arzneimittelhersteller nicht nur an dem Marketing-Know-how, um die größtmögliche Publicity zu gewinnen, die er braucht, um die optimale Marktbedeutung zu erlangen, sondern auch an dem nötigen Geld.

Um dies zusammenzufassen: Die Umsätze dieser Branche werden fast mit Sicherheit schnell wachsen, denn in den 1960er-Jahren werden beim Auffinden chemischer Mittel, um Krankheiten zu bekämpfen, immer mehr Fortschritte gemacht werden. Was aber kann der Anleger tun, um davon in einem Bereich zu profitieren, in dem es zwar einige eingebaute Stabilisatoren gibt, die das Risiko plötzlicher Höhen und Tiefen ein wenig abfedern, in dem jedoch größtenteils das übliche Vorgehen bedeutet, dass eine neue Entdeckung eines Unternehmens einen wichtigen Markt eines anderen gefährden kann?

Der Anleger kann zwei Dinge tun. Einerseits kann er nur die Aktien der allerbesten großen Pharmakonzerne kaufen, zum Beispiel Merck und Schering, die eine herausragende Forschungsorganisation mit überdurchschnittlicher Marketing-Kompetenz kombinieren und außerdem bei der Ärzteschaft einen ungewöhnlich guten Ruf genießen. Da der gesamte Bereich expandiert, dürften bei solchen Unternehmen – mit herausragender Forschung und einer ungefähr so breiten Diversifizierung, wie sie in dieser Branche zu schaffen ist – die hohen Gewinne aus ihren eigenen Innovationen die möglichen Verluste durch technische Durchbrüche von Konkurrenten deutlich überkompensieren.

Allerdings gibt es hier sowohl eine enge Parallele zu den Bemerkungen, die ich bereits zum Kauf der besten Chemie-Aktien gemacht habe, als auch eine markante Abweichung davon. Die Parallele ist, dass der Wachstumsfaktor, wenn man sie irgendwann kauft, möglicherweise groß genug ist, damit Käufe der besten Pharma- oder Chemie-Aktien *nach ausreichend viel Zeit* erwartungsgemäß einen lohnenswerten Gewinn aufweisen dürften. Ebenso wie bei den Chemiekonzernen weisen hier diejenigen die größten Gewinne auf, die sich genug unter Kontrolle haben, um geduldig zu sein und die gelegentlichen Chancen zu nutzen, solche Käufe zum richtigen Zeitpunkt zu tätigen. Damit kommen wir zu der markanten Abweichung. Die Hintergrundbedingungen, die eine Timing-Chance für den Kauf der herausragendsten Unternehmen herbeiführen, sind in der chemischen Industrie und in der Arzneimittelbranche ganz unterschiedlich. Wie bereits gesagt, kommt eine solche Chance in der chemischen Industrie gewöhnlich durch einen konjunkturellen Rückschlag zustande. Für den Kauf einer herausragenden Pharma-Aktie kann sich eine solche Zeit allerdings als relativ schlechter Zeitpunkt erweisen. Da das Pharmageschäft nur leicht von den allgemeinen konjunkturellen Bedingungen beeinflusst wird, bewerten die Anleger Pharma-Aktien wahrscheinlich besonders hoch, wenn die Gewinne so vieler anderer Branchen steil fallen. Das Ergebnis ist, dass Depressionsbedingungen solche Aktien nicht ins Angebotsregal bringen. Jedoch bewirken gelegentlich andere Dinge, dass diese Industrie die Gunst der Anleger verliert. Eines davon sind drohende staatliche Einmischungen in die hohen Ertragsmargen, deren sich viele dieser Unternehmen dank Produkten erfreuen, die für das Wohlergehen der Menschen so unentbehrlich sind. Derartige Dinge könnten in den 1960er-Jahren von Zeit zu Zeit problemlos Kaufgelegenheiten für Pharma-Aktien herbeiführen. Ob das nun wie so manches Mal in der Vergangenheit passieren wird oder nicht – ein plötzlicher größerer Gewinnrückgang bei einem bestimmten Pharmakonzern kann die Finanz-Community veranlassen, zu begreifen (denn sie neigt gewöhnlich dazu, es zu vergessen), dass das Gleiche auch anderen passieren könnte. Für eine Weile fallen alle Aktien der Branche in Ungnade, bis der große Erfolg anderer neuer Medikamente dazu führt, dass die ganze Angelegenheit in einem Ausbruch allgemeiner Begeisterung wieder vergessen wird. Diejenigen, die zu solchen Zeiten ihren Sinn für Ausgewogenheit bewahren und die besten Unternehmen kaufen, können in diesem dynamischen Bereich reichlich belohnt werden.

Jedoch gibt es für diejenigen, die intimere Kenntnisse dessen besitzen, was in den Forschungslaboren dieser Branche vor sich geht, gelegentlich eine andere Art von großer Gelegenheit – die jederzeit auftreten kann. Das eine oder andere der besser geführten Unternehmen bringt ein brandneues Produkt heraus, das bedeutsam genug ist, um einen größeren Gewinnschub zu bewirken. Die Ergebnisse können großartig ausfallen, wenn solche Aktien gekauft werden können, bevor die Finanz-Community die Bedeutung dieser Entwicklung für den Gewinn des

Unternehmens begreift. Wenn die Finanz-Community Bescheid weiß, können die Ergebnisse vielleicht nicht gerade großartig, aber doch noch beträchtlich ausfallen, wobei sich das im Aktienkurs manchmal nur ein wenig niederschlägt. Um solche Gewinne zu realisieren, muss der Anleger oder sein Berater natürlich wirklich wissen, was er tut. Aber Wissen dieser Art braucht man beim Kauf von Aktien aller Art, wenn man beständig herausragend erfolgreich sein will.

Weitere interessante Branchen

In der gesamten Zeit seit dem Zweiten Weltkrieg sind die Löhne stetig gestiegen. Vor diesem Hintergrund kann jedes Unternehmen, das ein neues Produkt anbieten kann, das sich selbst trägt, weil es der gleichen Anzahl von Menschen die Möglichkeit gibt, mehr oder bessere Arbeit zu leisten, von großem Interesse für Anleger sein. Aus diesem Grund wäre eine Liste der Orte, an denen man in den 1960er-Jahren die attraktiveren Anlagechancen finden dürfte, ohne Erwähnung des Maschinenbaus nicht vollständig.

Die fundamentale Basis eines herausragenden Maschinenbauunternehmens unterscheidet sich nicht von derjenigen eines herausragenden Chemiekonzerns, Elektronikunternehmens oder Arzneimittelherstellers. In allen Fällen spielt das gesamte Maß an Überlegenheit in Produktion, Vertrieb und Forschung die Hauptrolle, wenn man ermitteln will, wie spektakulär der Erfolg der Anlage sein wird. Allerdings gibt es innerhalb dieses allgemeinen Rahmens zwei Punkte, auf die der Anleger ungewöhnlich genau achten sollte, wenn er den Möglichkeiten so gut wie aller Maschinenbaufirmen nachgeht. Sie gelten für das wichtige Segment dieser Industrie, das die Arbeit derjenigen erleichtern soll, die Aufzeichnungen führen, und das oft als Büromaschinenbranche bezeichnet wird, ebenso wie für Unternehmen, die

Anlagen bauen, mit deren Hilfe Fließbänder mehr Dinge produzieren können.

Der erste Punkt ist die Frage, wie findig das Unternehmen darin ist, seine Produkte stetig zu verbessern, damit die Kunden darauf aus sind, früher Gekauftes zu ersetzen. Von wenigen bedeutenden Ausnahmen abgesehen besitzt die Maschinenbauindustrie nicht den Vorteil, den viele andere Branchen genießen. Die anderen können sicher sein, dass sie ständig Wiederholungsgeschäfte mit Bestandskunden machen, weil ihre Produkte entweder sofort aufgebraucht werden (etwa Lebensmittel, Chemikalien oder Papier) oder nach einem etwas längeren, aber doch noch recht begrenzten zeitlichen Zyklus ersetzt werden müssen (etwa Textilien, Farben oder Reifen). Manche Arten von Maschinen, die aufgrund ihres Charakters durchgerüttelt oder gestoßen werden, wenn sie sich von einem Ort zum anderen bewegen, nutzen sich nach einer gewissen Zeit ab und müssen innerhalb eines recht klar definierten Zeitrahmens ersetzt werden, der allerdings recht lang sein kann. Das wichtigste Beispiel für diese Gruppe ist natürlich das Automobil. Der größte Teil des Ausstoßes der Maschinenbauindustrie ist allerdings dafür gedacht, an einem Ort genutzt zu werden, und unterliegt keinen speziellen Belastungen und Beanspruchungen. Zwar verschleißen entscheidende Teile oder Komponenten und müssen von Zeit zu Zeit ausgetauscht werden, aber die meisten stationären Anlagen können durch die Ersetzung nur weniger wesentlicher Teile lange Zeit funktionstüchtig gehalten werden. Das bedeutet, dass die meisten Maschinenhersteller nur zwei Absatzmärkte haben. Der eine ist die Expansion der von ihnen bedienten Branchen, die dazu führt, dass die Kunden mehr von der gleichen Ausrüstung wollen. Nur gelegentlich hat ein Maschinenbauer das Glück, eine Branche zu bedienen, die ihm beständig einen allein durch Expansion wachsenden Markt beschert. Deshalb muss er sich, um einen wachsenden Markt zu haben, fast immer auf die andere, in der Regel viel größere Umsatzquelle verlassen, nämlich auf die Entwicklung von Maschinen und Anlagen, die eine Aufgabe entweder billiger oder besser erledigen als die vorhandenen Maschinen. Deshalb ist es so lebenswichtig, herauszufinden, ob Maschinenbaugesellschaften Mitarbeiter haben, die in der Lage sind, bei der Produktgestaltung kreativ und erfinderisch zu sein, wenn ein Investment auf diesem Gebiet mehr als nur einen einmaligen schnellen Wertzuwachs bieten soll.

Der andere Punkt, auf den voraussichtliche Anleger in fast allen Zweigen der Maschinenbauindustrie besonders achten sollten, ist die Fähigkeit des Unternehmens, zu seinen verkauften Produkten einen geeigneten Kundendienst zu bieten. Zwar laufen die meisten Typen von Maschinen sehr lange Zeit, wenn sie nicht ständig Erschütterungen oder Stößen ausgesetzt sind, aber nur sehr wenige laufen lange, ohne dass man ihnen gelegentlich besondere Aufmerksamkeit widmet, wenn gewisse Teile sich abzunutzen beginnen oder sich verstellen. Viele Maschinen sind so kompliziert, dass der Nutzer wohl nicht selbst in der Lage ist, zu solchen Zeiten das Notwendige zu tun. Der Kundendienst für solche Anlagen an weit verstreuten Orten, die oft weit von der Herstellungsfabrik entfernt sind, kann sowohl schwierig als auch teuer sein. Wird er jedoch nicht ordnungsgemäß durchgeführt, kann dieser Mangel bei den Kunden so viel Verärgerung hervorrufen, dass er die Existenz des Unternehmens gefährdet. Wird der Kundendienst dagegen gut durchgeführt, kann er nicht nur eine Möglichkeit sein, den Kunden im Hinblick auf den späteren Verkauf von Maschinen an das Unternehmen zu binden, sondern auch eine Quelle für regelmäßige und rentable Einnahmen sowohl aus dem Kundendienst als auch aus dem Verkauf von Ersatzteilen. Außerdem kann er ein Mittel sein, um neue Konkurrenten vom Eintritt in die Branche abzuhalten, da ein eigener Kundendienst die Anfangskosten für den Eintritt in die Maschinenbaubranche erheblich erhöht. Aus allen diesen Gründen sollte eine genaue Untersuchung der Kundenservice-Organisation für jeden, der ein Investment in die Maschinenbaubranche in Betracht zieht, eine zentrale Angelegenheit sein.

Aus recht gutem Grund betrachten die meisten Anlagefachleute die ökonomisch neueren Metalle als Wachstumsfeld. Das erste dieser Metalle, Aluminium, das vor mehr als 60 Jahren sein kommerzielles Debüt feierte und zu einer ökonomisch signifikanten Industrie wurde, ist Jahrzehnt um Jahrzehnt weiter gewachsen. Dieses Wachstum war viel schneller als das der amerikanischen Industrie insgesamt. Alle Anzeichen deuten auf eine Fortsetzung dieser überdurchschnittlichen Expansion hin. Magnesium, das als nächstes Leichtmetall aufkam, erfreut sich eines ähnlich schnellen Wachstums. In der zweiten Hälfte der 1950er-Jahre begannen zuerst Titan, dann Zirkonium und noch später Beryllium die Aufmerksamkeit der Anleger auf sich zu ziehen, als der spezifische Bedarf in den Bereichen Atomenergie, Luftfahrt, Raketen und chemische Verarbeitung auf bedeutende Märkte für die ungewöhnlichen Eigenschaften dieser Metalle hindeutete. Irgendwann in den 1960er-Jahren kann man wohl auch Tantal und vor allem Niob in diese Liste aufnehmen, wenn man mehr darüber weiß, wie man sie billiger und einfacher produzieren kann. Wer kann schon sagen, welche anderen Stoffe, die heute kaum wirtschaftliche Bedeutung haben, für die Technik von morgen dringend gebraucht werden? Wer kann sagen, welche davon Vehikel für glänzende Investments sein werden?

Ich mutmaße, dass mir derzeit viele Leser dieser Zeilen weit voraus sind und bereits wissen, worauf ich jetzt hinauswill: dass man sich bei der Bestimmung der Attraktivität einer Geldanlage nur begrenzt auf den Charakter einer Industrie verlassen sollte. Das liegt daran, dass es keine klar gezogene Grenzlinie zwischen verschiedenen Branchen gibt. Häufig ist es lediglich eine Frage willkürlicher Annahmen, ob man eine finanzwirtschaftliche Klassifizierung für eine große Branche ansetzt wie beispielsweise die Lebensmittelverarbeitung, oder ob man sie in signifikantere kleinere Segmente unterteilt, zum Beispiel in Fleischverarbeitung, Bäckereigewerbe und Obstkonserven. Von größerer Bedeutung für Aktionäre, die die Investmenteigenschaften einer bestimmten Branche herausfinden wollen, ist die Tatsache, dass es dort, wo die eine

Branche aufhört und eine andere anfangen könnte, nichts als ein sehr vages Niemandsland gibt. Kommen wir, um dies zu überprüfen, auf die drei Schlüsselwörter im vorletzten Satz des vorigen Absatzes zurück. Diese drei Wörter lauten „welche anderen Stoffe".

Vom Standpunkt des Anlegers aus macht es keinen grundlegenden Unterschied bezüglich der Eigenschaften als Geldanlage, ob man die Entwicklung eines Stoffes wie Yttrium, das als Seltenerdmetall von der Finanz-Community automatisch als Teil der chemischen Industrie eingestuft würde, oder etwa Aluminium betrachtet, das die meisten Vertreter der Wall Street nicht als Teil der chemischen Industrie, sondern der Metallindustrie betrachten würden. Beide Stoffe sind chemische Elemente. Beide werden durch rein chemische Verfahren zu Handelsprodukten verarbeitet. Von größter Bedeutung für den Anleger ist dabei, dass bei beiden die Verarbeitung um so viel komplexer ist als das Fördern des Erzes aus der Erde, das entweder Yttrium oder Aluminium enthält (also der Bergbau), dass sich ein Unternehmen, das auf einem dieser beiden Gebiete tätig wäre, als Investment grundsätzlich weit ähnlicher zum anderen verhalten würde als beispielsweise ein Aluminiumproduzent im Vergleich zu typischen Bergbauunternehmen, beispielsweise den Produzenten von Kupfer, Zink, Blei oder Silber.

Allerdings ist hier noch eine weitere Einstufung notwendig. Unter den heutigen Bedingungen hat die Förderung und Raffination von Kupfer wenig Ähnlichkeit mit der chemisch enorm viel komplexeren Verarbeitung in der Aluminium- oder Magnesiumindustrie. Daher hat als Geldanlage nur ein integrierter Kupferkonzern eine gewisse Ähnlichkeit mit einer Aluminium- oder Magnesiumfirma, und das auch nur, was die Herstellungsseite des Unternehmens betrifft. Seit einigen Jahren werden mit wechselndem kommerziellem Erfolg neue chemische Verfahren ausprobiert, um einige der ökonomisch älteren Metalle ganz anders zu erzeugen. Sollten sich solche Methoden irgendwann als wirtschaftlich erfolgreich erweisen, könnten sich die Investmentmerkmale einiger älterer Zweige der Bergbauindustrie gegenüber den heutigen sehr ändern. Im praktischen Sinne könnten manche Unternehmen, die wir uns heute als Bergbaufirmen vorstellen, in einigen Jahren zu Chemiefirmen werden. Kurz gesagt sind nicht nur die Grenzen zwischen den Investmenteigenschaften einer Branche und einer anderen bei Weitem nicht klar gezogen, sondern sie könnten in einer Ära der schnell expandierenden Technologie, die während der gesamten 1960er-Jahre mit Sicherheit stattfinden wird, auch morgen ganz anders aussehen als heute.

Wenn nun also an den Branchenklassifizierungen, in die die Finanz-Community die Investments so gern einteilt, so viel rein Willkürliches ist, hat es dann überhaupt einen Sinn, so viel Zeit auf die verschiedenen Merkmale verschiedener Branchen zu verwenden? Vom Standpunkt, aus jedem angelegten Dollar möglichst viel herauszuholen, glaube ich das schon. Beispielsweise ist es bei der Aktie der International Business Machines Corporation (IBM) eine völlig willkürliche Frage, ob ihre Aktien (1) als Teil der Elektronikindustrie, (2) als Teil des Maschinenbaus oder (3) als eigene Unterabteilung namens Büromaschinenbranche eingestuft werden. Worauf es ankommt, ist, dass der Anleger bei der Betrachtung der möglichen Attraktivität der Aktie versteht, wie wichtig sowohl ständiger Erfindungsreichtum bei der Entwicklung besserer Maschinen (denn diese Art von Ausrüstung nutzt sich nicht schnell ab) als auch der Kundendienst sind. Beide sind bei der Beurteilung jeder Art von Maschinenbau-Aktien von besonderer Bedeutung. Genauso wichtig ist, dass der Anleger weiß, wie sich IBM im Hinblick auf gewisse Angelegenheiten qualifiziert, denen in Bezug auf Elektronik-Aktien besondere Aufmerksamkeit geschenkt werden muss. Hier verweise ich auf die vier Punkte, die ich bei der Besprechung dieser Industrie erwähnt habe: die Fähigkeit, bei der Forschung den Vorsprung zu wahren, die Beziehung zwischen Verteidigungsaufträgen und zivilen Aufträgen, die Möglichkeit, bei den Kunden eine derartige Akzeptanz zu erreichen, dass man von Preiskonkurrenz etwas befreit ist, und die Fähigkeit, seine Produkte zu verkaufen. Natürlich entlastet keine dieser Angelegenheit den Anleger von seiner Verantwortung (sich selbst gegenüber), herauszufinden, wie sich IBM beziehungsweise ein anderes Investment im Hinblick auf die restlichen Attribute eines gut geführten Unternehmens qualifiziert, zum Beispiel die Fähigkeit, effizient zu produzieren und klug mit seinen Mitarbeitern umzugehen. Doch wenn man die Investmentmerkmale des industriellen Hintergrunds versteht, stellt man schnell fest, (1) wonach man suchen muss, und (2) sobald die Merkmale ermittelt sind, welche Art von Investment vorliegt.

Da die Finanz-Community den akzeptierten Wachstumsbranchen so viel Aufmerksamkeit widmet, liegen manche herausragenden Investmentchancen nicht im Kern der Branchen, sondern an ihren Rändern. So begannen sich beispielsweise die Anleger kurz vor Beginn des jetzigen Jahrzehnts, genauer gesagt etwa in den letzten 15 Monaten der 1950er-Jahre, des langfristigen Potenzials eines kleinen Unternehmens namens Miniature Precision Bearings, Inc., aus New Hampshire bewusst zu werden. Die hauptsächlichen Investmentmerkmale dieses Unternehmens waren etwa die folgenden: Das Unternehmen war der größte und einer der günstigsten Hersteller eines Sortiments von sehr kleinen Kugellagern. Die überlegene Qualität dieser winzigen Kugellager im Vergleich zu größeren oder konventionellen Lagern schien auf Jahre hinaus Aussicht auf überdurchschnittliches Wachstum zu eröffnen. Sie passten nicht nur in das allgemeine Konzept der Miniaturisierung, die sich vielerorts entwickelte, sondern angesichts ihrer Vorteile in Raketen schien es auch sicher zu sein, dass unabhängig davon, welches der vielen konkurrierenden Waffensysteme die Oberhand behalten würde, immer mehr von diesen winzigen Komponenten eingesetzt würden. Zwischenzeitlich hatten sie bereits so bedeutende zivile Entwicklungen wie den Hochgeschwindigkeits-Zahnarztbohrer ermöglicht. Daher war ihre Zukunft nicht ausschließlich an die Rüstung gebunden. Noch weiter verstärkt wurde dieser Faktor dadurch, dass das Unternehmen einen gleichermaßen interessanten und durch ein Patent geschützten Typ von Lager in der Frühphase der kommerziellen Produktion hatte, der überhaupt nicht an Verteidigung gebunden war. Aufgrund des offensichtlichen Marktpotenzials für Miniaturlager ist eine Reihe von Unternehmen – darunter auch einige der wesentlich größeren Lagerhersteller der alten Schule – in den Wettbewerb auf diesem Gebiet eingetreten. Doch die einfallsreiche Produktion und Qualitätskontrolle hatten dieses Unternehmen in die Lage versetzt, sich als mit Abstand größter Lieferant zu behaupten – eine glückliche Position, deren Fortbestand das Herstellungs-Know-how, das Marketinggeschick und die Beherrschung der beteiligten speziellen Metallurgie versprachen.

Da war nun also ein Unternehmen im nicht immer glamourösen metallverarbeitenden Gewerbe mit einem Wachstumsfaktor, der mit den farbenfroheren Gebieten der Elektronik und des Maschinenbaus zusammenhing. Entscheidend für den Investment-Reiz einer Aktie waren die Schwierigkeiten der Technologie, die im Spiel waren. Wäre es für andere verhältnismäßig leicht gewesen, die führenden Lieferanten bezüglich der Erfüllung der anspruchsvollen Maßstäbe der Kunden auf diesem Gebiet zu erreichen oder zu übertreffen, wäre die Aktie von Miniature Precision Bearing als Anlage wohl kaum reizvoll gewesen. Doch da das nicht leicht war und da das Unternehmen sowohl hinsichtlich seiner Philosophie als auch seines Führungspersonals starke Aussichten bot, an der Spitze zu bleiben, war es im Jahr 1959 eine echte Gelegenheit für eine Wachstumsinvestition. Während die Herstellungstechnik in den 1960er-Jahren immer komplexer wird, dürften sich weitere derartige Gelegenheiten bieten. Die entscheidenden Faktoren, auf die man achten sollte, sind in zweiter Linie das bevorstehende Produktwachstum und in erster Linie die Wahrscheinlichkeit, dass das heute an der Spitze stehende Unternehmen weiterhin seinen verhältnismäßigen Marktanteil bekommt, während die Branche wächst.

Die vorliegenden Bemerkungen sollen keine vollständige Liste aller Branchen liefern, in denen die größten Anlagechancen der 1960er-

Jahre auftauchen werden. Ich bezweifle, dass irgendjemand alle Facetten der amerikanischen Wirtschaft gut genug kennt, um selbst den gröbsten dahingehenden Versuch zu rechtfertigen. Ich sage deutlich, dass ich dieses Maß an Wissen nicht besitze. Doch bevor ich ein Fazit ziehe, möchte ich noch einen weiteren großen Bereich erwähnen, in dem meines Erachtens weiterhin bedeutsame Chancen aufkommen werden. Dabei geht es um Unternehmen, die Dienstleistungen anstelle von Produkten anbieten und sich in eine Position bringen, in der sich fast jeder für diese spezielle Dienstleistung an dieses Unternehmen wendet und nicht an ein anderes. Die Beispiele aus der Vergangenheit, die ich anführen werde, sind Unternehmen, die jenen immer wichtigeren Rohstoff für wettbewerbsfähige Unternehmen geliefert haben – Informationen. Die Chancen, die in den 1960er-Jahren aufkommen werden, könnten auch bei Unternehmen auftreten, die Informationen bereitstellen, denn der Bedarf an mehr und besseren Daten wird wachsen, wachsen und wachsen; aber es könnte auch Chancen bei Dienstleistungsunternehmen geben, die ihren Kunden ganz andere benötigte Serviceleistungen liefern.

Während der gesamten 1950er-Jahre erwies sich die Aktie von Dunn & Bradstreet für ihre Besitzer als glänzende Investition. Dieses Unternehmen etablierte sich als Quelle für routinemäßige Bonitätsinformationen. Als das Geschäftsaufkommen wuchs und immer mehr derartige Daten benötigt wurden, war das Fundament gelegt, diesen Bedarf ohne entsprechende Kostensteigerungen zu decken.

Ähnlich war es, als Ende 1958 die Aktie von A.C. Nielsen Co. erstmals an die Börse gebracht wurde. Da dieses Papier aufgrund seiner verhältnismäßigen Neuheit in der Finanz-Community Investmenteigenschaften besitzt, die etwas weniger bekannt sind, als es andernfalls sein könnte, und da es ein ausgezeichnetes Beispiel für die Art von Geldanlage ist, auf die Anleger im Laufe der 1960er-Jahre aufmerksam achten dürften, könnte es sich lohnen, die Situation etwas genauer zu untersuchen. Das Unternehmen betreibt zwar auch noch andere Aktivitäten, aber der Löwenanteil seines Gewinns stammt daher, dass es eine große Zahl der herausragenden Hersteller gängiger Konsumartikel im Land (Lebensmittelkonserven, Zigaretten, Suppen, Papierwaren und so weiter) mit korrekten minutenaktuellen Daten darüber versorgt, wie sich die einzelnen Artikel ihrer eigenen Produktsortimente und der Sortimente ihrer Konkurrenten in den einzelnen bedienten Regionen verkaufen. Die Ergebnisse beschafft es sich durch die konkrete Überprüfung ausgewählter repräsentativer Einzelhändler. Da das Unternehmen dies für viele Kunden wesentlich billiger erledigen kann, als es ein Hersteller für sich selbst könnte und sogar als es mehrere Hersteller in Zusammenarbeit könnten, ist es unwahrscheinlich, dass es einem Neueinsteiger gelingen könnte, ihm ernsthaft das Geschäft abzugraben, es sei denn – was ebenfalls unwahrscheinlich erscheint –, die Qualität der Dienstleistungen dieses Unternehmens für seine Kunden würde sich merklich verschlechtern. Einstweilen wächst das Unternehmen Jahr für Jahr bemerkenswert schnell. Dies liegt an drei separaten Wachstumseinflüssen: (1) Bestandskunden nutzen die Dienstleistung für immer mehr Segmente ihrer Produktsortimente, (2) die Dienstleistung wird für eine wachsende Anzahl verschiedenartiger Produkte weiterentwickelt – ein Wachstumsfaktor, der wohl beträchtliche weitere Möglichkeiten bietet –, (3) die Dienstleistungen werden auf Auslandsabteilungen ausgeweitet, was gerade erst profitabel wird. Und schließlich erzielt das Unternehmen seit ein paar Jahren Einnahmen aus einem TV-Altersbegrenzungs-Service und einem Rabattmarken-Bearbeitungsservice, die ebenfalls gerade erst profitabel werden. Nicht weil das Unternehmen seit Jahren gewachsen war, sondern weil es so große Aussichten gab, dass es noch auf viele Jahre hinaus genauso schnell wachsen würde, ist es nicht überraschend, dass die Aktie bereits kaum mehr als ein halbes Jahr nach dem Börsengang ihren Besitzern hübsche Gewinne bescherte und dass große institutionelle Anleger beschlossen, es handele sich um eine Wachstumsaktie mit einem Maß an immanenter Sicherheit, die zu ihren Bedürfnissen passt.

Man könnte fragen, weshalb ich bei Nielsen so sehr ins Detail gehe, da das ein ziemlich einzigartiges Unternehmen ist, das schon durch seine Natur ausschließt, dass eine weitere Anlagechance dieser Art auftauchen wird. Die Antwort lautet natürlich, dass ich genau dies bezüglich dieses Dienstleisters oder anderer zeigen möchte, die sich als spektakuläre Anlagen erweisen. Nur ein einzigartiges Dienstleistungsunternehmen bietet etwas, das andere nicht einfach so kopieren können, sodass es sich als Goldgrube erweist. Allerdings wächst in unserer Volkswirtschaft der Dienstleistungsbereich noch schneller als die Bereitstellung materieller Produkte. Ebenso wie unsere Beispiele Dun & Bradstreet und A.C. Nielsen auf der Investmentbühne erschienen sind, werden in dem gerade beginnenden Jahrzehnt meiner Vermutung zufolge weitere erscheinen. Es kann sich sehr lohnen, auf sie zu warten, sofern sie sich hinsichtlich der Grundzutat aller herausragenden Investments qualifizieren. Dabei handelt es sich um eine Unternehmensleitung mit hohen moralischen Maßstäben und einer ungewöhnlichen Kompetenz, die die Aktivitäten des Unternehmens auf gefragte und überdurchschnittlich wachsende Gebiete lenkt. Normalerweise sollten das Gebiete sein, auf die vorzudringen aus dem einen oder anderen Grund für Neulinge ausreichend schwer ist, sodass das Unternehmen weiterhin seinen vollen Anteil an dem zu erwartenden Wachstum bekommt. Manchmal kann aber auch, wenn das Wachstumspotenzial groß genug ist und wenn das Management ungewöhnlich findig und fähig ist, eine bedeutende Anlagechance in einem spezialisierten Unterbereich der Dienstleistungen aufkommen, der zumindest oberflächlich betrachtet sehr viel weniger natürlichen Schutz davor bietet, dass eine Vielzahl anderer Unternehmen hereinstürmt und so das Wachstum aufteilt.

Ein Beispiel dieser Art wurde der Investment-Community noch später vorgestellt als der Börsengang von A.C. Nielsen. Ich meine damit die Aktien von Manpower, Inc. Dieses 1948 gegründete Unternehmen ist die größte Organisation des Landes, die Zeitarbeiter für vielerlei Bedürfnisse bereitstellt. Das Unternehmen und seine Lizenznehmer hatten im Juni 1959 Niederlassungen in 40 Bundesstaaten und in zehn weiteren Ländern. Ein solches Wachstum hätte es nicht gegeben, wenn das Unternehmen keinen echten Bedarf gedeckt hätte. Es erkannte, dass von Anwaltskanzleien bis hin zu gigantischen Konzernen Krankheit, Urlaub oder ein vorübergehender ungewöhnlicher Arbeitsanfall Bedarfe an qualifizierten Menschen schufen, die man für kurze Zeiträume einstellen kann. Gleichzeitig existierte ein riesiges Reservoir an solchen Qualifikationen, beispielsweise unter Hausfrauen, Studenten, Lehrern, Rentnern und so weiter, die vielleicht wünschten, an gewissen Tagen der Woche oder in gewissen Monaten des Jahres zu arbeiten, jedoch nicht in der Position waren, eine Vollzeitbeschäftigung anzunehmen. Diese Menschen werden von Manpower für die tatsächlich bei den verschiedenen Kunden von Manpower gearbeiteten Stunden bezahlt, zu denen sie entsandt werden, und der Kunde ist sowohl von der Schwierigkeit befreit, sich Zeitarbeiter mit den erforderlichen Fähigkeiten zu beschaffen, als auch von den diversen Kosten, die es bedeutet, sie in die eigene Lohnliste aufzunehmen. Aufgrund der zusätzlichen Sozialleistungen, der Versicherungskosten und anderer verborgener Lohnnebenkosten ist die Ersparnis manchmal vollständig mit den Gebühren vergleichbar, die bei Manpower zusätzlich zum grundsätzlichen Lohntarif anfallen, und abgesehen davon entfällt das Risiko, unerwünschte Aushilfen auszuwählen. Da ist es kein Wunder, dass das Unternehmen schnell wächst.

Aber eignet sich dieses Unternehmen wirklich als langfristige Geldanlage? Das Kapital, das man braucht, um irgendwo eine solche Organisation aufzuziehen, ist verhältnismäßig gering. Jeder, der in einer Stadt und in ihren Vororten viele Freunde und Bekannte hat, könnte durch Findigkeit und Geschäftstüchtigkeit in diesem Bereich ein lohnenswertes Geschäftsaufkommen erzielen. Ist das nicht genau die Sorte von Fachgebiet, auf dem problemlos so viele Unternehmen um einen wachsenden Markt konkurrieren könnten, dass es als Investment grundsätzlich unattraktiv wird?

Dieser Service ist noch so neu, dass nur die Zukunft eine klare Antwort liefern kann. Meiner Überzeugung nach gibt es allerdings Anzeichen, dass sich der Wert von Manpower als Geldanlage trotz dieser scheinbaren Schwächen bewähren wird und dass der bereits erfolgte steile Kursanstieg gerechtfertigt sein wird. Das Management von Manpower hat bei der Ersteinführung seiner Dienstleistungen auf vielen nicht miteinander zusammenhängenden Gebieten einen großen Erfindungsreichtum bewiesen. Seine Bürosparte bietet Kompetenzen, die von Stenografie, Telefonvermittlung, Registratur bis hin zu Buchhaltung sowie der Bedienung von Tabelliermaschinen und komplexerer moderner Büromaschinen reichen. Seine Industriesparte bietet wohl ein noch breiteres Spektrum an Qualifikationen: Lagerarbeiter, Hausmeister, Lageristen, Boten und sogar Autowäscher. Die Verkaufshilfe-Sparte bietet neben den naheliegenden Verkäufern Vorführer, Models und Teams, die in der Beschaffung von Daten für Marktforschungsstudien geschult sind. Die technische Sparte stellt geschultes Personal für Zeitarbeit in so hoch qualifizierten Berufen wie Ingenieur, technischer Zeichner und Bilanzbuchhalter bereit. Dank seiner großen Erfahrung hat das Unternehmen gelernt, wie es unter relativ niedrigen laufenden Kosten Aufträge akquirieren und abwickeln kann. Die von ihm gesetzten Preise dürften es Newcomern, die weder sein Geschäftsaufkommen noch seine Erfahrung in der Kundenwerbung und dem Auffinden von qualifizierten Menschen auf der Suche nach Teilzeitjobs besitzen, erschweren, mit ihm zu konkurrieren.

Wer als Anleger im Bereich der Dienstleistungen nach einigen der großen Anlagechancen der 60er-Jahre sucht, sollte bedenken, dass sich die neuen Situationen, die sich in diesem Bereich ergeben werden, hinsichtlich ihrer Aktivitäten so sehr von den von mir genannten Beispielen unterscheiden werden, wie sich Dun & Bradstreet, A.C. Nielsen und Manpower voneinander unterscheiden. Aufgrund ihres unterschiedlichen Charakters werden viele nicht das Format langfristiger Investments besitzen. Bei jedem Unternehmen sollte sich der

Anleger drei Fragen stellen: Verspricht dieser Bereich großartiges Wachstum? Ist das Management dieses Unternehmens wirklich herausragend? Bietet die führende Stellung auf diesem Gebiet eine echte Gewähr dafür, dass nicht auch viele andere Unternehmen in der Lage sind, später einzutreten und mit verhältnismäßig geringen Nachteilen gegenüber dem Pionierunternehmen um das Wachstum zu konkurrieren? Nur wenn diese drei Fragen bejaht werden können, bietet die Dienstleistungsbranche den größten Reiz. Und wenn dem so ist, können sich diese Aktien in dem Jahrzehnt, in das wir gerade erst eingetreten sind, als die lohnenswertesten erweisen.

Die falschen Wachstumsaktien der unmittelbaren Nachkriegszeit

Einer der größten Einflüsse, die dazu führen können, dass viele Anleger viel schlechtere Ergebnisse erzielen, als sie es andernfalls könnten, ist der gängige Fehlschluss, unkritisch anzunehmen, etwas, das in der Vergangenheit passiert ist, werde mit Sicherheit auch in der Zukunft passieren. Noch Jahre oder gar Jahrzehnte nachdem offenkundig geworden war, dass andere Anlagevehikel dem konservativen Anleger bessere Aussichten boten als die meisten Eisenbahn-Aktien, hielten institutionelle Käufer im ganzen Land, die es hätten besser wissen müssen, einen wesentlichen Anteil ihrer Aktienpositionen in diesen Aktien, und das vor allem weil dies das anerkannte Vorgehen war. Und da die meisten Aktien bestimmter Branchen, beispielsweise Papier, Zement und Bauholz, ihren Besitzern gewaltige prozentuale Zuwächse bescherten, wenn man die Preise vom Ende der 1950er-Jahre mit denen von zehn oder 20 Jahren zuvor vergleicht, glaube ich, dass viele dieser Aktien in ähnlicher Weise einen Glanz als Anlagen genießen, der sich bei einer kritischen Untersuchung dessen, was passiert ist, als ungerechtfertigt erweisen wird.

Ein Merkmal dieser Branchen ist ihr hoher Kapitalbedarf. In eine Papier- oder Zementfabrik muss man pro Tonne Kapazität ziemlich viel investieren. In ein Sägewerk zwar nicht, aber die spektakulären Holz-Aktien sind nicht diejenigen, die nur Verarbeitungsbetriebe besitzen, sondern die auch ihre eigene Holzversorgung haben – und auch der Besitz von Wäldern erfordert große Geldmengen, die in der Investition gebunden sind.

Kehren wir nun in die allgemein konjunkturell gedrückten 1930er-Jahre zurück. Damals wurden genau diese Branchen – Papier, Zement und Holz – am schwersten niedergedrückt. In allen dreien sorgte die überschüssige Produktionskapazität in unterschiedlichem Maße für stillstehende Fabriken sowie bei denjenigen, die noch betrieben wurden, für dünne Ertragsmargen. Da Aktien grundsätzlich im Verhältnis zu ihrer Ertragskraft und nicht im Verhältnis zu den hinter ihnen stehenden Sachanlagen bewertet werden, wurden die meisten dieser Aktien mit einem beträchtlichen Abschlag auf die ursprünglichen Kosten der Zementwerke, der Papiermühlen und der Waldgrundstücke gehandelt, für die sie standen.

In der Zeit kurz nach dem Ende des Zweiten Weltkriegs vollzog sich in diesen Branchen ein großer Wandel, der nicht nur einen, sondern zwei bedeutende Aspekte hatte. Auf der einen Seite führte die große Flut des Wirtschaftswachstums, die fast alle Branchen betraf, dazu, dass die Nachfrage nach Zement, Papier und Holz so sehr in die Höhe schoss, dass nun nicht mehr nur die gesamte Vorkriegskapazität gebraucht wurde, sondern auch noch dringend neue Fabriken gebaut werden mussten. Gleichzeitig machte sich der zweite große Einfluss bemerkbar. Die Inflationsspirale hatte nach dem Krieg zu einer Preisstruktur geführt, bei der jede Tonne zusätzlicher Produktionskapazität für Zement oder Papier nur zu wesentlich höheren Kosten aufgebaut werden konnte als in den 1920er-Jahren, als die meisten neuen Fabriken gebaut worden waren. Ebenso konnten zusätzliche Waldflächen nur zu entsprechend höheren Preisen erworben werden.

Da die zusätzlichen Anlagen wirklich gebraucht wurden, stellte sich der Markt im Laufe der Zeit auf ein Preisgefüge ein, durch das die neue Produktion, die zu den Nachkriegskosten in Gang gebracht wurde, den üblichen Gewinn abwerfen konnte. Doch schauen wir uns einmal an, was das für die Ertragskraft der Vorkriegsfabriken bedeutete, die immer noch den größten Teil der Produktion dieser Industrien ausmachten. Da sie nun ausgelastet waren, brachten sie ohnehin schon eine beträchtliche Gewinnsteigerung gegenüber der Vorkriegstendenz, weit unter ihrer Kapazität betrieben zu werden. Hinzu kam nun allerdings, dass sie im Rahmen einer Preisstruktur betrieben wurden, die darauf berechnet war, dass sehr viel kostspieligere Fabriken eine lohnenswerte Rendite lieferten. Da war es weder ein Wunder, dass die Gewinne gewaltig in die Höhe schnellten, noch dass die prozentualen Kurszuwächse bei Zement, Holz und Papier so spektakulär ausfielen.

Der Grund, aus dem ich glaube, dass sich von seltenen Ausnahmen abgesehen die Aktien dieser Gruppen in den 1960er-Jahren nicht als herausragende Anlagen erweisen werden, ist nicht, dass die sehr großen Wertzuwächse vieler dieser Aktien unmittelbar nach dem Krieg nicht vollkommen gerechtfertigt gewesen wären. Vielmehr liegt er darin, dass die beiden Umstände, die gemeinsam den großen Anstieg verursachten, nicht wieder eintreten werden. Einer davon, nämlich die Inflation, wird wahrscheinlich ebenso wie in der jüngeren Vergangenheit zu spüren sein. Doch da diese Industrien grundsätzlich florieren und alle Anzeichen dafür aufweisen, dass das so bleiben wird, besteht nur eine geringe oder gar keine Wahrscheinlichkeit, dass diese inflationären Einflüsse erneut dadurch verstärkt werden, dass die Aktien von dem Zustand, nur anhand ihres „blanken Gerüsts“ bewertet zu werden, zu einem normalen, gesunden Niveau aufrücken, das so viel zum Anstieg der meisten dieser Papiere beigetragen hat.

Vergleichen Sie einmal das, was an der Börse mit den Zement-, Papier- und Holz-Aktien passiert ist, mit dem, was mit den Chemie-,

Elektronik- und Pharma-Aktien passiert ist. Letztere wurden Ende der 1930er-Jahre nie für ein paar Cent pro Dollar gehandelt. Viele von ihnen wurden in dieser Zeit im Verhältnis zu ihrem Gewinn zu ziemlich hohen Preisen sowie zu einem Mehrfachen ihres Buchwerts gehandelt. Die seither zu verzeichnenden enormen Zuwächse sind fast ausschließlich auf neue Produkte zurückzuführen, die diese Unternehmen im Laufe der Jahre vor allem durch eigene Forschungs- und Entwicklungsanstrengungen hervorgebracht haben – ein Prozess, der sich in den 60er-Jahren fortzusetzen verspricht. Das war etwas ganz anderes als der einmalige Aufstieg vom Tellerwäscher zum Millionär, der in anderen Branchen so viel dazu beigetragen hat.

Natürlich sollte man angesichts der vielen Unterschiede, die von einem zum anderen Unternehmen bestehen, keine pauschalen Aussagen über Branchen treffen, ohne sie in Bezug auf bestimmte einzelne Unternehmen einzuschränken. Es gibt Chemie- und Elektronikfirmen, die sich auffallend bemühen, in diesen dynamischen Branchen zu konkurrieren, und trotzdem allmählich dahinwelken, weil sie anscheinend nicht den Dreh raushaben, wie man neue Produkte entwickelt. Im Gegensatz dazu haben gewisse herausragende Papierhersteller wie Scott und Crown Zellerbach durch die findige Entwicklung und die findige Vermarktung bedeutsamer Papierprodukte ihr Geschäft mit genau der Art von Wachstum aufgebaut, das sich über die Jahrzehnte wahrscheinlich als so lohnenswert für die Aktionäre erweist. Der riesige Pro-Kopf-Verbrauch von Papierprodukten wie Servietten, Handtüchern, Bechern sowie vor allem Milchkartons und Verpackungen von gefrorenen Lebensmitteln legt beredtes Zeugnis davon ab, was findige Unternehmensleitungen wie die von Scott und von Crown Zellerbach bereits geschafft haben. Da aber die Preise für Kunststoffe und synthetische Textilien stetig fallen und ihre Eigenschaften immer vielfältiger werden, zeichnet sich die Herausforderung für die Chemieindustrie in einigen bislang von Papier dominierten Märkten wie Einwegbecher, gewissen Verpackungen für Gefrorenes und Tüten für chemische Reinigungen immer deutlicher ab. Es wird interessant sein, im Laufe der 1960er-Jahre zu beobachten, ob es den führenden Herstellern von Papierprodukten gelingen wird, diese Herausforderung bei manchen Produktlinien abzuwehren, die sie sich zuvor selbst geschaffen haben, oder ob es ihnen angesichts der immer besser werdenden synthetischen Textilien vielleicht gelingt, neue Absatzmärkte wie beispielsweise Einwegbekleidung aus Papier zu eröffnen.

Da sie seit einigen Jahren so sehr im Rampenlicht steht, gibt es vielleicht noch eine große Industrie, die als eine derjenigen erwähnt werden sollte, die in den 1960er-Jahren wahrscheinlich keine Chancen bieten werden, die sich mit den prächtigen Chancen vergleichen lassen, die sie in den ersten Jahren nach dem Krieg boten. Damit meine ich natürlich die Erdölindustrie. Außer ganz am Ende der 1950er-Jahre stand keine Gruppe in der Gunst der Anleger so hoch wie sie. Noch im Jahr 1958 zeigten diverse Zusammenstellungen institutioneller Positionen kein Abflauen der fast ungehemmten Begeisterung für diese Aktien. In den meisten derartigen Listen war der Anteil der Öl-Aktien größer als der jeder anderen Branche – auch wenn solche Zahlen aus den bereits erläuterten Gründen nicht allzu aussagekräftig sind, weil sie auf mehr oder weniger willkürlichen Definitionen beruhen, wo die Grenzen zwischen den Branchenklassifizierungen verlaufen.

Danach jedoch kühlte sich die warme Anerkennung der Öl-Aktien seitens der Finanz-Community, die sich seit Jahren aufgebaut hatte, plötzlich markant ab. Gründe dafür gab es viele, und sie waren nicht schwer zu finden. In den Vereinigten Staaten fiel die jährliche Zunahme der Erdölnachfrage geringer aus, als allgemein vorhergesagt worden war. Zudem zeichneten sich am Horizont zwei Faktoren ab, die noch mehr an dem erwarteten Wachstum zu zehren drohten. Der eine war die unerwartete Begeisterung der amerikanischen Öffentlichkeit für sparsame Kleinwagen, die weniger Benzin verbrauchen. Der andere war die Tatsache, dass wettbewerbsfähige Brennstoffe für industrielle Zwecke und Heizzwecke einen harten preislichen Konkurrenzkampf lieferten. Und da die oberflächennahen sowie leicht zu findenden Ölquellen für den Hausgebrauch mehr oder weniger schon alle entdeckt zu sein schienen, stiegen die Kosten, um das aus dem Boden geförderte Erdöl zu ersetzen, stetig, weil man immer tiefer bohren musste. Gleichzeitig begann das Auslandsgeschäft seinen Glanz zu verlieren. Die jährlich schneller steigende Ölnachfrage im Ausland und die ergiebigen Ölfelder, die entdeckt wurden, erweckten den Anschein, als wären die „Ölmultis" vielleicht von den Leiden der rein inländischen Förderer ausgenommen. Doch nun wurden in der arabischen Welt, in Venezuela und in Indonesien Wellen des extremen Nationalismus sichtbar, der häufig mit feindseligen Gefühlen gegenüber den „Ölausbeutern aus dem Ausland" einherging. Das Schlimmste, womit man rechnen konnte, war die offene Beschlagnahmung. Das Mindeste war vielleicht eine scharf erhöhte Besteuerung. Angesichts all dieser Dinge überrascht es kaum, dass viele eifrige und kluge Investoren sich zu fragen begannen, ob sie nicht zu tief in eine Branche verstrickt waren, die vor dem Hintergrund stetig steigender Umsätze und Gewinne – noch untermauert durch den Nachweis stetig wachsender Erdölvorkommen – in den 15 Jahren davor zu den herausragend leistungsfähigsten gezählt hatte.

Da ich überzeugt bin, dass die einzige Aktie, deren Besitz sich für die meisten Menschen lohnt, eine ist, die gute Aussichten auf jahrelanges anormales Wachstum bietet, finde ich, dass es gute Gründe gibt, der derzeitigen kritischen Beurteilung von Öl-Aktien großes Gewicht beizulegen. In noch größerem Maße als in vielen anderen Branchen ist bei den meisten Erdöl produzierenden Unternehmen das Preisniveau ihrer Produkte der wichtigste Faktor für ihren Gewinn. Da es immer schwieriger (und darum teurer) wird, neues Öl zu finden, und da die Lohn- und sonstigen Kosten dieser Industrie wie in allen anderen stetig steigen, muss der Rohölpreis weiter steigen, wenn die Gewinne der meisten dieser Unternehmen signifikant steigen sollen.

Jedoch bringen mich die riesigen Mengen an Erdöl, die an verschiedenen Orten auf der ganzen Welt gefunden werden, zu der Überzeugung, dass solche Anstiege weltweit betrachtet ziemlich unwahrscheinlich sind. Was das Inland angeht, wo das bestehende Preisgefüge weitgehend von staatlich verordneten Importquoten und staatlich erzwungenen Zuteilungen abhängt, so mag mir scheinen, dass ein deutlicher Preisanstieg politisch eher peinlich wäre.

Doch auch wenn die heutigen veränderten Bedingungen dazu führen könnten, dass die Öl-Aktien die vielen glühenden Verfechter enttäuschen, die sie immer noch haben, so glaube ich, dass sie sich für die Extremeren unter ihren Kritikern als ebenso desillusionierend erweisen werden. Da gibt es diejenigen, die die ziemlich extremen Aussagen diverser Politiker im Nahen Osten, in Lateinamerika oder in Indonesien lesen und befürchten, Revolutionen und das politische Handeln vor Ort würden dazu führen, dass die riesigen Besitztümer unserer größeren Ölgesellschaften beschlagnahmt werden. Doch gerade die Ölschwemme, die diese Industrie derzeit für Aktionäre weniger attraktiv macht, bietet einen starken Schutz dagegen, dass die meisten Länder dies sehr lange tun werden. Die Erfahrungen des Irans Mitte der 1950er-Jahre, als die Enteignung versucht wurde, zeigen, dass Öl in einer Raffinerie wirtschaftlich nicht viel nützt. Es muss in ferne Länder verkauft werden. Nur die Großkonzerne besitzen Öltanker und Lagereinrichtungen in der Nähe der Abnehmer. Und vor allen Dingen haben nur sie die Organisation, die in der Lage ist, den Verkauf abzuwickeln. Indes ist heute derart viel Öl verfügbar, dass dann, wenn ein Land oder eine ethnische Gruppe versucht, Öl vom Markt fernzuhalten, dieses Defizit problemlos andernorts ausgeglichen werden kann. Es ist kaum wahrscheinlich, dass so verschiedene Teile der freien Welt wie Kanada, Venezuela, Indonesien, der arabisch geprägte Nahe Osten und der Iran (im Mittleren Osten und nicht arabisch) immer übereinstimmend handeln werden. Inzwischen tauchen ebenso große Lagerstätten in Nordafrika und möglicherweise in anderen Teilen Lateinamerikas auf. Unter diesen Umständen halten die Förderländer bei Verhandlungen nicht alle Trümpfe in der Hand. Es kann jederzeit vorkommen, dass in einem Land Straßenbanden oder vergleichbare Gruppen die Kontrolle über die Förderung übernehmen und sie einstellen, und solche Aktionen können schmerzhaft sein – aber auch vorübergehend.

Aber auch wenn die Förderländer nicht alle Trümpfe in der Hand halten, so haben sie doch einige sehr wichtige Trümpfe in der Hand. Ich tippe, dass sich in den 1960er-Jahren der Trend der jüngeren Vergangenheit fortsetzen wird. Langsam, aber sicher werden die Steuereinnahmen der betreffenden Länder (oder ihre Beteiligung am Gesamtgewinn, was das Gleiche ist) steigen. Das bedeutet, dass die Ölgesellschaften an jedem erzeugten Fass Öl allmählich immer weniger verdienen werden. Andererseits wird die Anzahl der geförderten Barrels aufgrund der wachsenden weltweiten Ölnachfrage weiterhin steigen. Außerdem tippe ich, dass diese beiden Einflüsse einander ausgleichen werden. Und das bedeutet, dass die Aktien der internationalen Öl-Giganten in den unmittelbar bevorstehenden Jahren weder die glänzenden Performer sein werden, die sie in der jüngeren Vergangenheit meist waren, noch dass sie sich als die Gefahrenquellen für Anleger erweisen werden, die manche Schwarzseher befürchten.

Wenn ich damit richtigliege, dann bedeutet es, dass im Gegensatz zu den aufrichtigen Ansichten vieler prominenter Lenker einiger unserer bestgeführten Ölgesellschaften das goldene Zeitalter der Geldanlage in Ölgesellschaften vorüber ist. Doch wenn es für diese einst so begünstigte Gruppe endet, dürfte es demnächst für eine andere Gruppe von Energieproduzenten beginnen, die viele Jahre lang als eine der für die Geldanlage am wenigsten wünschenswertesten Branchen galten. Vielleicht werden die stetigen Fortschritte der Mechanisierung und womöglich gar der chemischen Verarbeitung von Kohle im Boden bald neue Perspektiven für die Handvoll

Kohlegesellschaften eröffnen, die genug Fantasie und Mitarbeiter besitzen, die in der Lage sind, auf diese neuen Horizonte zu blicken.

224 Seiten,
gebunden,
22,90 [D] / 23,50 [A]
ISBN: 978-3-86470-128-3

Ken Fisher / Lara Hoffmans: Börsen-Mythen enthüllt für Anleger

Glauben Sie auch, dass Anleihen sicherer sind als Aktien oder dass Stoppkurse Verluste stoppen? Ken Fisher und Lara Hoffmans klopfen einige der gängigsten Börsen-Mythen auf ihre Praxistauglichkeit ab und beweisen anhand von konkreten Zahlen und Fakten, dass sie genau das sind: Mythen – die Anlegern schweren Schaden zufügen können.

Börsenbuch verlag

384 Seiten,
broschiert,
17,00 [D] / 17,50 [A]
ISBN:978-3-86470-565-6

Peter Lynch:
Der Börse einen Schritt voraus – Neuauflage

Mit diesem Buch machte die Aktienkultur in Deutschland anno 1989 einen großen Sprung nach vorne. Peter Lynch, der Manager des unglaublich erfolgreichen Fidelity Magellan Fund, erklärte das Mysterium Börse. Einfach und verständlich vermittelte er die Grundlagen erfolgreichen Value-Investierens. Sein Werk und seine Weisheiten sind zeitlos und haben bis heute nichts an Wert und Aktualität verloren. Dazu trägt nicht zuletzt auch sein bodenständiger, humorvoller Stil bei.

Börsenbuch verlag